# RICHTIG ZEICHNEN UND MALEN IN DER PERSPEKTIVE

1

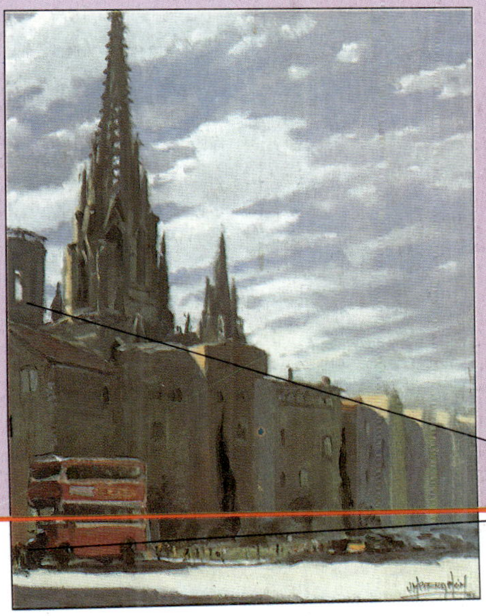

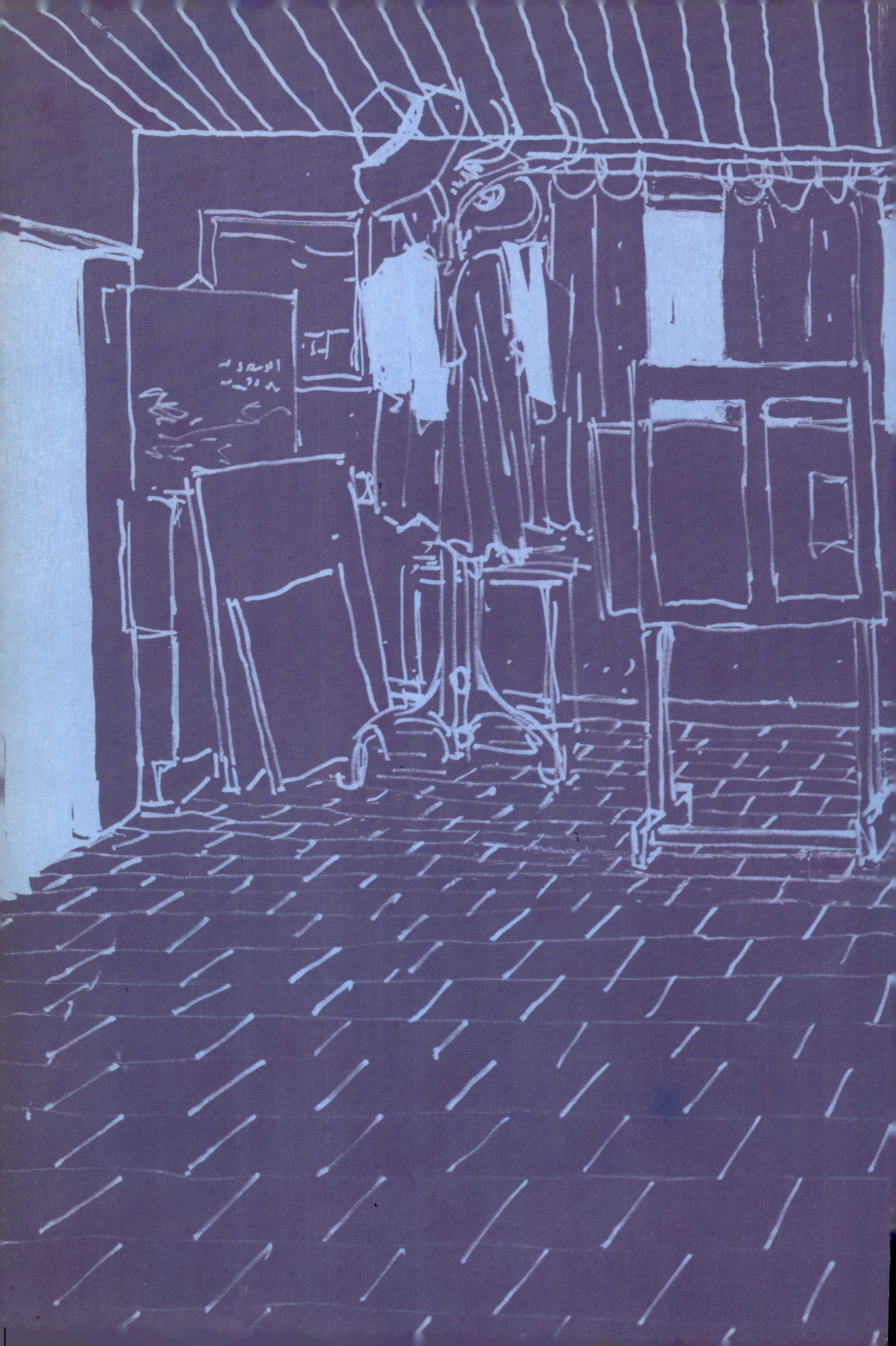

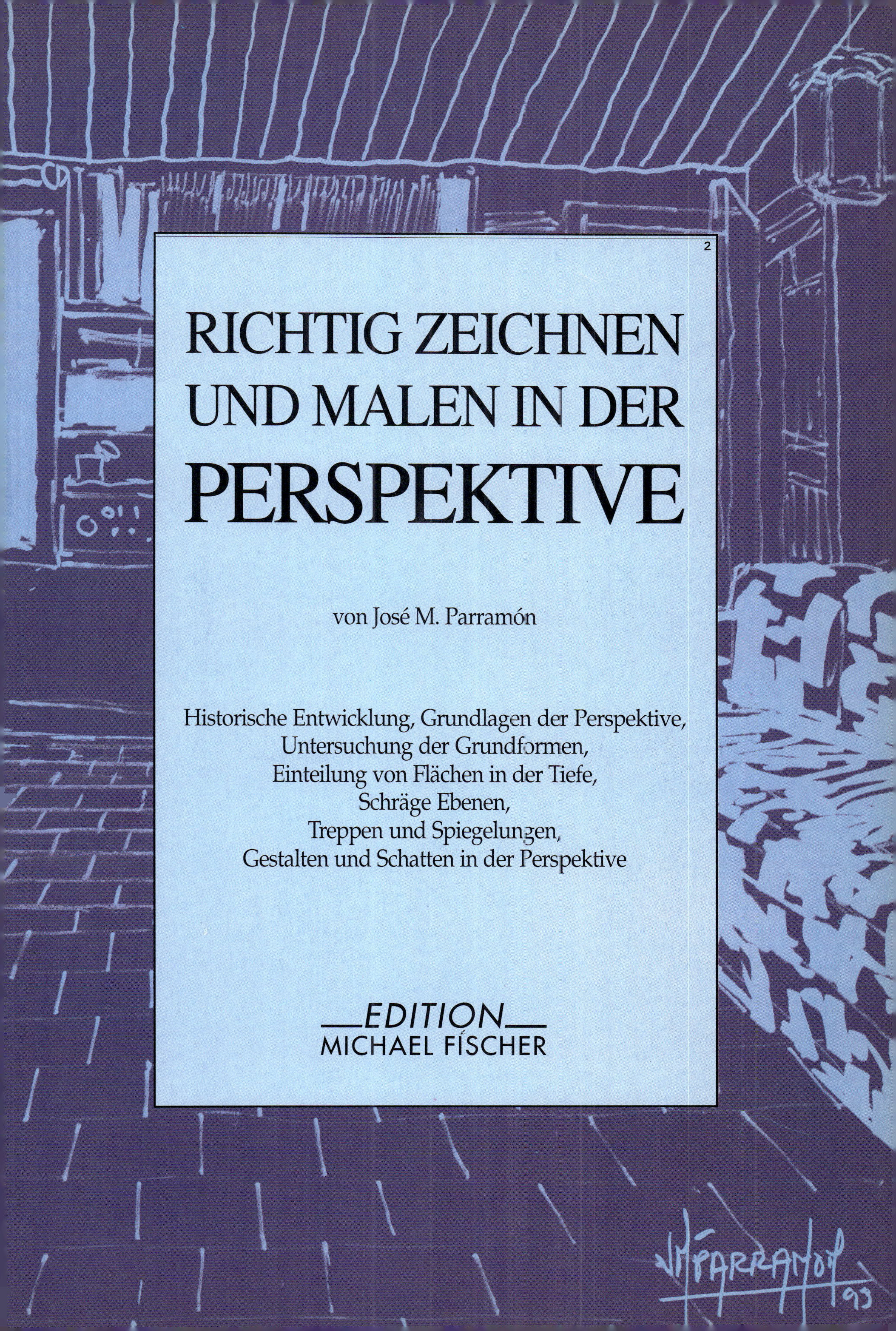



# RICHTIG ZEICHNEN UND MALEN IN DER PERSPEKTIVE

von José M. Parramón

Historische Entwicklung, Grundlagen der Perspektive,
Untersuchung der Grundformen,
Einteilung von Flächen in der Tiefe,
Schräge Ebenen,
Treppen und Spiegelungen,
Gestalten und Schatten in der Perspektive

EDITION
MICHAEL FISCHER

# Inhalt

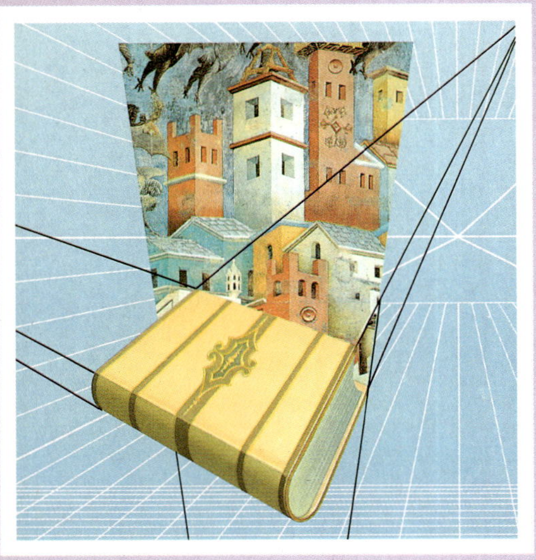



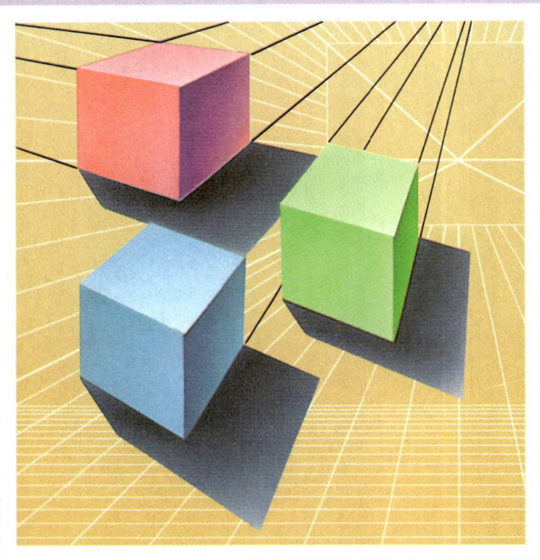



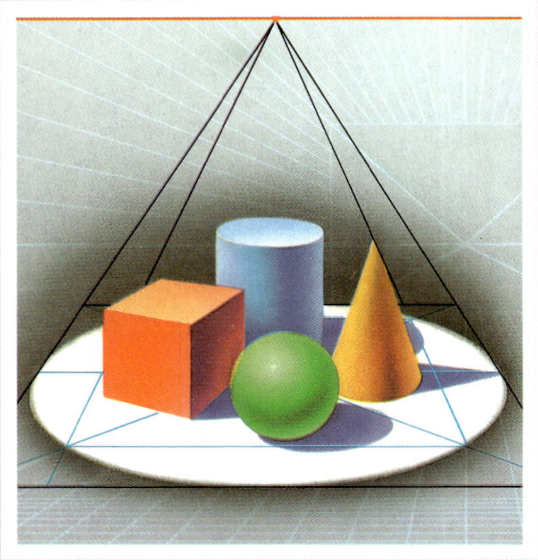

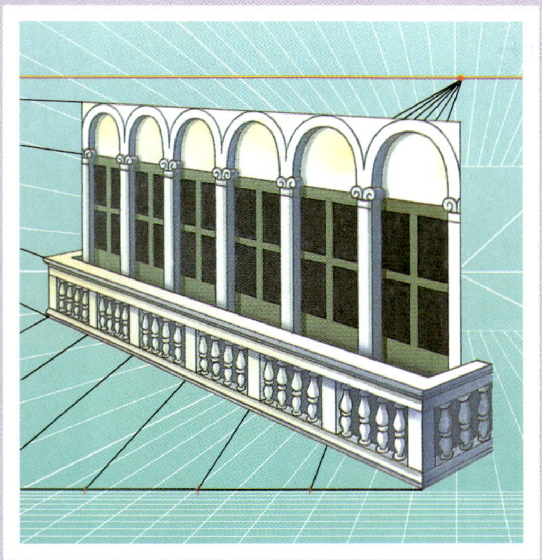

**Die perspektivische Aufteilung von Flächen in der Tiefe, 59**



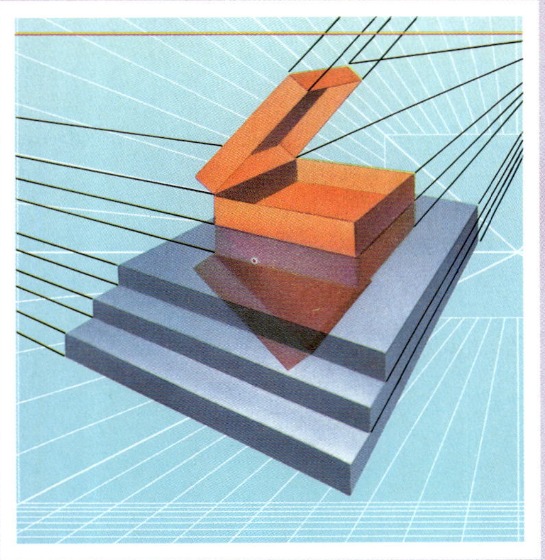

**Schräge Ebenen, Spiegelungen, Zimmer und Möbel, 81**



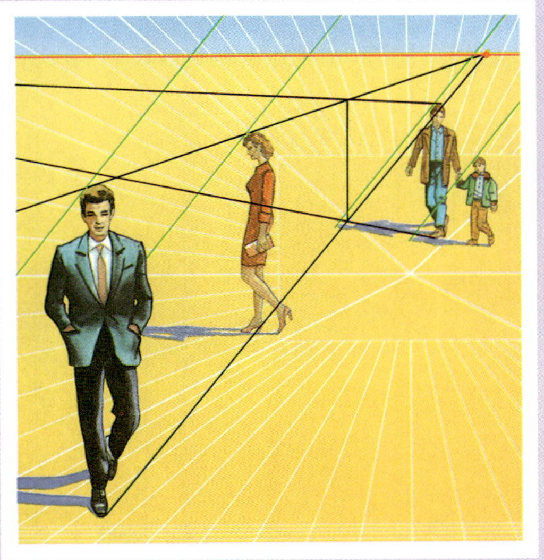

**Die menschliche Gestalt und die Perspektive der Schatten, 95**

Abb. 1 (Seite 1): José M. Parramón, *Kathedralenviertel von Barcelona*, Privatsammlung. Beispiel für eine Perspektive aus künstlerischem Blickpunkt.

Abb. 2 (Seite 2 und 3): José M. Parramón, *Perspektivische Studie meines Ateliers,* Negativzeichnung mit der Feder.

Abb. 3: José M. Parramón, *Die San Miguel-Bäder in Barcelona*, Privatsammlung. Neben der Konvergenz der Kanten und der Formen zum Fluchtpunkt mußte hier auch die Perspektive der Schatten und der Gestalten gelöst werden. Beides wird in diesem Buch behandelt.

Abb. 4: José M. Parramón, *Der Fischerkai von Barcelona*, Privatsammlung. Ein Beispiel für die Darstellung der Tiefe, also der dritten Dimension, mit Hilfe der zwischengeschobenen Atmosphäre, die die Farbe und die Kontraste des Vorder-, Mittel- und Hintergrunds bestimmt.

Abb. 5: José M. Parramón, *Dorfstraße*, Privatsammlung. Eine Straße mit zwei Ebenen bzw. einer Steigung, deren Darstellung zwei Fluchtpunkte erfordert. Auch das werden wir in diesem Buch näher untersuchen.

3

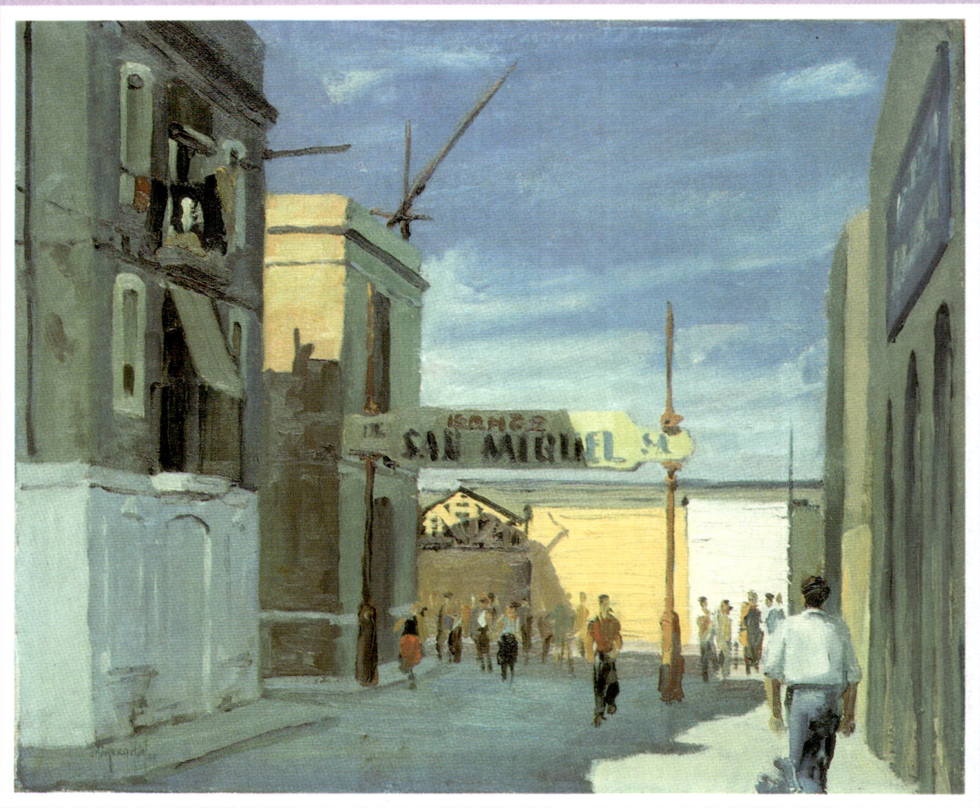

4

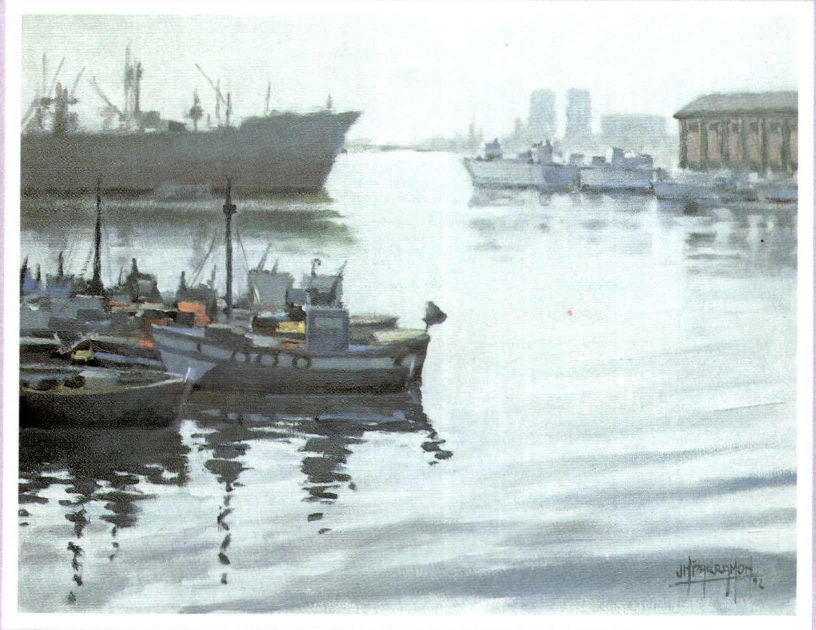

# Einführung

Ich bin mir bewußt, daß der Inhalt dieses Buches etwas heikel ist: Er könnte die künstlerische Ausbildung eines guten Amateurs beeinträchtigen. Es besteht die Gefahr, daß der gute Amateur sich zu sehr auf die Perspektive versteift und anschließend nicht mehr malen kann, ohne zuvor die exakte Lage und die Konvergenz der Fluchtlinien zu den jeweiligen Fluchtpunkten auf der Horizontallinie mit Lineal, Dreieck, Winkelmaß und Zirkel gezeichnet zu haben. Es wäre schlimm, wenn Sie über der Perspektive die Interpretation, die Farbe und vor allem den lockeren Pinselstrich und die Spontanität – also die Primatechnik mit ihrem auf Anhieb gelösten Strich – vergäßen, die perspektivische Irrtümer und Fehler durchaus zuläßt. Eben diese sorgen ja dafür, daß ein Bild einzigartig, ja genial wird.

Zu dieser Malweise einschließlich ihrer Fehler schrieb Vincent van Gogh in einem Brief an seinen Bruder Theo:

*„Sag Serra, daß es mich zur Verzweiflung bringen würde, wenn meine Gestalten korrekt wären; sag ihm, daß ich sie nicht akademisch korrekt darstellen möchte (...); sag ihm, daß es mir darum geht, derartige Ungenauigkeiten, derartige Anomalien, derartige Veränderungen der Wirklichkeit darzustellen, so daß sich – natürlich! – Lügen ergeben, wenn man so will, die jedoch wahrer sind als die buchstäbliche Wahrheit."*

5

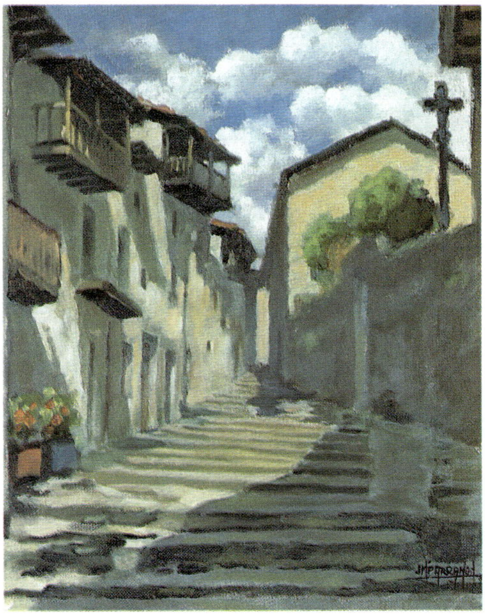

Deshalb bestehe ich während des gesamten Buches darauf, daß der Leser – also Sie – die Perspektive der Würfel, Kreise, Zylinder, Mosaiken und Gebäude NACH AUGENMASS zeichnet, nach Gefühl, aus der freien Hand. Dies empfahl auch Leonardo da Vinci den Künstlern, indem er sie ermutigte, „die Perspektive und die optischen Verkürzungen nach Augenmaß zeichnen zu lernen". Und Michelangelo schrieb dazu: „Das Auge ist so erfahren, daß es nur mit dem Blick und ohne Hilfsmittel Winkel, Linien oder Abstände erkennt und die Hand so zu führen vermag, daß sie alles darstellen kann, was es sieht... *Und zwar ausschließlich in der korrekten Perspektive."*

Den letzten Satz kann ich nur unterstreichen. Michelangelos Aussage und ihre Schlußfolgerung fassen alles zusammen, was ich Ihnen über die gefahrlose Anwendung Ihrer perspektivischen Kenntnisse sagen kann, die sich hoffentlich mit Hilfe dieses Buches vervollkommnen werden. Im Grunde geht es um folgendes:

**Malen und Zeichnen nach Augenmaß, doch unter Berücksichtigung der Perspektive.**

Arbeiten Sie langsam, aber gründlich. Dies ist kein Buch, das man einfach durchliest und behält. Man muß den Inhalt in die Praxis umsetzen. Ich rate Ihnen daher, Bleistift und Papier zur Hand zu halten, um jederzeit mitzeichnen zu können. Tun Sie es schrittweise, in Etappen. Überstürzen Sie nichts, aber bleiben Sie ständig dabei – wie bei einem Wahlfach, an dessen Ende zwar kein Examen steht, das Ihnen aber das Malen in der Perspektive eines Tages erheblich erleichtern wird.

**José M. Parramón**

Ein Titel wie dieser und die Zeichnung eines Buches wie dieses könnten in Ihnen den Eindruck erwecken, daß das erste Hauptkapitel aus jenem trockenen, gelehrsamen Stoff besteht, der auch den motiviertesten Leser bald langweilt. Das ist keineswegs der Fall. Die Kunstgeschichte liefert uns nur den Vorwand dafür, die Entdeckung, die Entwicklung und die Vervollkommnung der Perspektive zu erklären und zu illustrieren. Auf diese Weise können Sie den Prozeß verfolgen und von Beginn an die theoretischen und praktischen Grundlagen der Perspektive erlernen. Und nun ohne weitere Vorrede frisch ans Werk.

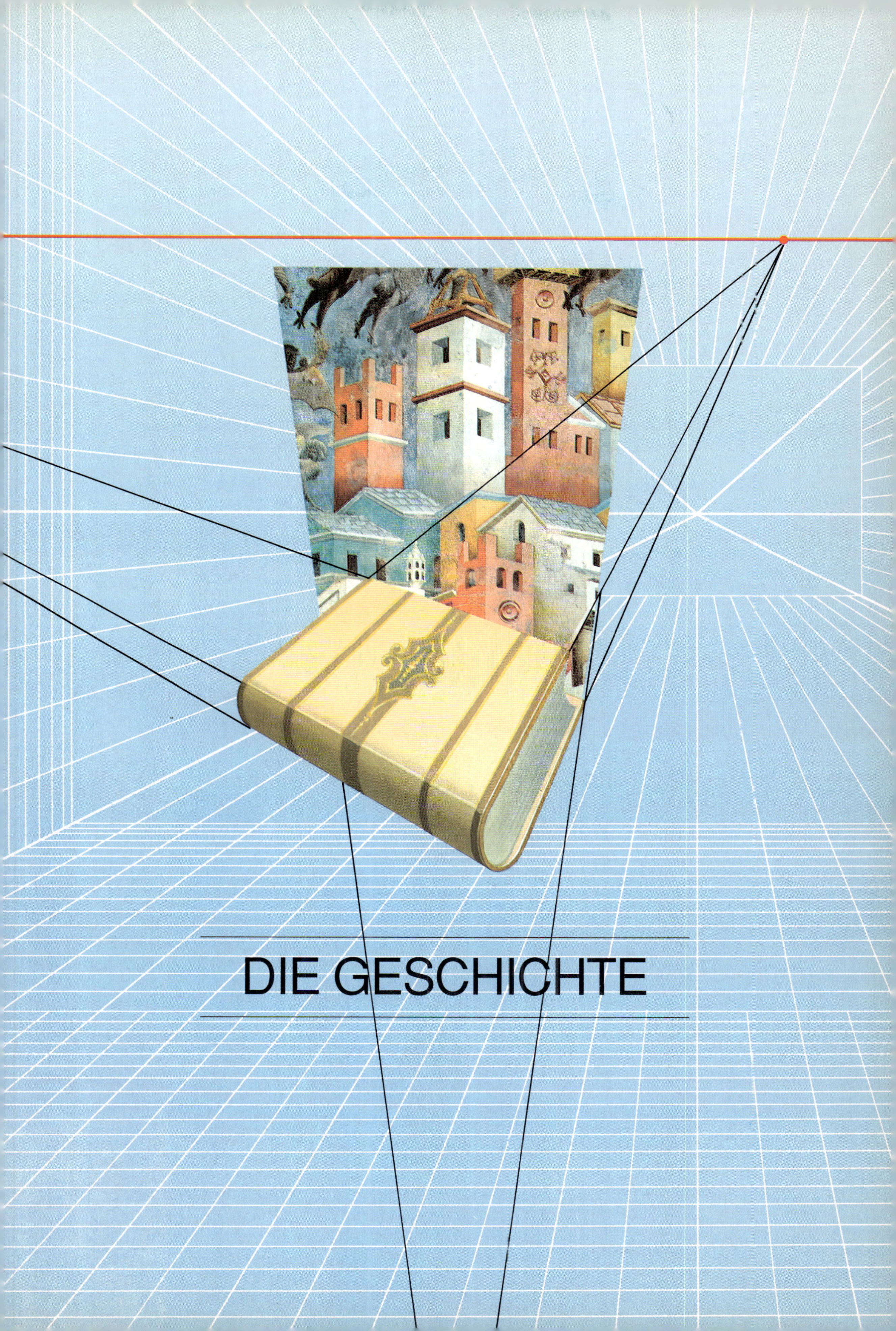

# DIE GESCHICHTE

# Bevor wir uns mit der Geschichte befassen

Wenn ich auf den folgenden Seiten die schrittweise Entwicklung der Perspektive schildere und die Persönlichkeiten und Künstler nenne, die dazu beigetragen haben, werde ich immer wieder auf Begriffe wie *Fluchtpunkt, Horizontallinie, Erdlinie, Bildebene* etc. zurückgreifen.

*Bevor wir uns mit der Geschichte befassen, müssen wir daher die Grundbegriffe der Perspektive kennenlernen.*

Unsere kurze Zusammenfassung beginnt mit der Beschreibung und der Lage der

**Horizontallinie (HL)**

Die Horizontallinie *befindet sich stets vor dem Betrachter, und zwar in dessen Augenhöhe bei nach vorn gerichtetem Blick.*

Am deutlichsten erkennen Sie dies am Meer: Dort bildet die Horizontallinie die Begrenzung zwischen Wasser und Himmel. Gleichgültig, ob Sie stehen, sitzen oder sich hinhocken, die Horizontallinie senkt sich mit Ihnen (Abb. 6 und 7). Klettern Sie dagegen auf einen Felsen (Abb. 8), steigt die Horizontallinie ebenfalls – wobei das Modell, das Sie zeichnen oder malen wollen, sowohl oberhalb als auch unterhalb dieser Linie liegen kann. Die Horizontallinie kann sich ihrerseits innerhalb oder außerhalb des Bildes befinden (Abb. 10 bis 12). Ferner müssen Sie wissen, wo

**die Fluchtpunkte (FP)**

sind und wozu sie dienen. Sie liegen stets auf der Horizontallinie, und in ihnen treffen alle senkrecht bzw. schräg zum Hori-

Abb. 6 bis 8: Die Horizontallinie (HL) ist eine gedachte Waagerechte, die bei nach vorn gerichtetem Blick genau in Augenhöhe verläuft. Auf ihr liegen ein oder mehrere Punkte, zu denen die verschiedenen verlängerten Linien des Modells flüchten. Am deutlichsten ist die HL am Meer zu erkennen, wo sie die Begrenzung zwischen dem Wasser und dem Himmel bildet (Abb. 6). Setzen Sie sich (Abb. 7), senkt sich die Linie mit Ihnen, und steigen Sie an eine höhere Stelle, steigt sie ebenfalls (Abb. 8).

6

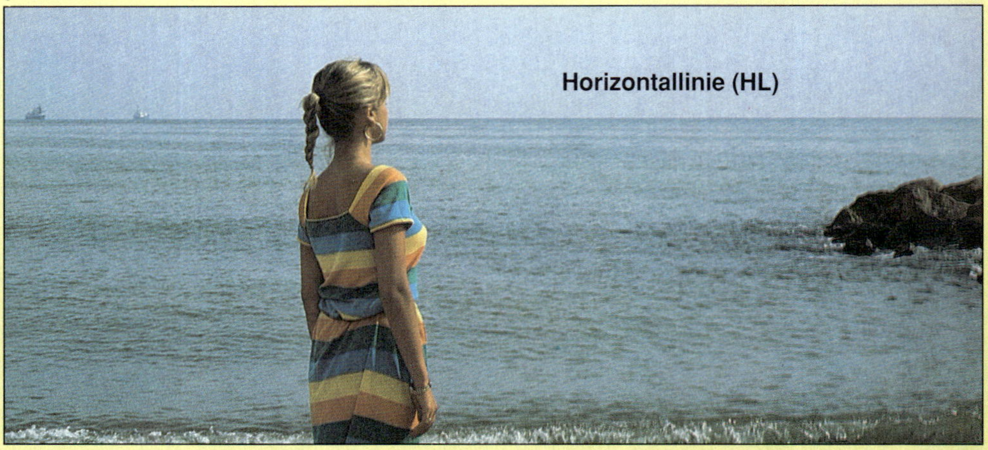


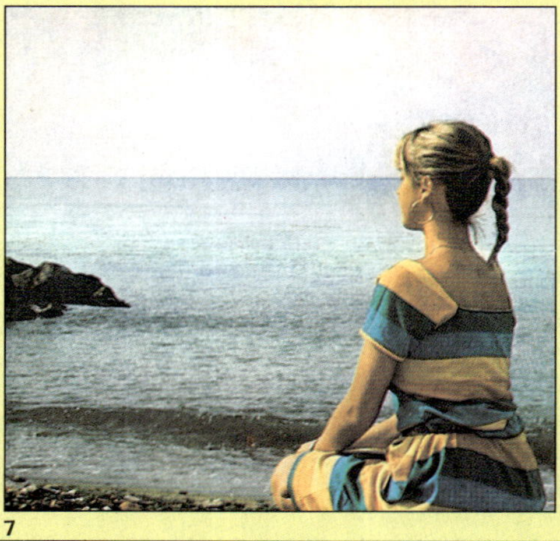

7

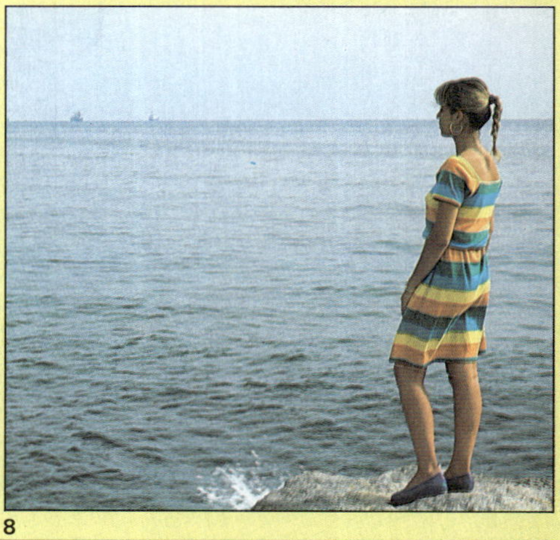

8

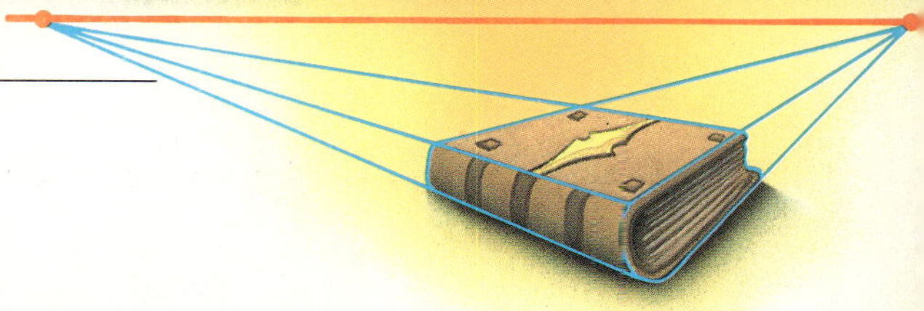

zont verlaufenden Parallelen zusammen – je nachdem, ob es sich um die Perspektive mit einem oder zwei Fluchtpunkten handelt. Das ist ein bißchen verwirrend, nicht wahr? Die Abbildungen auf dieser Seite zeigen ein Beispiel für jede Perspektive. Auf Abbildung 9 sehen Sie Eisenbahnschienen, die an einem Bahnhof entlangführen und in ihrem Fluchtpunkt auf der Horizontallinie zusammenlaufen.

Insgesamt gibt es drei Formen der Perspektive:

*Die Parallelperspektive mit einem Fluchtpunkt (Abb. 13A).*

*Die Schrägperspektive mit zwei Fluchtpunkten (Abb. 13B)*

*Die Luftperspektive mit drei Fluchtpunkten (Abb. 13C).*

Abb. 9 Im Fluchtpunkt (FP) vereinen sich wie hier alle parallel zum Horizont verlaufenden Linien. Bei der Schrägperspektive mit zwei Fluchtpunkten sind es die schräg zum Horizont verlaufenden Parallelen.

Abb. 10 bis 12: Die Horizontallinie kann oberhalb und unterhalb des Modells liegen und sich auch außerhalb des Bildes befinden.

9

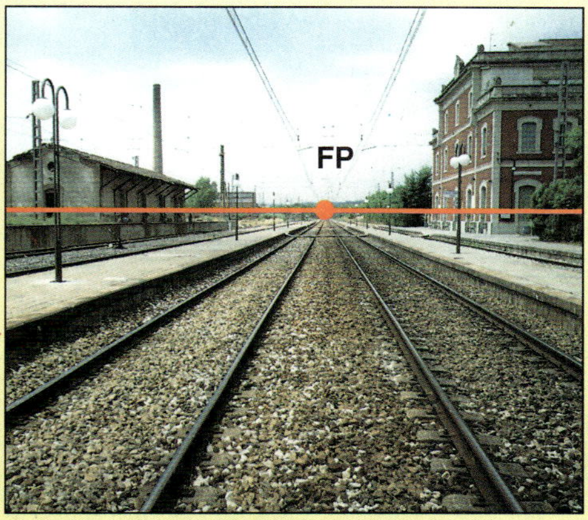


10

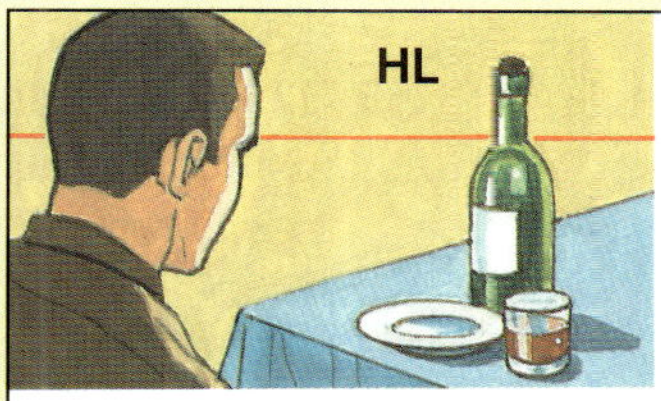


11

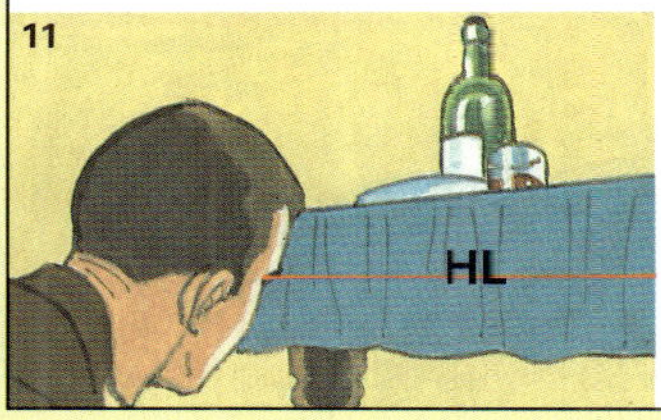


12

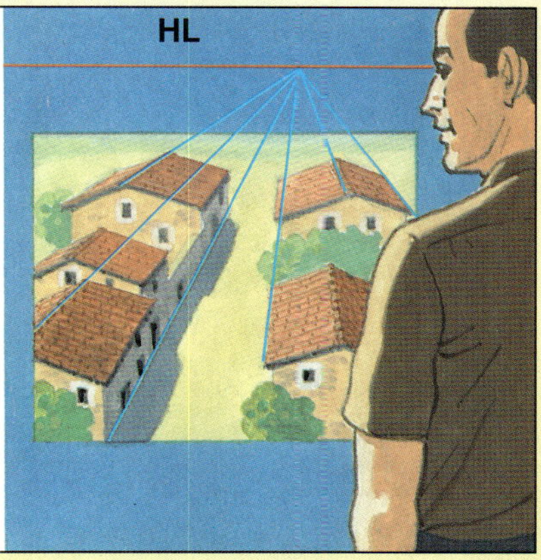


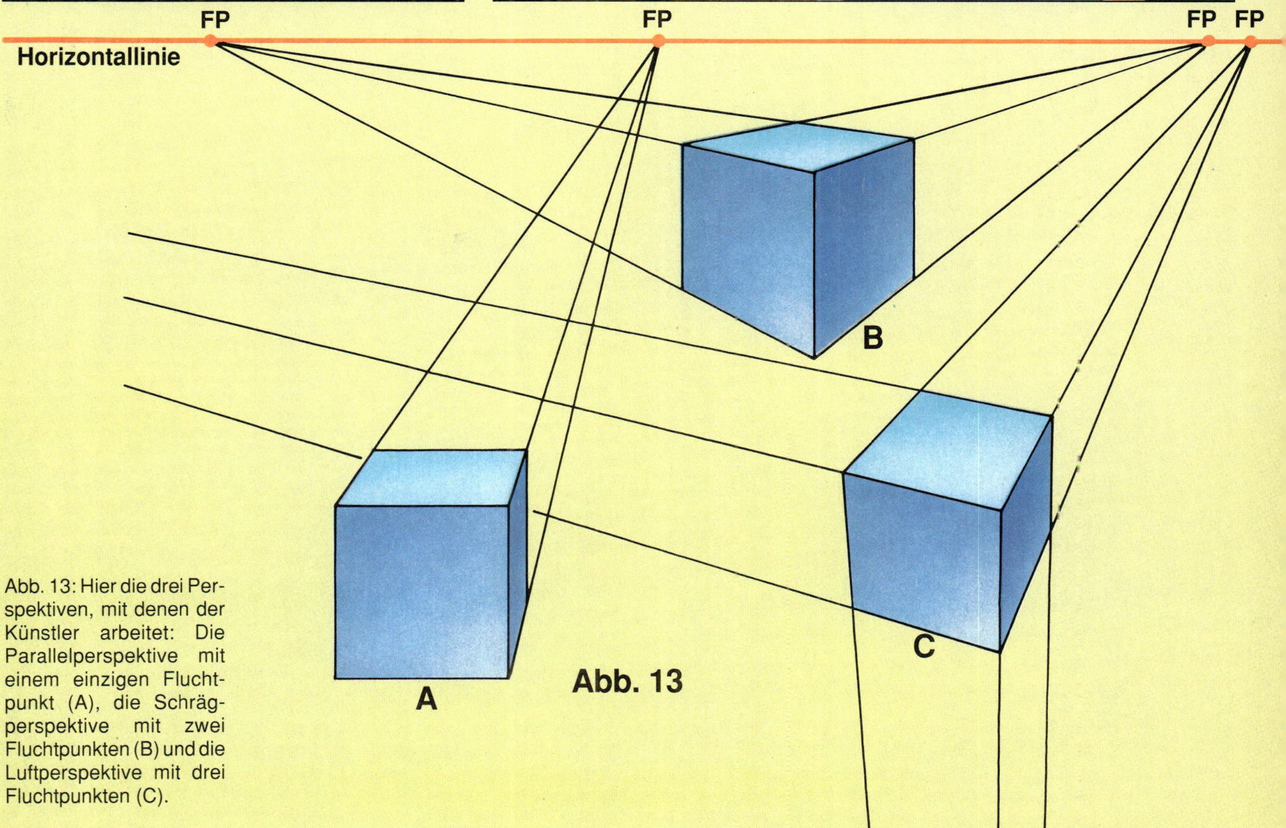


Abb. 13: Hier die drei Perspektiven, mit denen der Künstler arbeitet: Die Parallelperspektive mit einem einzigen Fluchtpunkt (A), die Schrägperspektive mit zwei Fluchtpunkten (B) und die Luftperspektive mit drei Fluchtpunkten (C).

zum FP 3

# Einige weitere Details über die Perspektive

Kommen wir nun zum Kern des Problems, damit wir alle Faktoren kennenlernen, die bei einem perspektivisch betrachteten und zu zeichnenden Modell in Erscheinung treten. Betrachten Sie aufmerksam die schematische Zeichnung auf dieser Seite, und verfolgen Sie mit mir die Erklärungen zu den einzelnen Elementen:

*Abbildung 14 zeigt die Faktoren, die ein perspektivisch gesehenes und gezeichnetes Bild bestimmen.*

Der Künstler stellt sich vor sein *Modell* und zeichnet in Gedanken einen Rahmen zwischen sich und dem Gegenstand, in dem er die Lage und die Größe des Modells bestimmt. Die umrahmte Fläche bezeichnet man als *Bildebene* (BE). Sie ist ein Grundelement der Perspektive, das quadratisch oder rechteckig sein kann und proportional den Maßen des Zeichenpapiers oder der Leinwand entspricht, auf der der Künstler sein Bild anfertigen will. Leon Baptista Alberti, ein bekannter Architekt des 15. Jahrhunderts, entdeckte dieses Element und nannte es einen *Schleier*. Er stellte sich eine flache Ebene vor, durch die er sein Modell sehen konnte. Leonardo da Vinci verband die Vorstellung von Albertis Schleier mit einem *Fenster*, welches das darzustellende Modell einrahmte. In Augenhöhe bei nach vorn gerichtetem Blick liegt die *Horizontallinie* (HL), die hier auf der Bildebene rot eingezeichnet ist und die der Künstler auf seinem Zeichenpapier oder seiner Leinwand zieht.

Zu Füßen der Bildebene befindet sich die *Erdebene* (EE) mit der *Erdlinie* (EL), bei der es sich um den Boden handelt, auf dem Sie und das Modell stehen. Daraus folgt, daß der Abstand zwischen der Erdlinie (EL) und der Horizontallinie (HL) der Entfernung zwischen dem Boden und Ihren Augen entspricht. Die Erdlinie benötigt man, um einen Raum in der Tiefe in gleiche Abschnitte zu unterteilen. Davon wird später die Rede sein.

In der Mitte der Horizontallinie erkennen Sie den *Fluchtpunkt* (FP), in diesem Fall einen einzigen, da der Künstler das Modell in der Parallelperspektive sieht. Nebenbei sei erwähnt, daß der *Blickpunkt* (BP) unseren Augen entspricht und bei der Parallelperspektive mit dem Fluchtpunkt zusammenfällt.

Abb. 14: Schematische Darstellung der Faktoren, die bei der Wiedergabe der Perspektive eine Rolle spielen: Der Künstler nimmt vor dem Motiv Aufstellung, stellt sich die Bildebene (BE) vor und ermittelt seinen Blickpunkt (BP), der gleichzeitig der Fluchtpunkt (FP) ist. Beide liegen auf der Horizontallinie (HL, hier rot) in Augenhöhe des Betrachters. Beachten Sie ferner die Erdebene (EE) und die Erdlinie (EL) zu Füßen der Bildebene.

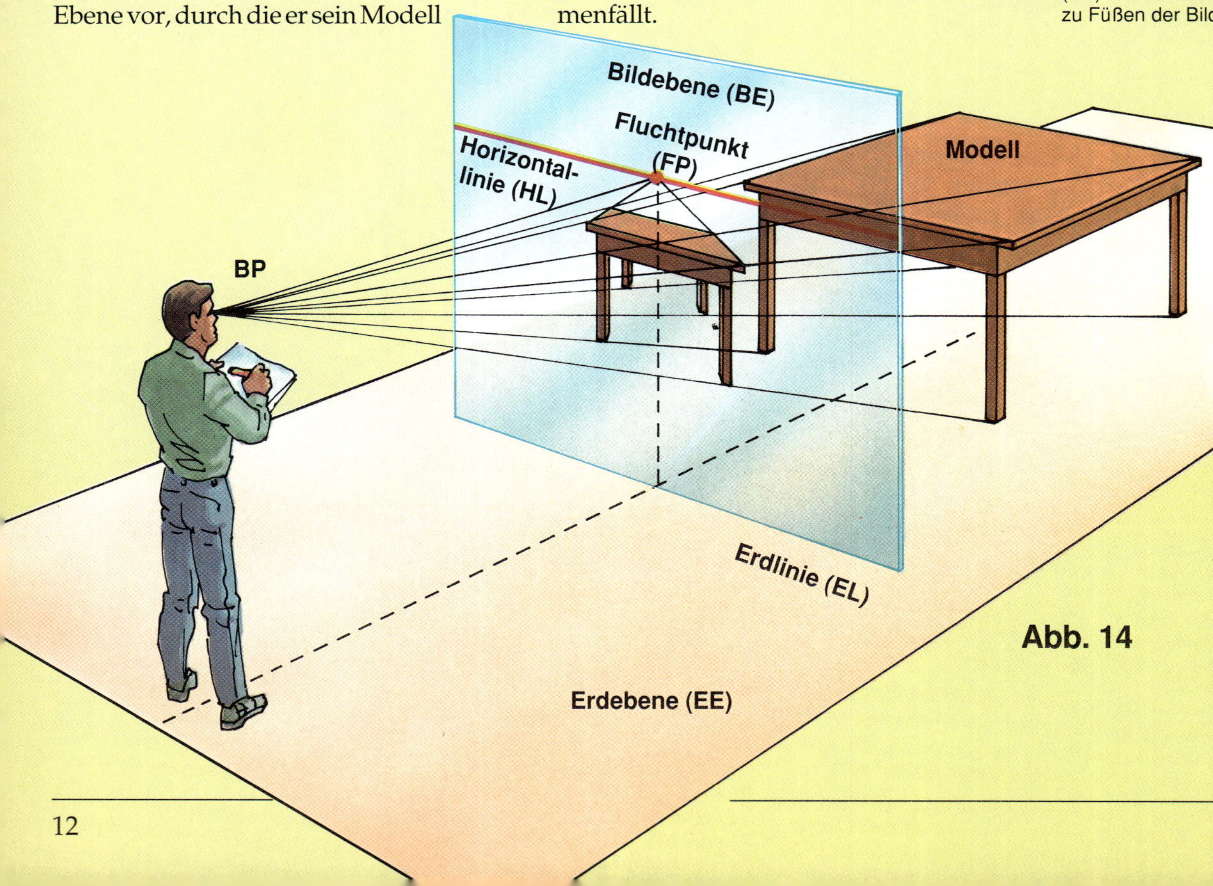


**Abb. 14**

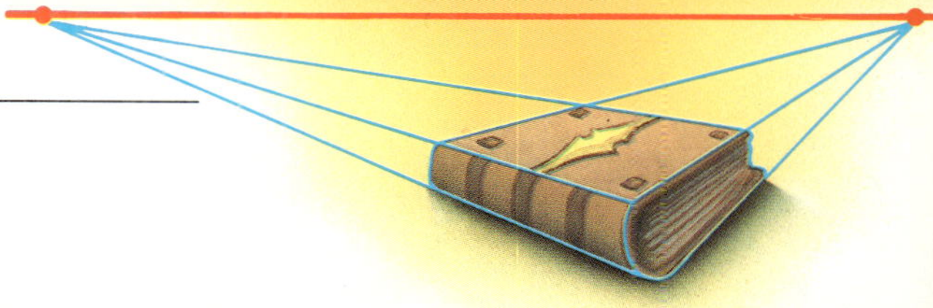

Das Schema von Abbildung 16 zeigt schließlich, daß das Auge des Künstlers das Modell wie ein Fotoapparat sieht. Das heißt, es fängt die *Lichtstrahlen*, die die Form und die Farbe des Modells bestimmen, wie ein Objektiv ein.

**Abbildung 16: Der Fluchtpunkt der Diagonalen (FPD)**

Hierbei handelt es sich um einen zusätzlichen Fluchtpunkt, den der Künstler benötigt, um sich wiederholende Formen zu zeichnen, die zum Horizont flüchten: zum Beispiel die Steinplatten eines Mosaikbodens, eine Baumreihe, die Säulen und Bögen eines Kreuzgangs etc. Bei der Parallelperspektive entspricht die Lage der Fluchtpunkte der Diagonalen zu beiden Seiten des Hauptfluchtpunkts dem Abstand zwischen dem Künstler und diesem Fluchtpunkt auf der Horizontallinie (A-A-A). Wir werden später auf die Anwendung dieser Kenntnisse zurückkommen. Zunächst wollen wir uns mit der Geschichte befassen, damit Sie erfahren, wer, wann und wo perspektivisch zu zeichnen und malen begonnen wurde.

15

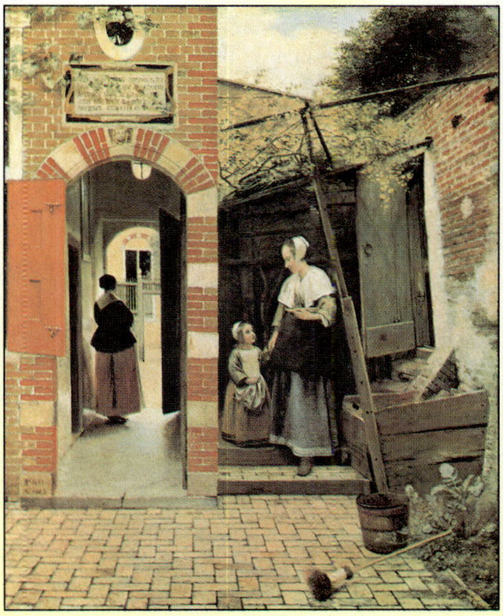

Abb. 15: Pieter de Hooch, *Magd und Kind in Delfter Innenhof*, National Gallery, London. Das Bild entstand 1659, als die Künstler noch nicht über die Parallelperspektive mit einem Fluchtpunkt hinausgekommen waren. Perspektive des Gangs und vor allem des Backsteinpflasters sind perfekt gelöst.

Abb. 16: Schematische Darstellung des Fluchtpunkts der Diagonalen und seiner Funktion bei der Bestimmung der Abstände zwischen sich wiederholenden und zum Horizont flüchtenden Formen: zum Beispiel bei Bodenplatten, Eisenbahnschwellen, Säulenreihen oder Alleebäumen.

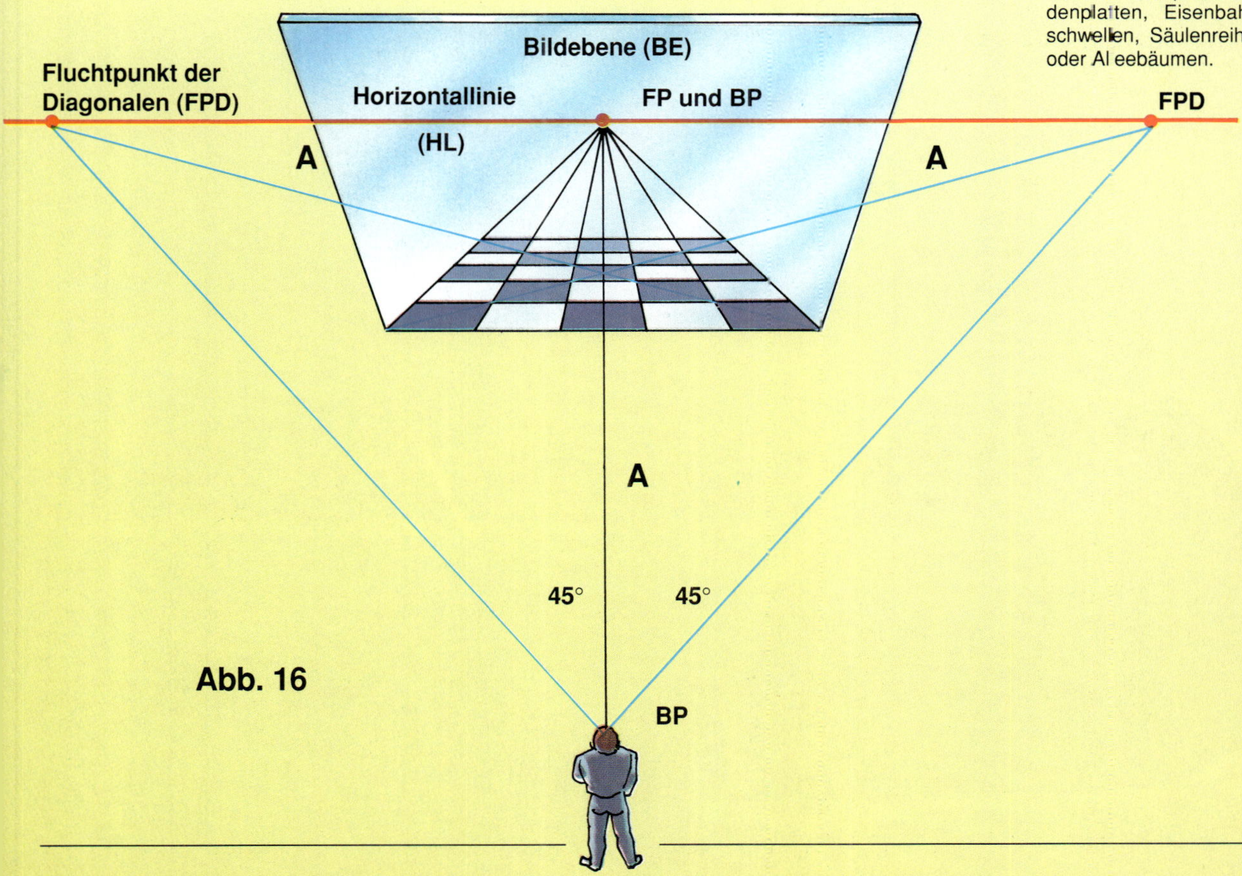


Abb. 16

# Ägypten, Griechenland, Rom

Die Künstler der Antike kannten die Perspektive noch nicht. Im Land Sumer, in Ägypten und in Mesopotamien finden sich Darstellungen von Menschen, Tieren und Pflanzen, die teilweise außerordentlich realistisch wirken, jedoch stets von der Seite gezeichnet sind und damit keine optischen Verkürzungen erfordern (Abb. 17). Die primitiven Künstler kannten die Perspektive ebensowenig wie die Kinder von heute.
Zweitausend Jahre später schrieb der römische Architekt Vitruv (1. Jahrh. v.Chr.) den ersten Hinweis über die Perspektive den griechischen Philosophen Demokrit und Anaxagoras (geboren 460 bzw. 500 v.Chr.) zu: *„Nachdem der zentrale Punkt ermittelt ist, müssen die Linien wie in der Natur so in dem Projektionspunkt der Sehstrahlen zusammenlaufen, daß manche Teile sich nach hinten zurückzuziehen scheinen, während andere nach vorn rücken."*
Etwa zweihundert Jahre später verfaßte der berühmte griechische Mathematiker Euklid, der Begründer der *Euklidischen Geometrie,* einen Traktat über die Optik und stellte darin fest, daß unser visuelles Bild aus geraden Linien besteht, die vom Auge ausgehen und einen Kegel bilden. Als Ergebnis dieser ersten Theorien finden wir in Griechenland und später in Rom die intuitive Anwendung der Perspektive (Abb. 18 und 19). Leider führte der Niedergang des Römischen Reiches zum Rückschritt des Mittelalters, das die Entwicklung der Kunst um etwa tausend Jahre verzögerte.

17

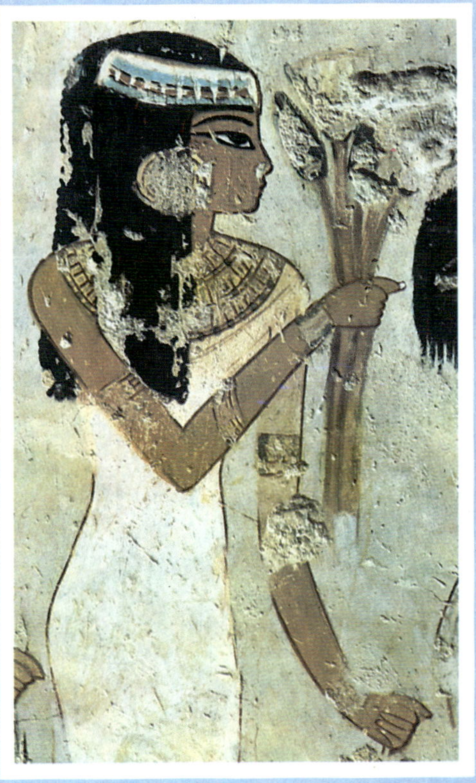

Abb. 17: *Junges Mädchen, einen Blumenstrauß haltend,* Grab des Menna, Theben. Die ägyptische Kunst kannte keine optischen Verkürzungen. Die Köpfe der Gestalten sind im Profil dargestellt, die Körper erscheinen von vorn. Licht und Schatten werden nicht berücksichtigt. Bei der Darstellung von Tieren wird das Volumen wiedergegeben, jedoch nicht die optische Verkürzung. Die Körper sind stets von der Seite und ohne Berücksichtigung der Perspektive gezeichnet oder gemalt.

18

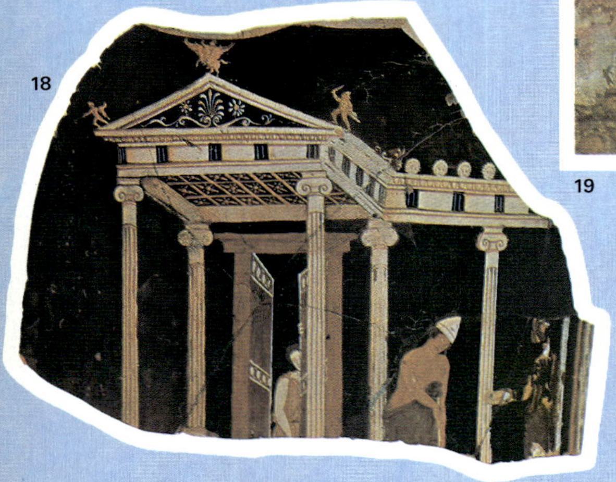

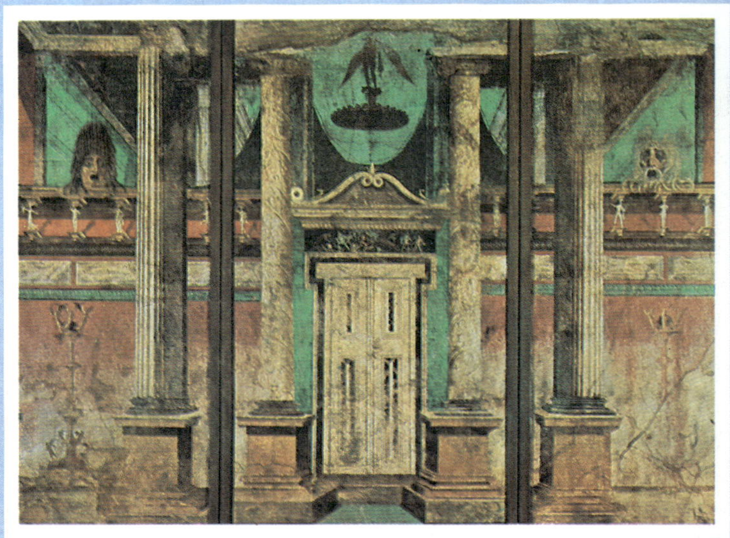

19

Abb. 18 und 19: *Szene einer Tragödie vor einem Palast,* griechisches Gemälde, Tarent, Mitte des 4. Jahrh. v.Chr., Martin-von-Wagner-Museum, Würzburg, und *Wandschmuck* aus Boscoreale, ca. 2. Jahrh. v.Chr., Nationalmuseum, Neapel. Die Griechen und auch die Römer stellten die Perspektive intuitiv dar und näherten sich ihr manchmal, indem sie sich von den Schriften Demokrits, Anaxagoras', Euklids etc. leiten ließen.

# Giotto (1266–1337), Lorenzetti (1306–1345)

20

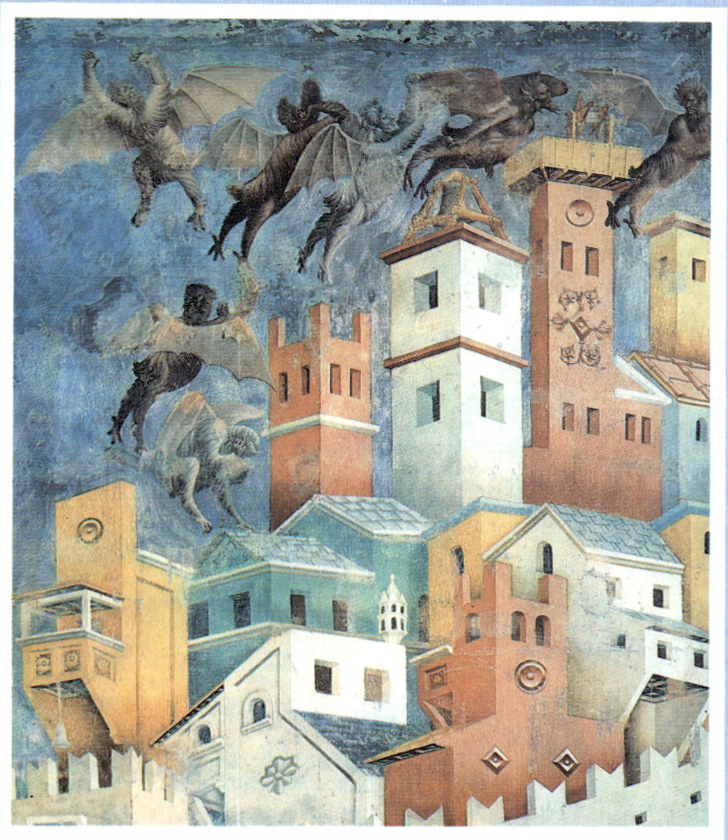

21

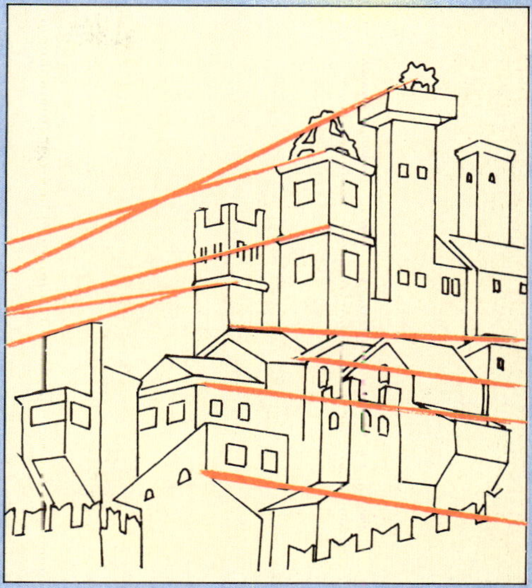

Wir befinden uns im 14. Jahrhundert. In Florenz hat sich eine neue Malweise entwickelt: eine Künstlergruppe hat sich um den großen Giotto versammelt, der, wie der Chronist Vasari in seinem Buch *Das Leben der Künstler* (Florenz, 1568) schreibt, „die plumpe byzantinische Malweise verbannt und den Realismus und die gute Art zu malen wieder eingeführt hat." Giotto nahm als erster Künstler bewußt die Perspektive in seine Bilder auf, *so daß die Linien wie in der Natur in einem Projektionspunkt zusammenlaufen* (Abb. 20 und 21).
Ambrogio Lorenzetti war ein begeisterter Anhänger Giottos. Der Magistrat von Siena beauftragte ihn mit dem Bild *Die Auswirkungen einer guten Regierung in Stadt und Land*, von dem wir einen Ausschnitt abbilden (Abb. 22). Darin beweist Lorenzetti sein Interesse und seine Fähigkeit, die Dinge perspektivisch darzustellen, auch wenn es noch intuitiv geschieht. Dies blieb so bis zur Renaissance (folgende Seite).

22

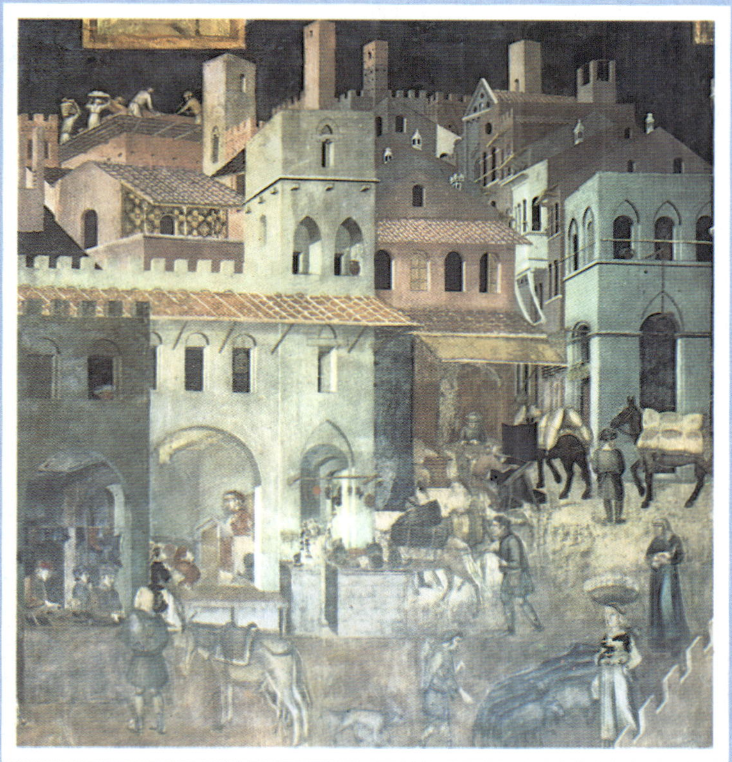

Abb. 20 und 21: Giotto, *Die Austreibung der Teufel aus Arezzo* (Ausschnitt), Asisi. Giotto war der große realistische Revolutionär der Kunst. Er lehnte sich gegen die weltliche byzantinische Abstraktion auf und führte die Perspektive in seine Werke ein.

Abb. 22: Ambrogio Lorenzetti, *Auswirkungen einer guten Regierung in Stadt und Land*, Rathaus von Siena. Ein weiteres ausgezeichnetes Beispiel für die Anfänge der Perspektive in der Malerei.

# Brunelleschi (1377–1446), Donatello (1386–1466), Masaccio (1401–1428)

Brunelleschi war Architekt, erwies sich in seiner Jugend jedoch auch als bemerkenswerter Bildhauer, guter Zeichner und Maler. Donatello war Bildhauer, Masaccio war Maler.

Alle drei waren Florentiner. Allerdings wurde Masaccio in San Giovanni Valdarno geboren, einem Dorf etwa vierzig Kilometer entfernt, kam jedoch 1418 im Alter von 17 Jahren nach Florenz. Zwei Jahre später zeichnete der fünfundvierzigjährige Brunelleschi die Pläne für die berühmte Kuppel des Doms von Florenz, und der neun Jahre jüngere Donatello besuchte ihn beinahe täglich. Nach Vasaris Worten waren sie enge Freunde, die „gern zusammen waren, um sich zu unterhalten und über die Probleme der Kunst zu diskutieren." Nachdem sie Masaccio und seine Malweise kennengelernt hatten, luden sie ihn ebenfalls zu ihren Gesprächen ein.

*Diese drei schufen gemeinsam eine neue Kunst: die Kunst der Renaissance.*

23

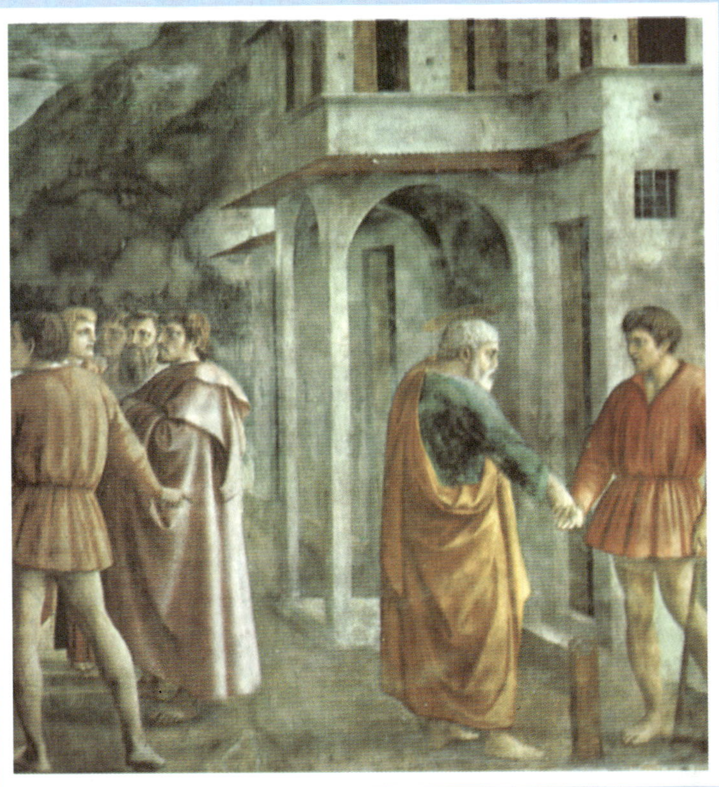

24

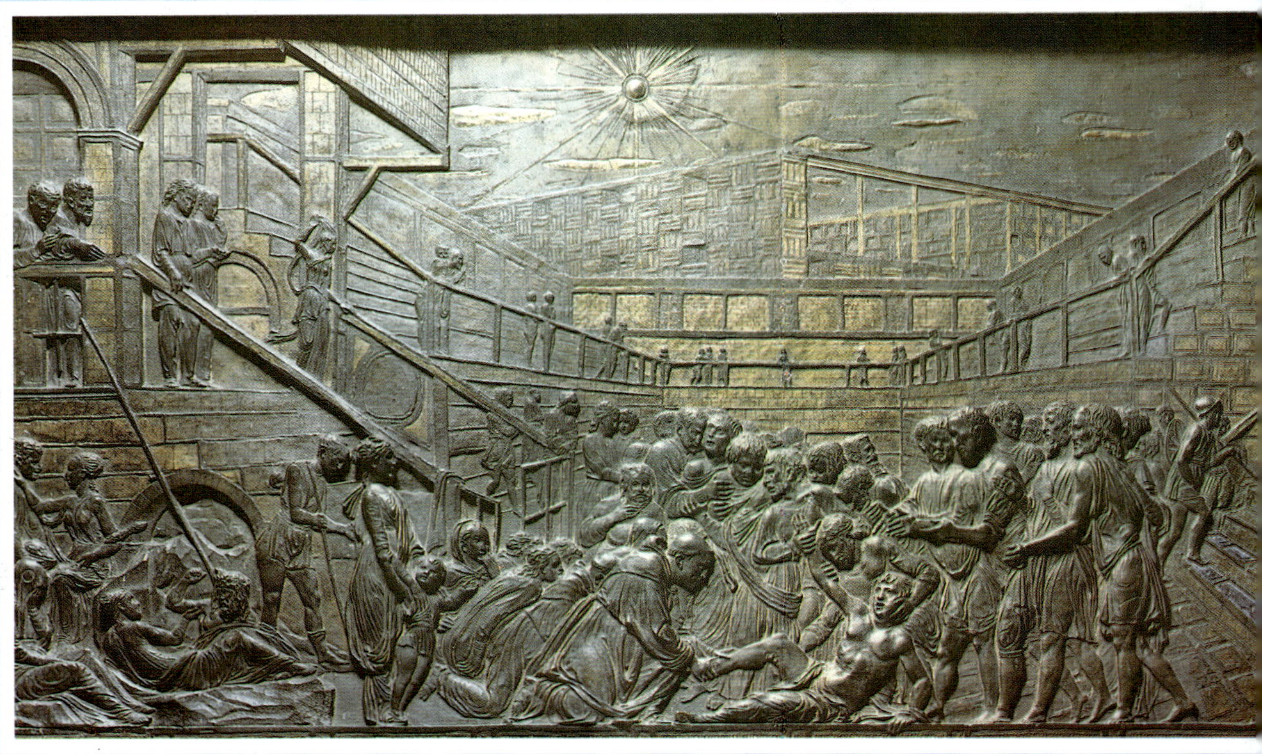

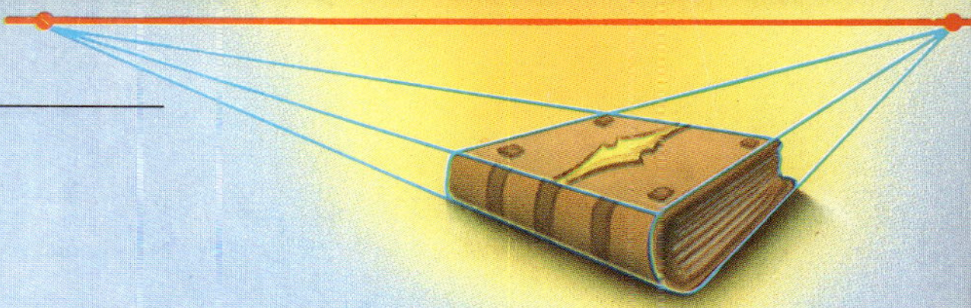

25

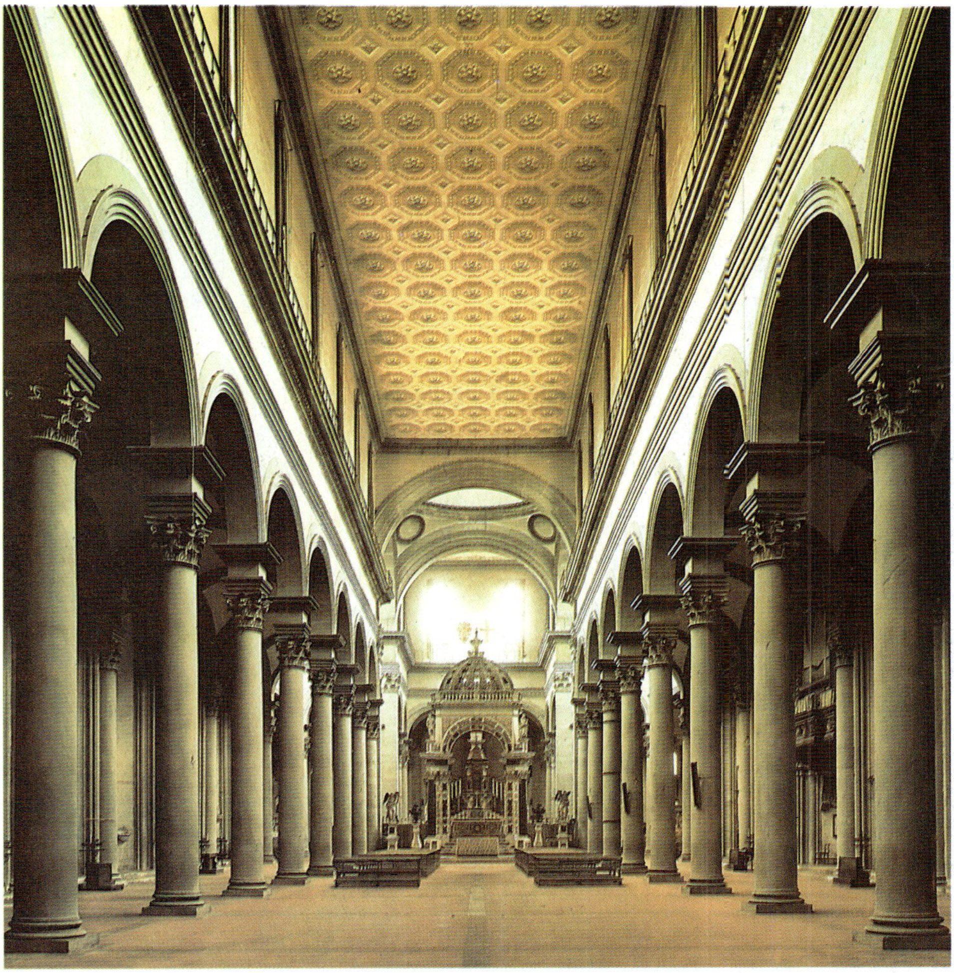

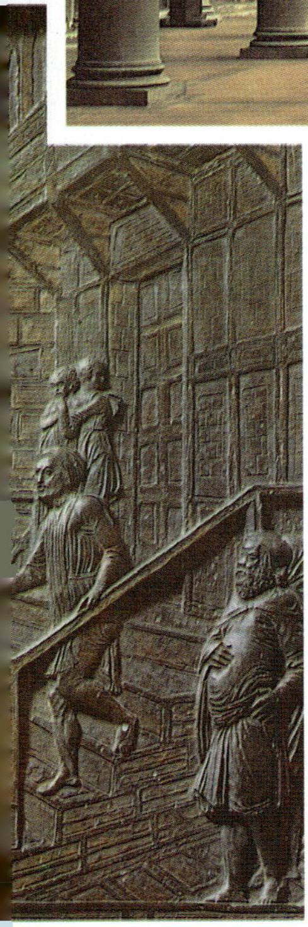

Bis dahin herrschte in der Architektur der gotische Stil vor. Die Bildhauer beschränkten sich darauf, die Statuen der Antike zu kopieren, und in der Malerei war man nicht über Giottos Naturalismus hinausgekommen. Brunelleschi führte die Säulen, die Kapitelle und die Gesimse der klassischen römischen Architektur ein. Donatello sorgte für eine Wiederbelebung der griechischen und römischen Bildhauerei. Und Masaccio entwickelte, was Vasari unter Bezugnahme auf Giottos Stil als *zweite Malweise* bezeichnete. Diese ist durch eine bessere Darstellung der Volumen des Gesichts und der Kleidung, eine perfektere thematische und farbliche Komposition und die Einführung der mathematischen Perspektive charakterisiert, die Brunelleschi erfunden hatte, wie wir auf der folgenden Seite sehen werden.

Abb. 23 (vorige Seite): Masaccio, *Der Tribut* (Ausschnitt). Fresko aus der Brancacci-Kapelle der Carmen-Kirche, Florenz.

Abb. 24: Donatello, *Basrelief am Altar von San Antonio*, San Antonio-Basilika, Padua.

Abb. 25: Brunelleschi, *Hauptschiff der Kirche Santo Spirito*, Florenz.

Masaccio, Donatello und Brunelleschi waren jene drei Genies, die durch die Erneuerung der Malerei, der Bildhauerei und der Architektur eine neue Kunst einleiteten: die Renaissance.

# Brunelleschi, der Erfinder der Perspektive

Gegen 1420 nahm der bekannteste Architekt des 15. Jahrhunderts, Filippo Brunelleschi, seine Studien für den Bau der Kuppel des Doms von Florenz (Abb. 26) auf. Dazu entwickelte er ein geniales System aus einem Grundriß und einem Seitenriß, mit dem er unter Zuhilfenahme der Schnittpunkte der Parallelen perfekt perspektivisch zeichnen konnte (Abb. 28, gegenüber). Gleichzeitig führte er die drei Grundfaktoren der Perspektive ein: den Grundriß, den Aufriß und den Seitenriß (Abb. 29). Mit Hilfe dieses Systems konnte er den Hauptblickpunkt oder *Fluchtpunkt der Parallelperspektive* ermitteln, zu dem nur noch die *Horizontallinie* kommen mußte. Um seine Erfindung auszuprobieren, malte Brunelleschi auf einem Spiegel. Dazu schreibt sein Biograph Antonello Manetti:
„Er wies sein System anhand eines quadratischen Bildes von etwa 30 cm Seitenlänge nach, das er von der Plaza de San Giovanni malte, gesehen aus dem Innern des Domportals von Florenz. Er arbeitete mit einer Präzision, wie es ein Miniaturenmaler nicht besser gekonnt hätte. Er legte poliertes Silber an die Stelle für den Himmel, so daß dieser sich samt den Wolken darin spiegelte (. . .). Nachdem er das Bild beendet hatte, schnitt er ein Loch in die Mitte, das mit seinem Blickpunkt auf das Modell übereinstimmte. Die Größe der Öffnung entsprach auf der bemalten Seite dem Durchmesser einer Linse und weitete sich nach hinten bis zur Größe eines Dukaten kegelförmig aus. Anschließend forderte Brunelleschi die Umstehenden auf, durch die größere Seite des Lochs zu sehen und das Bild in der einen und den Spiegel in der anderen Hand so in Augenhöhe zu halten, daß das Werk darin zu sehen war (Abb. 27). Der Zuschauer hatte dann den Eindruck, die tatsächliche Szene zu sehen.“ Vasari bestätigt, daß Brunelleschi dieses Bild gemalt hat, erwähnt aber nicht das Experiment. „Die Erfindung der Perspektive befriedigte Filippo derart, daß er schleunigst die Plaza de San Giovanni malte und die Schönheit der schwarz-weißen Marmorplatten wiedergab, die ins Innere der Kirche flüchten.“ Dieses Zitat von Vasari beweist, daß Brunelleschi tatsächlich wußte, wie man ein Mosaik perspektivisch zeichnet.

26

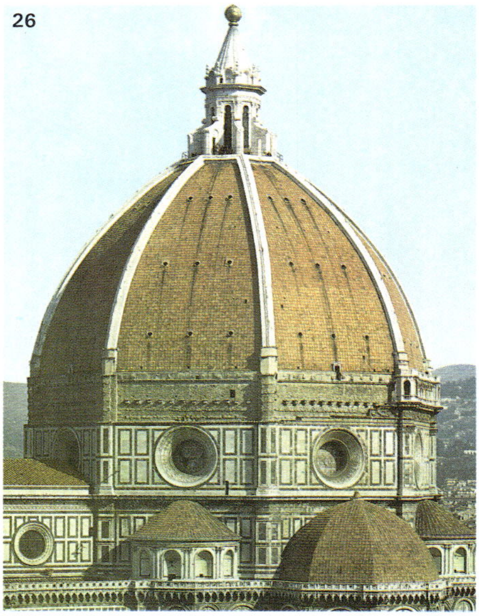

Abb. 26: Filippo Brunelleschi, Kuppel des Doms von Florenz. Diese berühmte Kuppel wird von machen Kunstkritikern als Symbol der Renaissance und eines der geistig universellsten Werke betrachtet, die je von Menschenhand geschaffen wurden.

Abb. 28: Brunelleschis Beitrag zur Entwicklung der Perspektive besteht vor allem in der Darstellung des Grundrisses und des Aufrisses des Modells, das sich so mit Hilfe der Schnittpunkte der Parallelen perspektivisch wiedergeben ließ.

Abb. 29: Nach dem zuvor genannten Verfahren zeichnete Brunelleschi den Grundriß, den Aufriß und den Seitenriß.

27

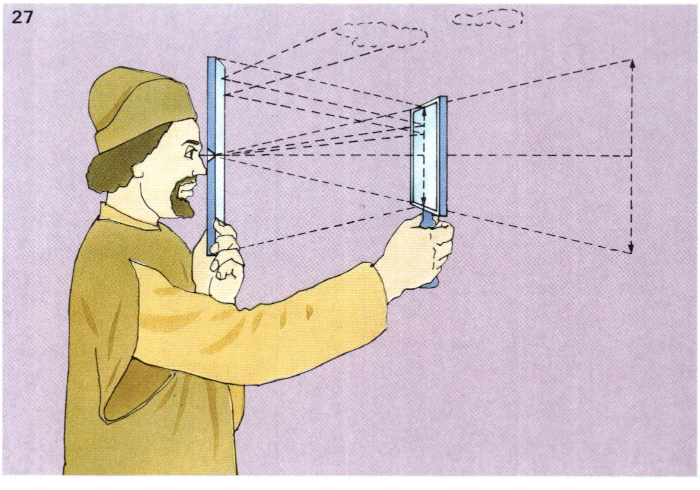

Abb. 27: Brunelleschi unternahm eine visuelle Demonstration seiner Erfindung. Er malte ein Bild und betrachtete es durch ein Loch auf der Rückseite in einem Spiegel. Dadurch erkannte er, daß die parallelen Fluchtlinien zum zentralen Blickpunkt konvergieren.

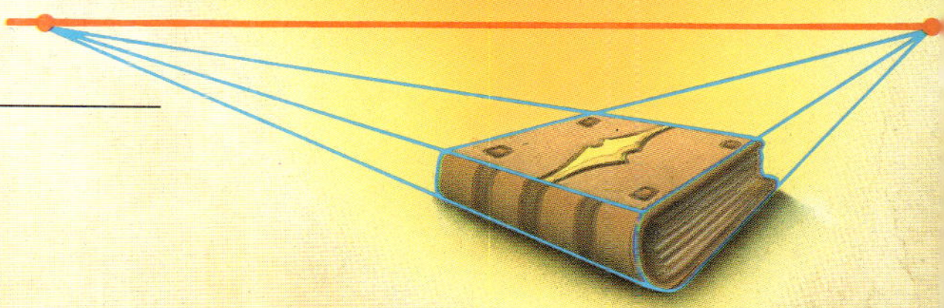

28

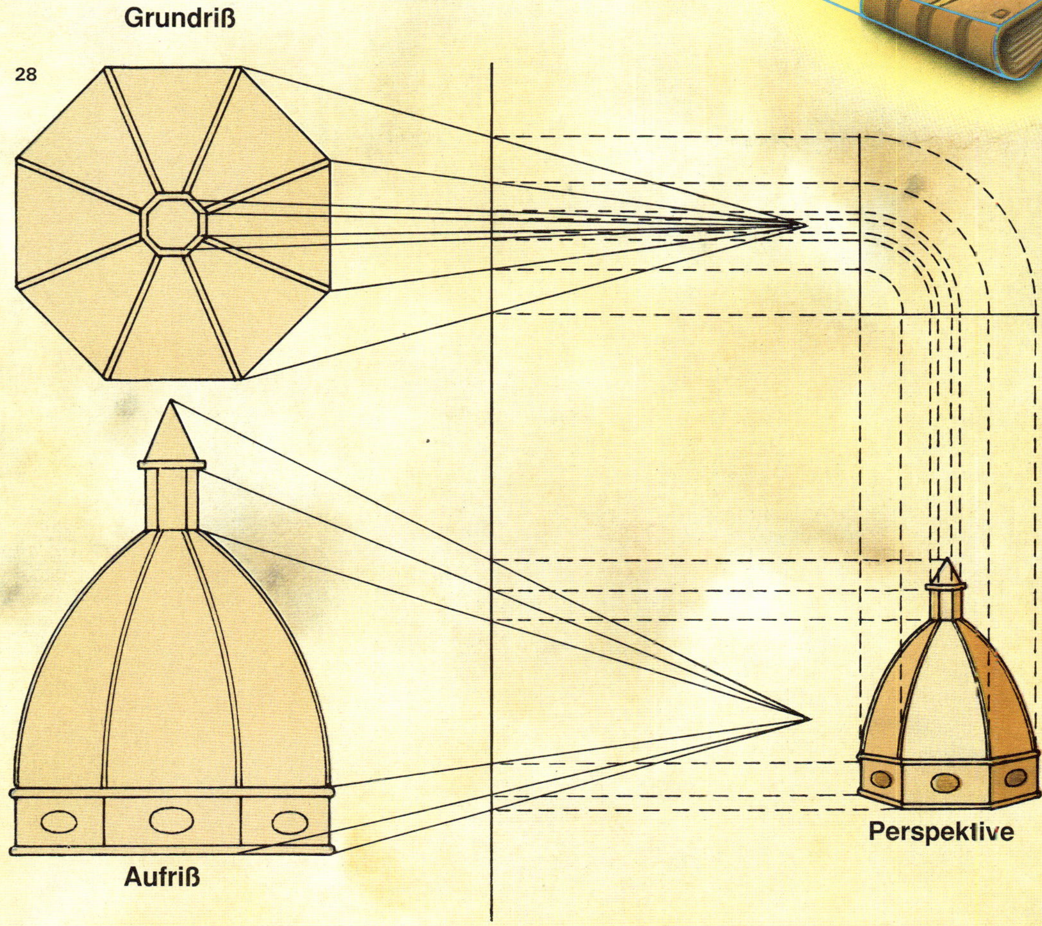


29

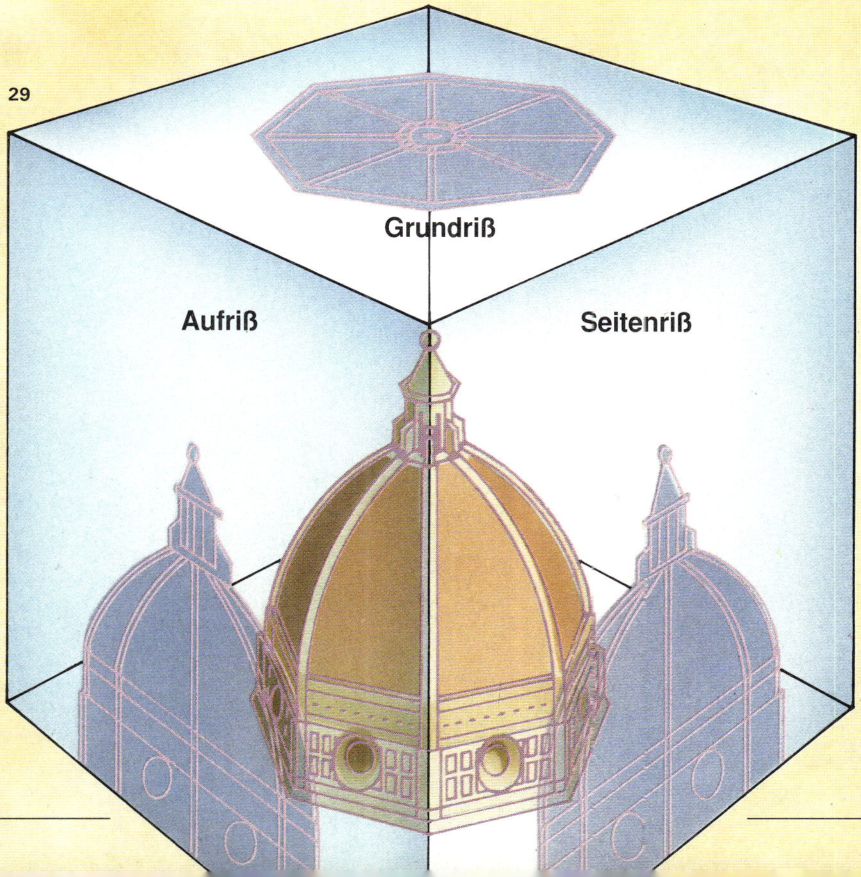

# Masaccio (1401–1428)

Obwohl Masaccio erst zwanzig Jahre war, als Brunelleschi ihn kennenlernte, begriff der Architekt sofort, daß er es mit einem außergewöhnlichen Maler zu tun hatte. Er bot ihm nicht nur seine Freundschaft an, sondern ließ ihn an seinen Überlegungen und Werken Anteil nehmen. Mit Sicherheit gehörte Masaccio neben Donatello zu den ersten, die von der Erfindung der Perspektive Kenntnis erhielten. Sicher ist ebenfalls – denn es wird von allen Kunsthistorikern berichtet –, daß Brunelleschi Masaccio beim Aufbau und der Perspektive des Freskos *Die Dreifaltigkeit* in der Kirche Santa Maria Novella in Florenz half.

Masaccio malte *Die Dreifaltigkeit* in der Parallelperspektive, der einzigen damals bekannten Perspektive. Er benötigte dafür fünfundzwanzig Sitzungen zwischen 1426 und 1428. Dies ist kein ungewöhnlich langer Zeitraum, wenn man bedenkt, daß das Wandgemälde erstens gut zehn Meter hoch ist, daß es sich zweitens um ein Originalgemälde handelt und daß Masaccio für dieses Ergebnis zunächst zahlreiche Studien der Gestalten, des Aufbaus und der Perspektive anfertigen mußte.

Die Perspektive der *Dreifaltigkeit* mit ihren gewaltigen Schwierigkeiten der Decke spiegelt die eindrucksvolle Architektur Brunelleschis wider. Zu dieser Decke sagte Vasari: „Aber das schönste, abgesehen von den Gestalten, ist das perspektivisch gezeichnete, von unten gesehene, getäfelte Tonnengewölbe (Abb. 31). Die optische Verkürzung ist so geschickt gemalt, daß die Decke wie ein Relief wirkt." Das Fresko entfachte das Interesse vieler Künstler für die Perspektive. Einer von ihnen, Masolino – ein Schüler Masaccios –, stellte in seinem Fresko (Abb. 32 und 33) eine Reihe von Säulen und Bögen perspektivisch dar. Ihm gelang die *Aufteilung eines Raums in der Tiefe*. Dieses Problem wurde erstmals von Leon Baptista Alberti gelöst, von dem gleich die Rede ist.

Abb. 32 und 33: Masolino, *Das Gastmahl des Herodes* (Ausschnitt), Baptisterium von Olona, Castiglione. Obwohl Masolino viel älter als Masaccio war, wurde er dessen Schüler und lernte von seinem Meister die Anwendung der Perspektive mit Verfahren wie diesem für die Einteilung eines Raums in der Tiefe.

32

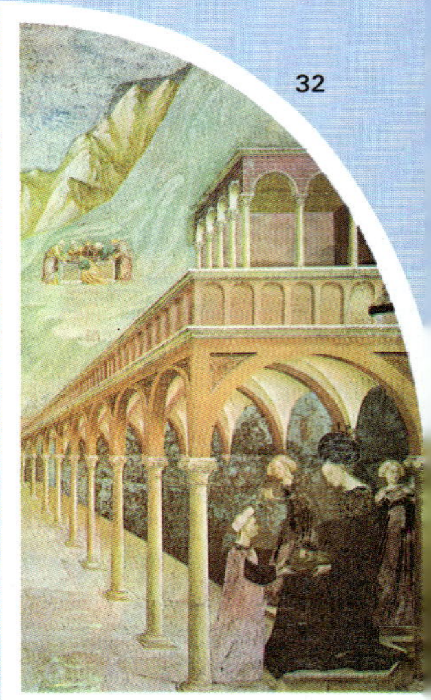

30

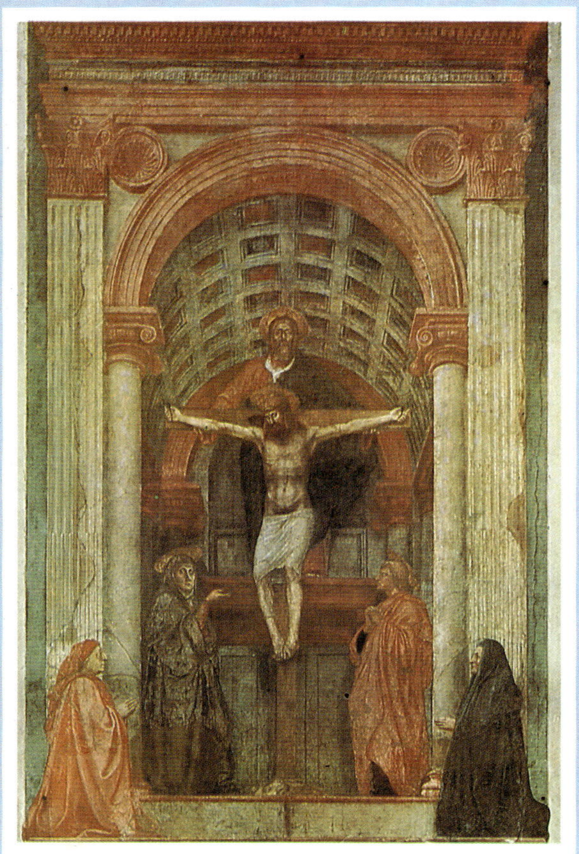

Abb. 30 und 31: Masaccio, *Die Dreifaltigkeit*, Santa Maria Novella, Florenz. Masaccio malte dieses Fresko mit Hilfe von Brunelleschis Technik für die Wiedergabe der Perspektive. *Die Dreifaltigkeit* gilt als das repräsentativste Werk für den Beginn der Renaissance.

31

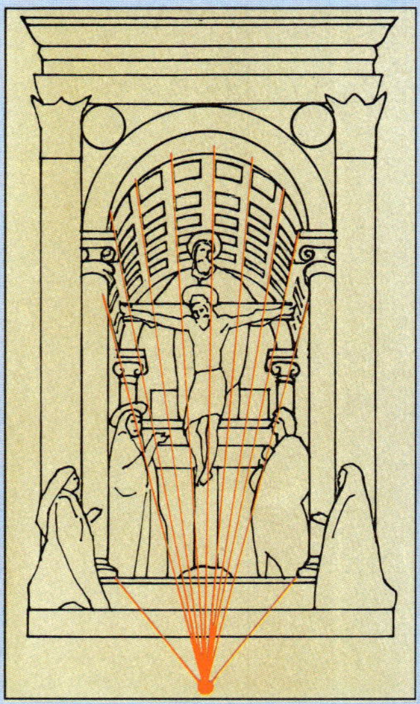

33

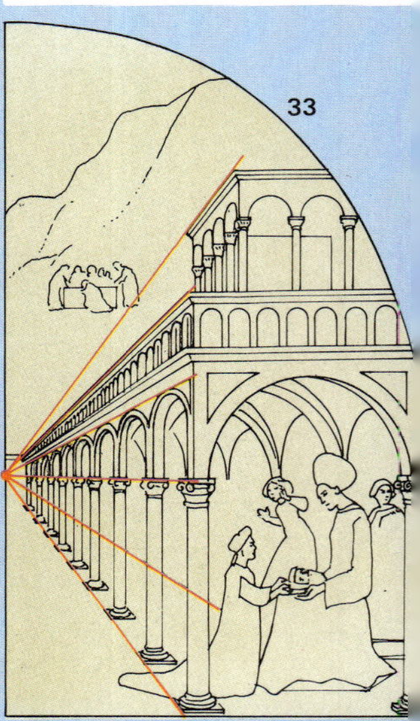

# Leon Baptista Alberti (1404–1472)

Leon Baptista Alberti führte Brunelleschis Werke weiter. Er war ein berühmter Architekt und darüber hinaus ein Gelehrter, der Bücher und Lustspiele verfaßte, komponierte, malte und Physik und Mathematik studierte.

Mit dreiunddreißig Jahren schrieb er sein Werk *Von der Malerei*, das er auf eine ganz besondere Weise seinem Meister und Freund Brunelleschi widmete, denn er nahm erstmals in der Kunstgeschichte einige Lehren über die Perspektive darin auf. Das Buch war für Zeichner und Maler bestimmt. Alberti erklärt darin zunächst, daß der Maler sein Motiv durch einen gedachten Schleier betrachten muß (unsere heutige *Bildebene*), so daß die Lichtstrahlen, die vom Modell zum Auge des Betrachters fallen, das Motiv auf dem Schleier abzeichnen (Abb. 34).

Darüber hinaus hält Alberti in seinem Buch eine Formel fest, mit der man *den Abstand sich wiederholender Formen in der Tiefe* berechnen kann. Zum Beispiel, wie groß der Abstand zwischen den Säulen eines Kreuzgangs beim Blick von vorn sein muß (Abb. 35) oder – was in diesem Fall auf dasselbe hinausläuft – welcher Abstand zwischen den einzelnen Reihen eines gezeichneten Plattenbodens besteht.

Bis dahin berechneten die Künstler diese Abstände nach Augenmaß oder mit Hilfe eines komplizierten Verfahrens, das auf den ersten Blick korrekt zu sein scheint (Abb. 36). Zieht man jedoch die Diagonalen der Bodenplatten, stellt man fest, daß etwas nicht stimmt, denn die Linien verlaufen nicht gerade, sondern geschwungen (Abb. 37).

Alberti löste das Problem mit der Formel, die ich Ihnen auf der folgenden Seite erklären werde.

34

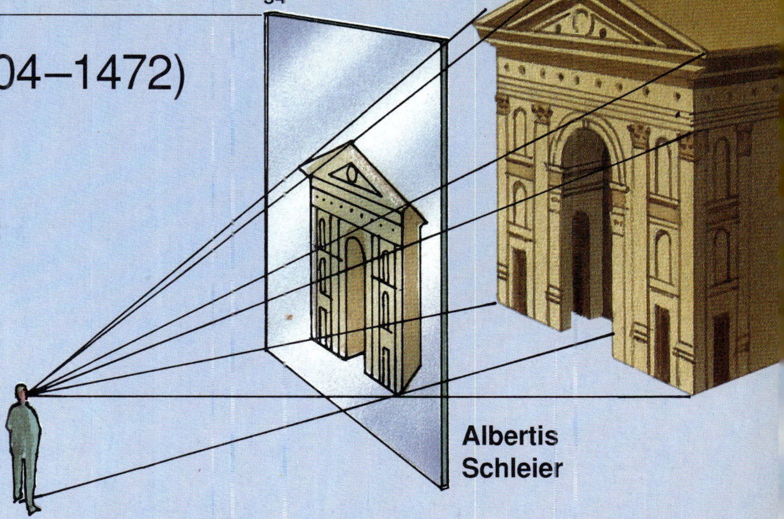


35

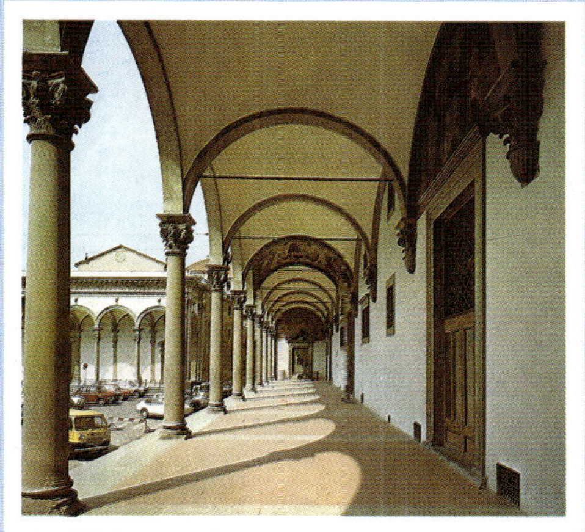

36

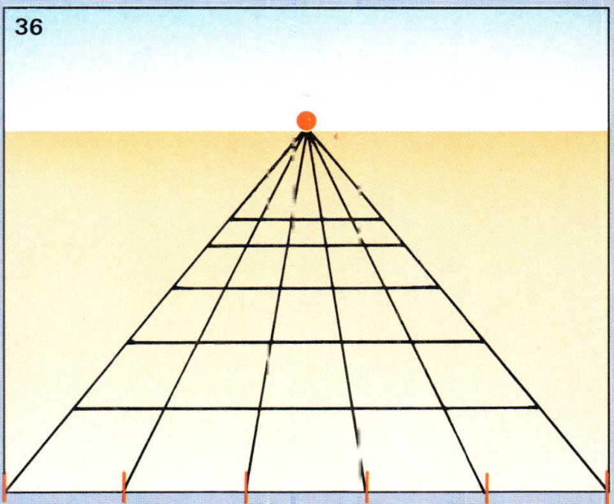

37

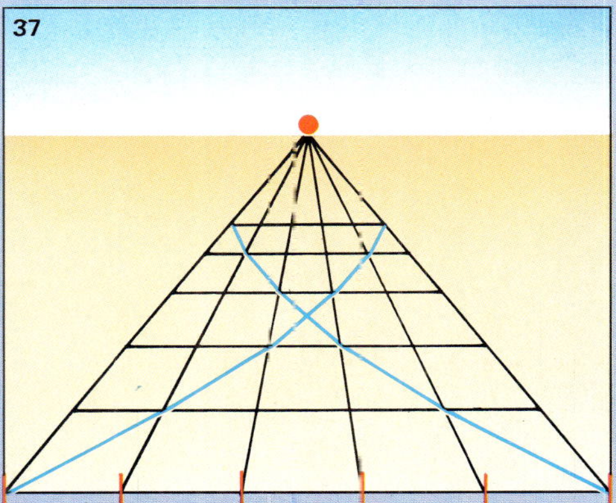

Abb. 34: Leon Baptista Alberti, San Andreas Kirche (idealisierte Zeichnung), Mantua. Alberti schrieb das erste Lehrbuch über die Perspektive, das den Titel *Della Pittura* trägt. Darin erläutert er den Gedanken, daß der Künstler sein Motiv wie durch eine transparente Fläche sieht, die er als *Schleier* bezeichnet und die wir heute als *Bildebene* kennen.

Abb. 35: Brunelleschi, *Säulengang des Ospedale degli Innocenti*, Florenz. Angesichts eines solchen Modells mit einem Kreuzgang und Säulen in gleichen Abständen erhob sich für den Künstler jener Zeit die Frage, mit welchem Verfahren er die Formen und Abstände perspektivisch korrekt darstellen konnte.

Abb. 36 und 37: Zur Lösung des Problems zeichnete der Künstler ein Quadratnetz und berechnete dessen Abstände nach einer komplizierten Methode, die auf den ersten Blick richtig zu sein scheint (Abb. 36). Doch hält sie der Nachprüfung mit den Diagonalen nicht stand (Abb. 37), die wieder geschwungen noch verzerrt sein dürfen.

# Die Methode des Alberti

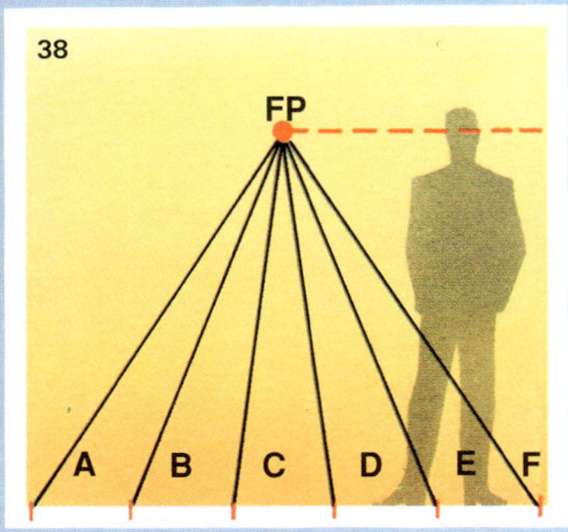


Bevor ich Ihnen Albertis Methode erkläre, möchte ich darauf hinweisen, daß weder er noch Brunelleschi jemals die *Horizontallinie* erwähnten, obwohl beide die Lage des Hauptpunktes – unseres *Fluchtpunktes* – „in dreifacher Armhöhe" berechneten, „was der Größe eines Mannes entspricht." In der Praxis lag der Hauptpunkt daher auf der Horizontallinie, die als solche erst 1505, siebzig Jahre nach Erscheinen von Albertis Lehrbuch, auftaucht.

Abb. 38: Die *Horizontallinie* war den Künstlern zur Zeit Albertis noch unbekannt. Sie legten den Fluchtpunkt in Höhe des menschlichen Kopfes.

Abb. 39 und 40: Albertis Methode bestand darin, die Breite des Plattenbodens zu verdoppeln, darauf die Unterteilung der Platten zu wiederholen (Abb. 40 A', B', C', D' etc.), den Seitenriß des *Schleiers* zu zeichnen und den Blickpunkt (BP) im selben Abstand anzulegen.

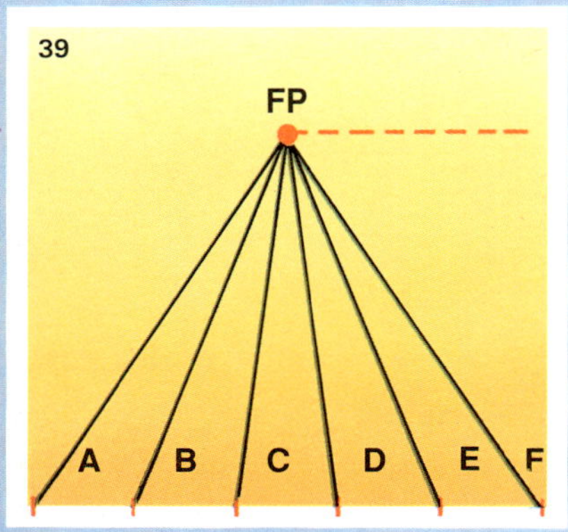


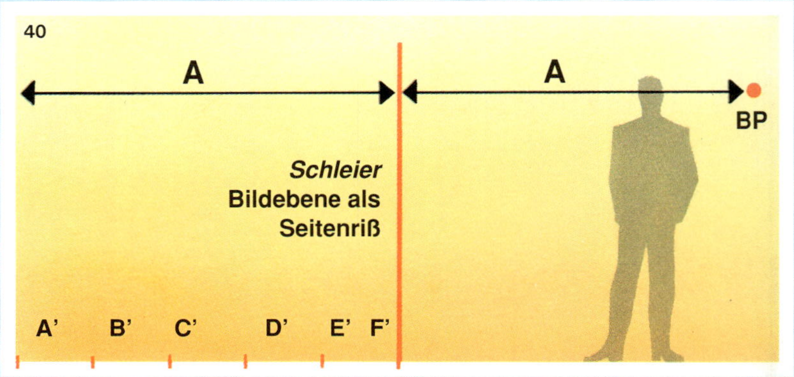


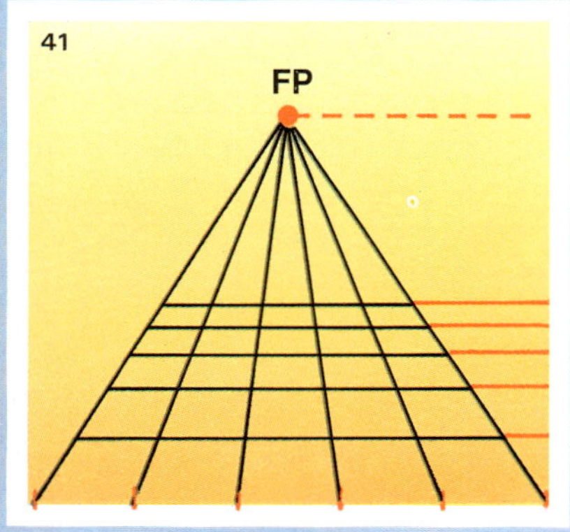


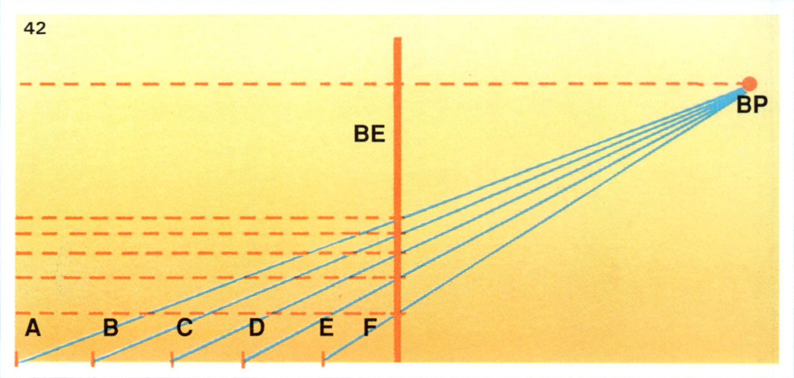


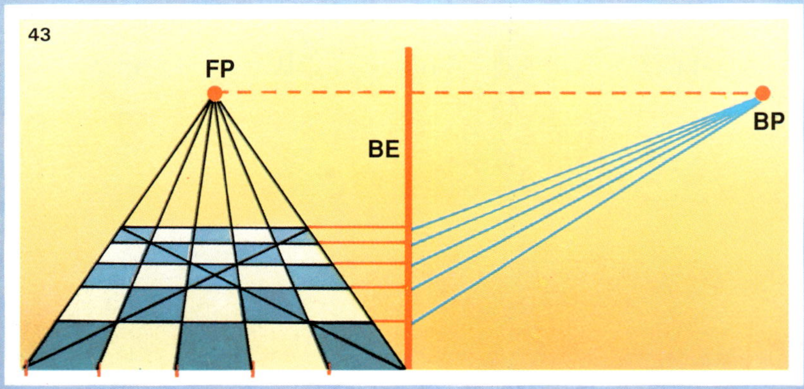


Abb. 41 und 42: Anschließend zog Alberti die Diagonalen von den Schnittpunkten A, B, C, D etc. zum Blickpunkt. Diese kreuzten den Schleier oder die Bildebene und bestimmten (rote waagerechte Linien) die räumliche Aufteilung der Platten in der Tiefe.

Abb. 43: Alberti teilte das genannte Verfahren „aus Bequemlichkeitsgründen", faßte es anschließend aber wieder in einer Zeichnung zusammen. Beachten Sie die perfekten Diagonalen des Plattenbodens. Sie beweisen, daß das Ergebnis korrekt ist.

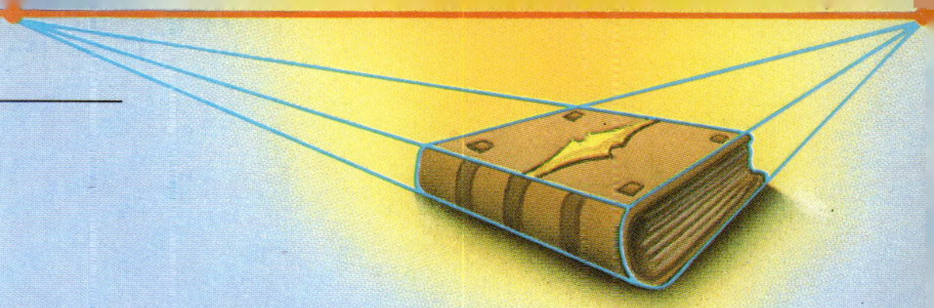

44

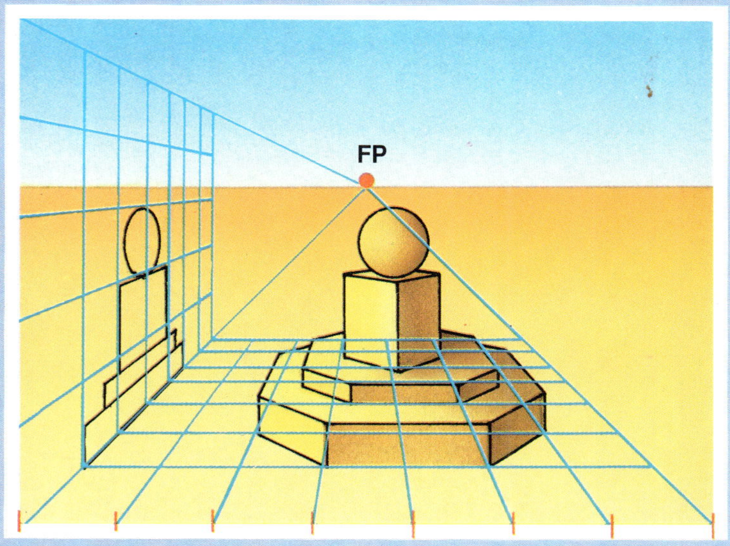


45

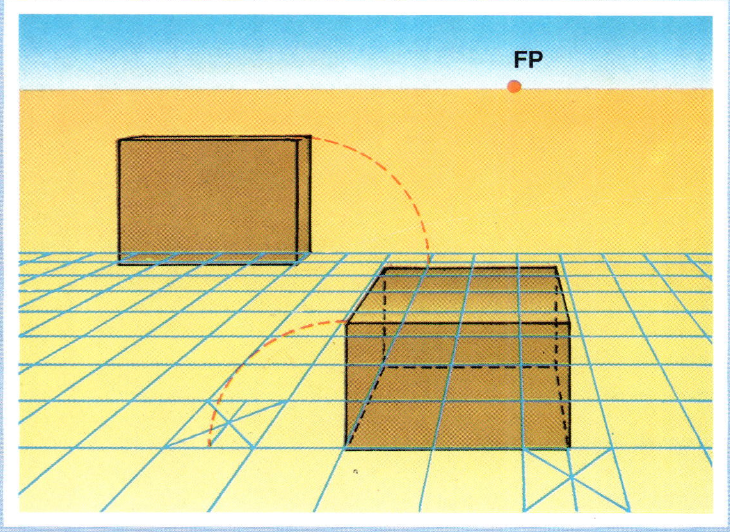


46

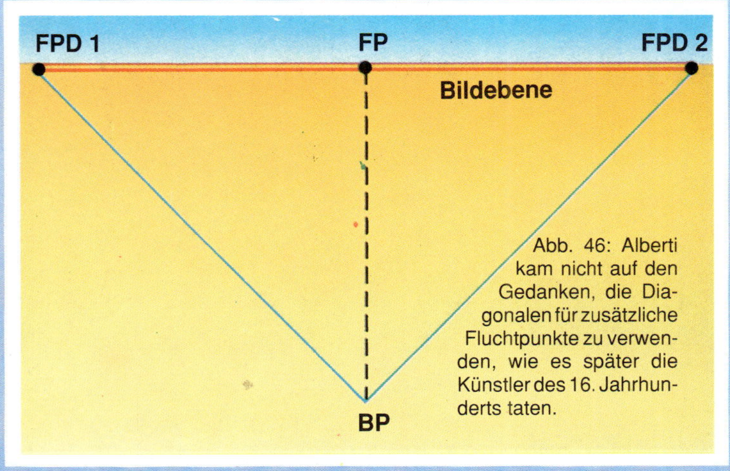


Abb. 46: Alberti kam nicht auf den Gedanken, die Diagonalen für zusätzliche Fluchtpunkte zu verwenden, wie es später die Künstler des 16. Jahrhunderts taten.

Bei seiner Methode, einen perspektivischen Plattenboden zu zeichnen, legte Alberti zunächst den Haupt- oder *Fluchtpunkt* (FP) in Höhe eines Menschen in die Bildmitte. Anschließend unterteilte er die Grundlinie des Plattenbodens in fünf Abschnitte (hier in Rot und mit A, B, C etc. bezeichnet). Von den Schnittpunkten zog er Parallelen perspektivisch zum Haupt- oder *Fluchtpunkt* (FP, Abb. 38 und 39, vorige Seite).
Als nächstes bestimmte er die Abstände zwischen den einzelnen Plattenreihen.
Dieses Verfahren zeigte er getrennt auf, um es dem Maler verständlicher zu machen, wie er selber sagte. Zunächst wiederholte er die Unterteilung in fünf Platten (A'. B', C', D' etc.). An der Begrenzung dieses Abschnitts errichtete er den *Seitenriß* des *Schleiers* bzw. der *Bildebene* und legte zum Abschluß den *seitlichen Blickpunkt* (BP) im selben Abstand (A-A) wie zuvor und in Höhe eines Menschen fest (Abb. 40).
Die Abbildungen 41 und 42 zeigen den korrekten Aufbau eines Plattenbodens mit Hilfe von Diagonalen (blaue Linien), die im Schnittpunkt mit dem *Schleier* den Abstand der Plattenreihen in der Tiefe angeben (rote Linien).
Diese Methode kürzte Alberti später ab und erledigte beide Verfahren in einer Illustration (Abb. 43).
Die Abbildungen 44 und 45 bestehen aus zwei schematisierten Zeichnungen, aus denen hervorgeht, welche Möglichkeiten sich den Künstlern jener Zeit damit eröffneten. Mit Hilfe senkrechter oder waagerechter Quadratnetze – oder perspektivischer Raster – konnten sie jetzt mehr oder weniger komplexe Formen anlegen, die Breite oder Höhe jedes Körpers berechnen etc.

Abb. 44: Mit der Kombination eines waagerechten und senkrechten Quadratnetzes konnte man von nun an alle Themen und Modelle geometrisch korrekt zeichnen und malen, jedoch nur in der Parallelperspektive mit nur einem Fluchtpunkt.

Abb. 45: Außerdem ließen sich mit Albertis Quadratnetz die Maße und Proportionen aller Volumen ermitteln. Man mußte nur die Maße der Quadrate bestimmen und konnte so die Höhe, die Breite und die Tiefe der Körper festlegen.

# Ucello (1396–1475), Piero (1406?–1492), Crivelli (1430?–1494?)

Mitte des 15. Jahrhunderts entwickelte sich die Perspektive zu einer wahren Leidenschaft der meisten Renaissancekünstler. Brunelleschi und anschließend Masaccio und Alberti förderten die Kenntnis der Perspektive, die Eingang in die Ateliers so renommierter Künstler wie Bellini, Mantegna, Bramate etc. fand. Es gab sogar pathologische Fälle wie den des Malers Paolo Ucello, der zu malen aufhörte und in völlige Armut verfiel, um „seine geliebte Geometrie" zu vervollkommnen. Tag und Nacht zeichnete er so seltsame Formen wie das runde Gestell von Abbildung 47, das für gewisse Hüte jener Zeit benötigt wurde. Vasari schrieb, Ucello wäre ein berühmter Maler geworden, *„wenn er seine Zeit mit dem Malen von Gestalten und Tieren verbracht hätte, anstatt sie mit der Lösung perspektivischer Probleme zu verschwenden."*

Piero della Francesca ist ein weiterer Maler, der für seine perspektivischen Kenntnisse berühmt wurde. Er vervollkommnete Albertis Plattenboden und schrieb das Buch *De prospectiva pingendi*, in dem er ein brauchbares, aber insgesamt sehr kompliziertes Projektionssystem vorstellte. Die Perspektive in seinen Studien und Bildern ist korrekt (Abb. 48 und 49) und will keine übermäßige Aufmerksamkeit auf sich ziehen. In Crivellis *Verkündigung* wirkt sie dagegen übertrieben und erreicht eine derartige Bedeutung, daß sie das Bildthema überdeckt (Abb. 50). Man nimmt als erstes die spektakuläre perspektivische Übung wahr und „entdeckt" erst anschließend das Thema der Verkündigung mit der Jungfrau, dem Engel und den weiteren Gestalten. Zum erstenmal in der Kunstgeschichte wurde die Perspektive als Kunst des *rechtmäßigen Aufbaus* betrachtet.

47

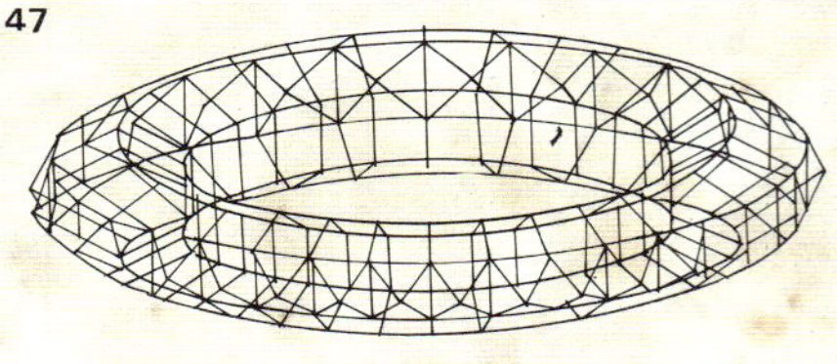

Abb. 47: Ucello: *Das Weidengestell* (Kopie), das zur Herstellung mancher Hüte jener Zeit erforderlich war (siehe dazu die Gestalten in Piero della Francescas Werk von Abb. 49). Eine der extravagantesten Formen, die Ucello zeichnete.

48

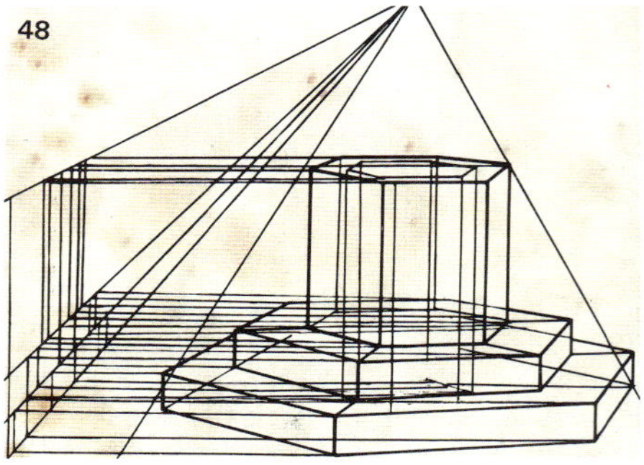

Abb. 48: Piero della Francesca, *Zentraler Aufbau* (Kopie). Piero war ein großer Anhänger der Perspektive. Er entwickelte dafür Projektionsschemata wie dieses.

49

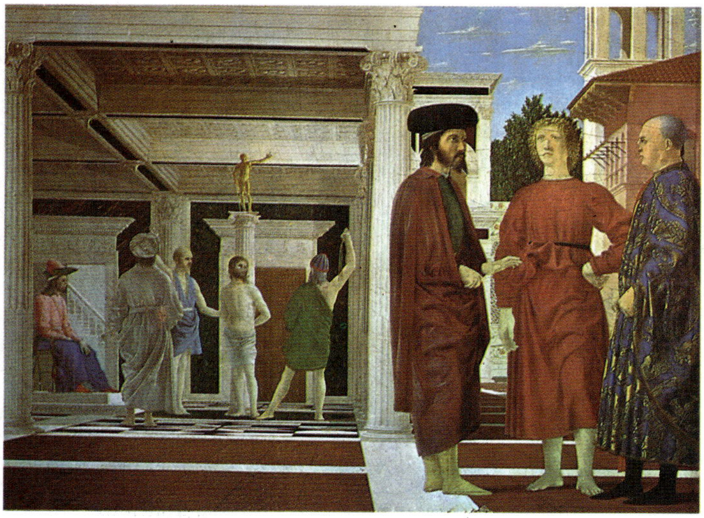

Abb. 49: Piero della Francesca, *Die Geißelung Christi*, Nationalgalerie, Urbino. Der Künstler löste das komplizierte perspektivische Problem dieses Bildes, indem er architektonische Elemente seines Zeitgenossen Alberti einsetzte.

50

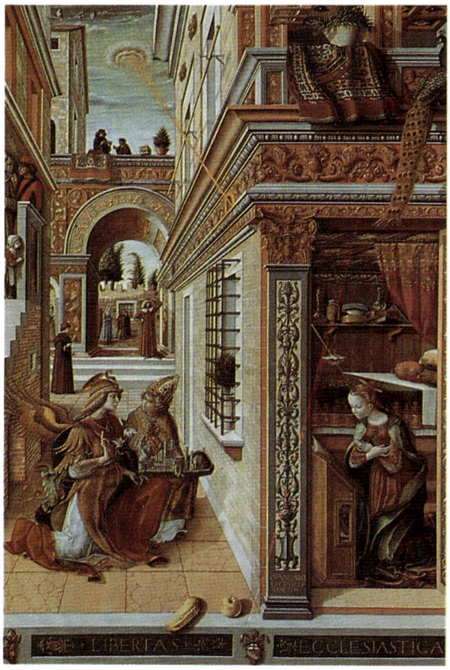


Abb. 50: Crivelli, *Die Verkündigung*, National Gallery, London. Crivelli legte derart Wert auf die Darstellung der Parallelperspektive, daß diese wegen der Konvergenz der Formen zum zentralen Fluchtpunkt übertrieben wirkt.

# Leonardo (1452–1519), Dürer (1471–1528)

Das in Vinci geborene Universalgenie war ein großer Experte der Perspektive. Leonardo trug eine Reihe von Skizzen zusammen, die er in seinem auch ins Deutsche übersetzten *Buch über die Malerei* veröffentlichte. In diesem Werk definiert er die Perspektive wie folgt: *Sie gleicht der Sicht auf einen Körper, der hinter einer Glasscheibe liegt, auf der er sich abzeichnet*. Leonardo entdeckte die Perspektive mit zwei Fluchtpunkten sowie das *sfumato*, also die *atmosphärische Perspektive* (Abb. 52), bei der sich die dritte Dimension aus der Farbe, dem Kontrast und der Klarheit des Vordergrunds im Verhältnis zu den entfernteren Ebenen ergibt. Albrecht Dürer führte die Perspektive, die er auf seiner zweiten Italienreise im Jahre 1505 gründlich erlernt hatte, in Mitteleuropa ein. Er beherrschte die Perspektive mit einem einzigen Fluchtpunkt und wendete sie in seinen Radierungen und Gemälden an (Abb. 53 und 54). Er schreibt, daß man eine Gestalt perspektivisch zeichnen kann, indem man nach der Idee von Albertis Schleier eine mit einem Quadratnetz überzogene Glasplatte davorstellt und das Modell von einem festen Blickpunkt aus wiedergibt.

51

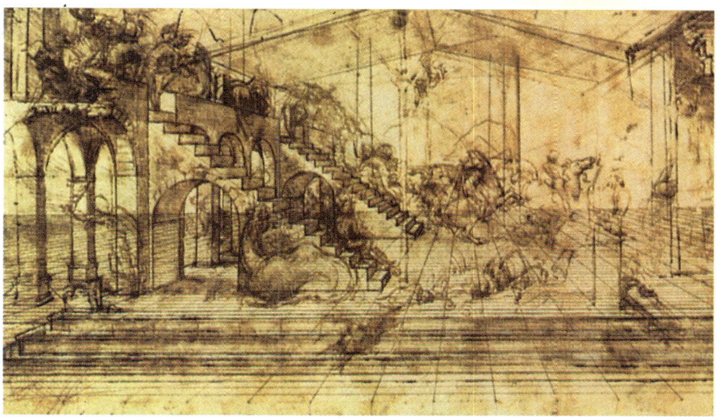

52

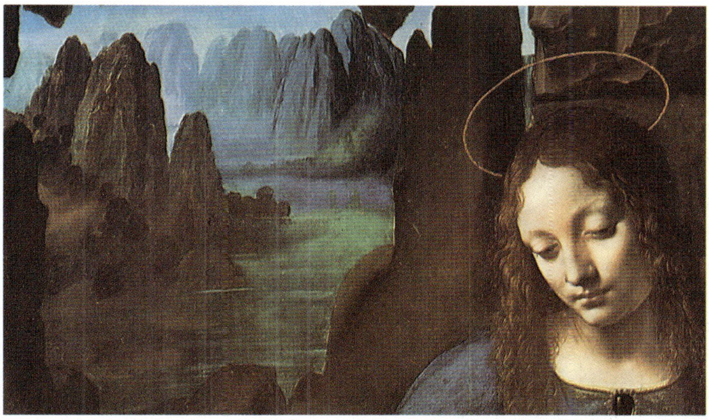

53

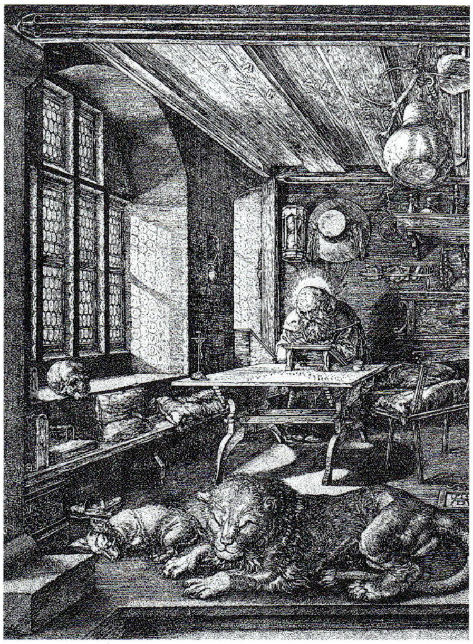

54

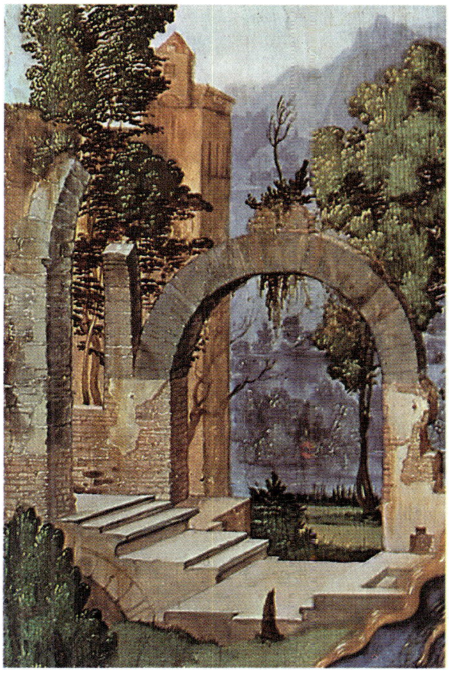

Abb. 51: Leonardo da Vinci, *Studie für die Anbetung der Weisen*, Uffizien, Florenz. Beachten Sie die perfekte Lösung der Perspektive mit einem zentralen Fluchtpunkt. Diese Studie gehört zu dem unvollendeten Gemälde desselben Titels.

Abb. 52: Leonardo da Vinci, *Felsenmadonna* (Ausschnitt), National Gallery, London. Ein Beispiel für die atmosphärische Perspektive, die von Leonardo entdeckt wurde.

Abb. 53 und 54: Diese beiden Werke Albrecht Dürers, *Der heilige Hieronimus in seiner Zelle* und die *Jungfrau von Verderole* (Ausschnitt), Staatliche Museen Berlin, beweisen Dürers Kenntnisse der Perspektive.

# Zwei Fluchtpunkte und die Horizontallinie

55

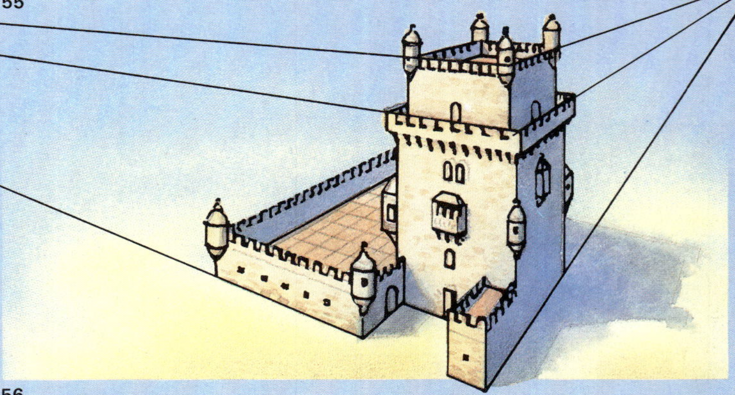

Im Jahre 1505 veröffentlichte ein Kanonikus der Kathedrale von Toul (Frankreich) namens Jean Pelerin, genannt Viator (der Reisende), der gleichzeitig Sekretär König Ludwigs XI. war, sein Buch *De artificialis perspectiva* in lateinischer und französischer Sprache. Darin tauchen zum erstenmal die Horizontallinie, der zentrale Fluchtpunkt sowie die beiden Fluchtpunkte der Diagonalen auf, mit denen Jean Pelerin die Perspektive jener Gebäude löste, bei denen keine Seite parallel zur Horizontallinie verlief und daher nicht zum zentralen Fluchtpunkt konvergierte. Seine Methode kommt unserer heutigen *Schrägperspektive mit zwei Fluchtpunkten* (Abb. 55) bereits sehr nahe. Der Unterschied besteht darin, daß Jean Pelerin das Gebäude in die Mitte und die beiden Fluchtpunkte der Diagonalen symmetrisch zu beiden Seiten legte.

56

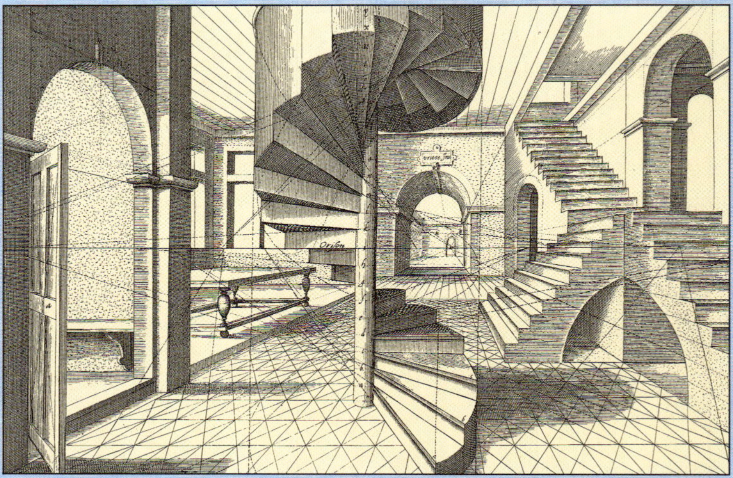

Die Vorstellung *von drei Punkten*, wie Jean Pelerin es nannte, wurde erst zweihundert Jahre später von den italienischen Bühnenmalern aufgegriffen, die Szenen über Eck darstellten. Aber gehen wir schrittweise vor.

57

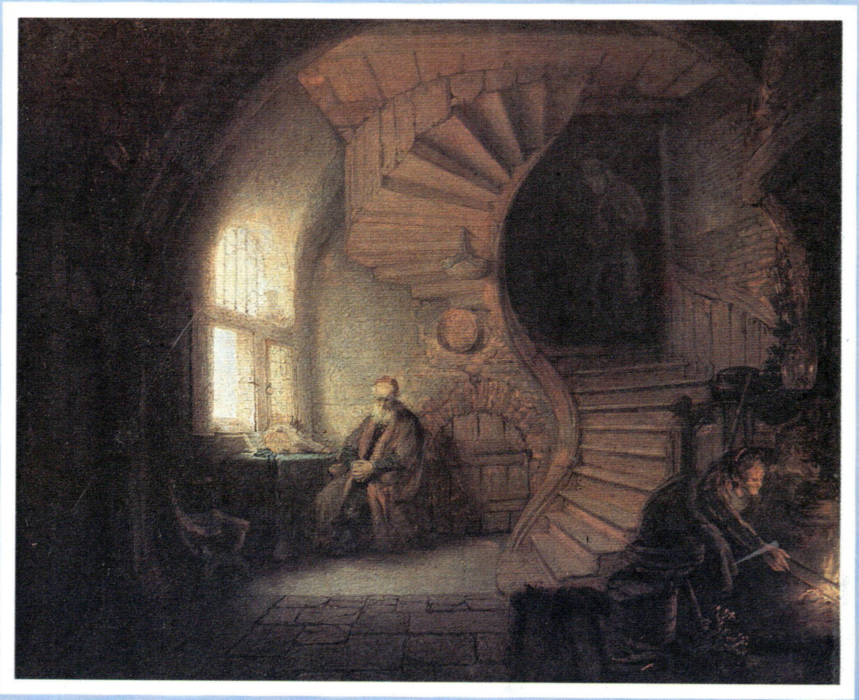

Gerade als Jean Pelerin die Verwendung der Fluchtpunkte der Diagonalen empfahl, begann in ganz Europa die Bühnenmalerei als Besonderheit der höfischen Feste. Als Folge dieser illusionistischen Kunst par excellence entwickelten sich die Künstler der Quadratura, eine Bezeichnung für jene Maler, die ihre großen Fresken mit Hilfe aufgerasteter Projektionen und Quadratnetze auf die Mauern malten. Inzwischen hatte der grönländische Zeichner Hans Vredeman de Vries 1604 sein Buch *Perspektive, die meistgefeierte Kunst* herausgegeben, das von den Künstlern Mitteleuropas hoch geschätzt wurde. So malte Rembrandt in

seinem Bild *Nachdenkliche Betrachtung* (Abb. 57) eine Wendeltreppe, bei der er sich von einer Radierung de Vries' inspirieren ließ (Abb. 56).
In der ersten Hälfte des 18. Jahrhunderts führte der Bologneser Ferdinando Galli aus der Familie Bibiena schließlich die Bühnenmalerei über Eck ein und überwandt damit die Beschränkung auf einen einzigen Fluchtpunkt. Zu jener Zeit beendete der junge Canaletto seine szenische Malerei und begann mit *realistischen Veduten* (Abb 58), für die er die Camera oscura und damit alle Arten der Perspektive zur Hilfe nahm.

Alle nachfolgenden Künstler – Bonington, Turner, Ingres, Delacroix, Picasso und Dalí – zeichneten und malten bei voller Kenntnis der Perspektive.

Abb. 55: Jean Pelegrin, genannt Viator, führte die Fluchtpunkte der Diagonalen zusätzlich zum zentralen Fluchtpunkt ein. Damit näherte er sich unserer heutigen Schrägperspektive.

Abb. 56 und 57: Rembrandt ließ sich beim Malen seiner Wendeltreppe in dem Bild *Nachdenkliche Betrachtung*, Louvre, Paris, von einer Radierung des Zeichners de Vries inspirieren.

Abb. 58 bis 60: Canaletto, *Architektonisches Capriccio*, Akademie Venedig; Bonington, *Colleoni-Denkmal*, Louvre, Paris; Turner, *St. Erasmus in Bishop Islips*, British Museum, London.

59

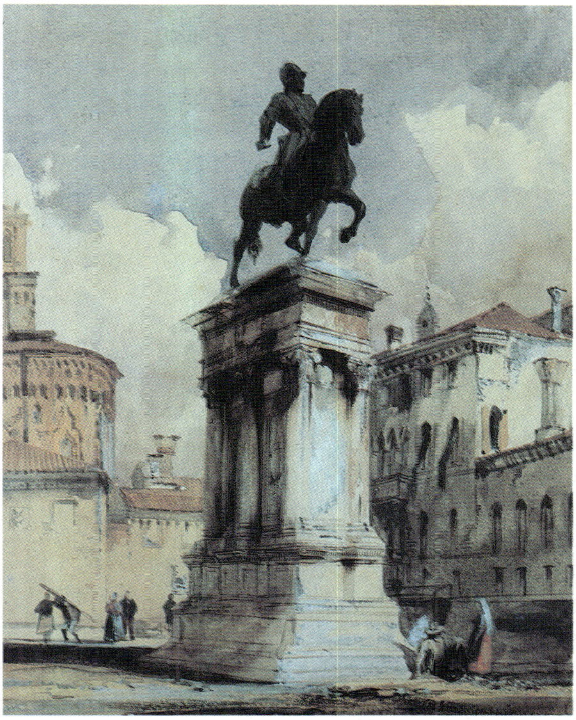

58

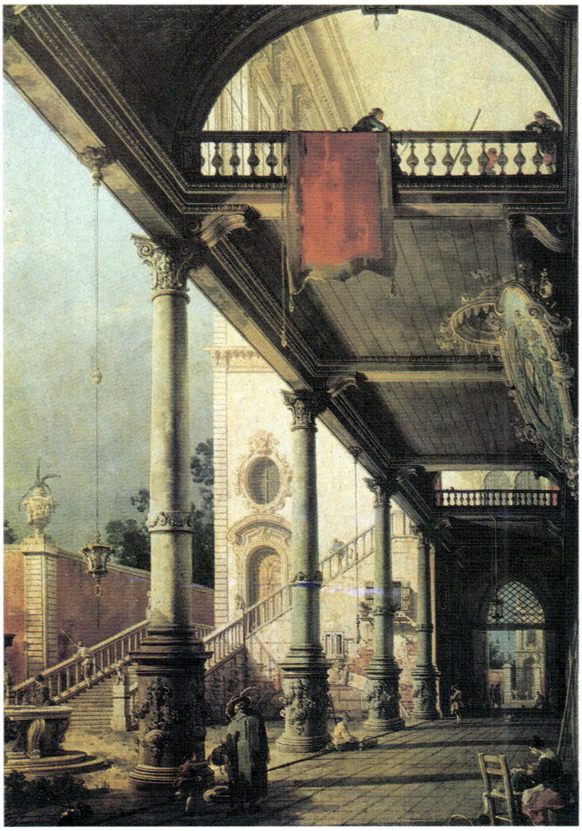

60

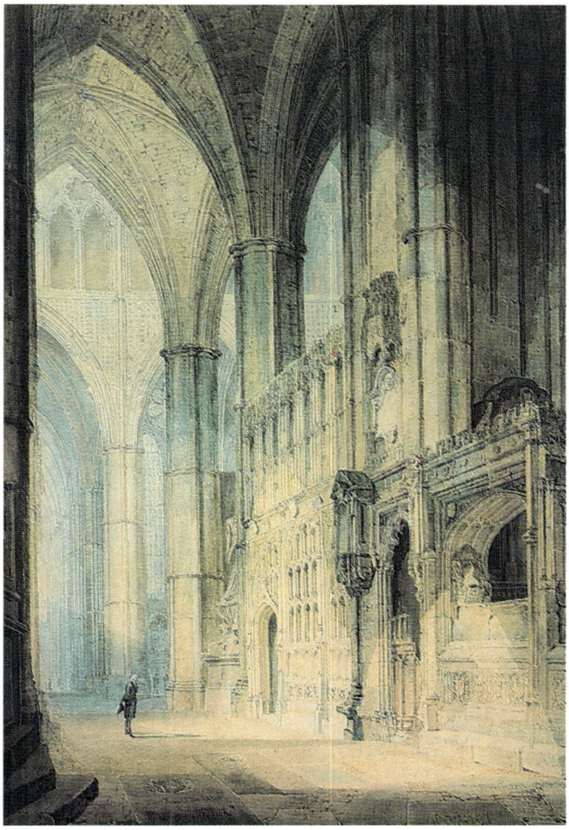

# 19. Jahrhundert: Fotografie, Malerei, Perspektive

Bekanntlich gelang dem Franzosen Nicéforo Niepce im Jahre 1827 die Anfertigung des ersten Fotos der Welt, indem er eine mit Judenpech präparierte Platte acht Stunden dem Licht aussetzte.

Louis Daguerre, ein weiterer Franzose, verwendete dazu dünne, mit Jodsilber überzogene Silber- oder Kupferplatten, die drei oder vier Minuten durch eine Lochkamera belichtet und anschließend Quecksilberdämpfen ausgesetzt wurden. Daguerre stellte seine Daguerrotypie genannte Erfindung am 19. August 1839 der Akademie der Wissenschaft in Paris vor.

Als der Maler Paul Delaroche erstmals eine solche Daguerrotype sah, rief er: „Ab heute ist die Malerei gestorben."

Doch er irrte sich. Courbet und Delacroix fertigten ihre ersten Aktstudien nach Daguerrotypen an. Delacroix trat als angesehenes Mitglied der ersten fotografischen Gesellschaft Frankreichs bei und notierte in seinem Tagebuch: „Setzt der Künstler die Daguerrotype so ein, wie es erforderlich ist, wird er die Kunst auf ein außerordentlich hohes Niveau erheben."

Die Fotografie beeinflußte alle Impressionisten: Degas benutzte sie, um die Bewegung seiner Pferde zu vervollkommnen; Manet, Monet, Pissarro und Cézanne entdeckten in der Fotografie ein Medium, mit dem sie den Bildausschnitt, die Kompositi-on und die Thematik verbessern konnten. Vor allem aber liefert die Fotografie dem Künstler von gestern und heute die Möglichkeit, zu SEHEN und die Perspektive endgültig zu begreifen.

Zu Beginn unseres Jahrhunderts (1906) entwickelte sich eine intellektuelle Auffassung der Form und der Farbe in der Kunst, und Picasso und Braque schufen den Kubismus. Damit verschwand die Perspektive wieder.

Abb. 61 und 62: Claude Monet, *Eisenbahnbrücke in Argenteuil*, Musée d'Orsay, Paris; Gustave Caillebotte, *Balkon*, Privatsammlung, Paris. Die Impressionisten lehnten die Perspektive nicht ab, sondern machten sie in manchen Fällen zu einem Kompositionselement.

Abb. 63: Paul Cézanne, *Die Hütte von Jourdan*, Privatsammlung, Mailand. Während seiner letzten Periode verzichtete Cézanne in gewisser Weise auf Formen und Strukturen.

61

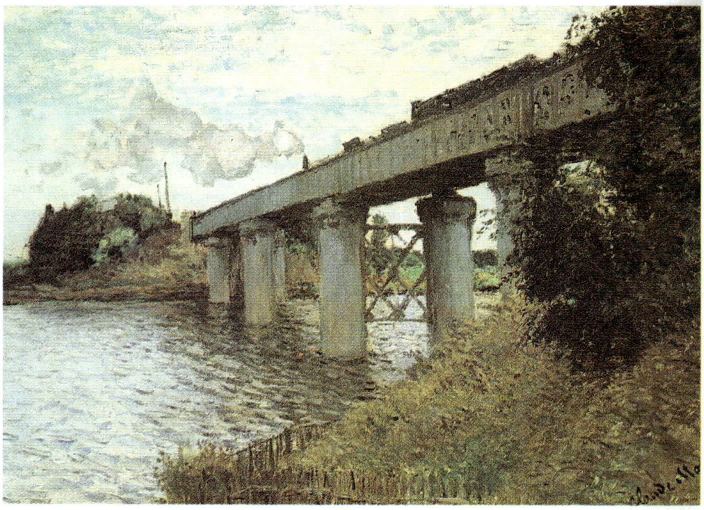

62

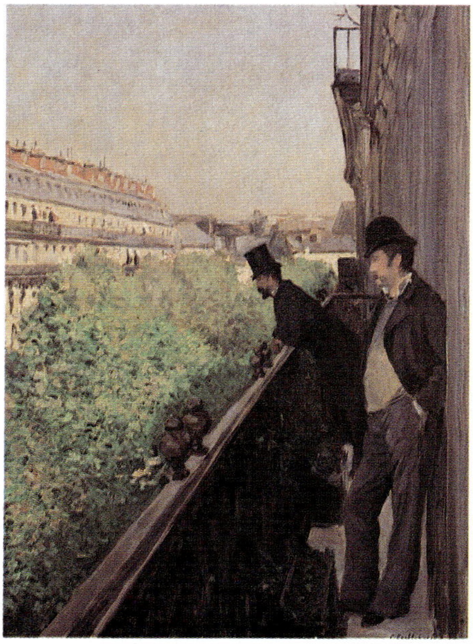

63

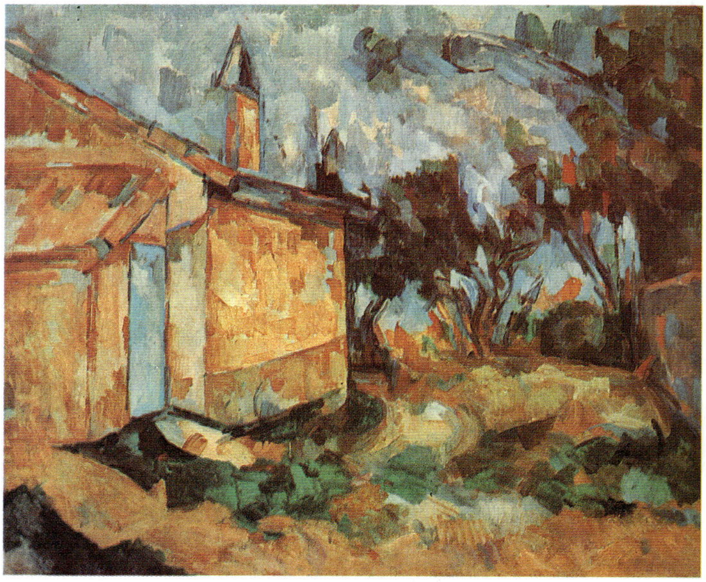

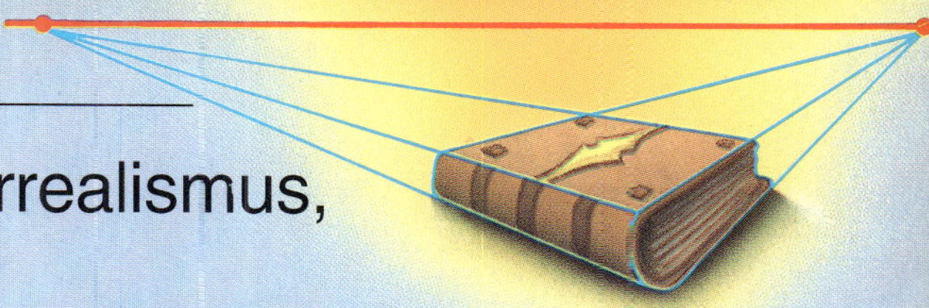

# 20. Jahrhundert: Kubismus, Surrealismus, abstrakte Malerei

Die Kunstkenner Peter und Linda Murray behaupten, daß der Kubismus einerseits eine Folge der Erfindung der Fotografie war, mit der man die Wirklichkeit mechanisch festhalten konnte, und andererseits eine Konsequenz des Impressionismus, der „gegen Ende des 19. Jahrhunderts als Sackgasse für den Naturalismus betrachtet wurde." Diese Auffassung wird von Cézanne bestätigt, der in seinen letzten Bildern „Empfindungen" malte und sich von der Wirklichkeit entfernte (Abb. 63). „Diese Erscheinungen", sagen die Geschwister Murray, „führten dazu, daß die Künstler mehr Nachdruck auf formale Werte legten, so daß der Kubismus entstand, der als die ‚Wiege' der gesamten abstrakten Malerei betrachtet werden kann."

Das trifft zu, denn zwischen dem Kubismus und dem Futurismus malte Marcel Duchamps bereits sein berühmtes Werk: *Weiblicher Akt, eine Treppe hinabsteigend* (Abb. 65).

Die Perspektive kehrte erst mit dem Surrealismus in das Bild zurück, der „von dem Denken bestimmt wird, ohne daß die Vernunft ins Spiel kommt." Die Perspektive taucht gelegentlich als zusätzliches Element auf: um die Räume des Unterbewußtseins zu illustrieren oder, wie bei dem hier abgebildeten Werk von Salvador Dalí *Die Madonna von Port Lligat* (Abb. 64), als beschreibendes und dekoratives Element.

Man kann sagen, daß die Perspektive trotz aller Ismen überlebt hat. Zum Beweis ihrer Existenz und ihrer Notwendigkeit braucht man nur an bekannte zeitgenössische Maler wie den Spanier Antonio López, den Franzosen André Dunoyer de Segonzac, den Engländer David Hockney oder den Nordamerikaner Philip Pearlstein zu denken.

Abb. 64: Salvador Dalí, *Die Madonna von Port Lligat*, Privatsammlung. Die Perspektive spielte im Surrealismus eine wesentliche Rolle. Mal sorgte sie für eine räumliche Vorstellung; mal war sie ein rein dekoratives Element. Hier treffen beide Faktoren zusammen.

Abb. 65: Marcel Duchamp, *Weiblicher Akt, eine Treppe hinabsteigend*, Kunstmuseum Philadelphia. Mit dem Auftauchen des Kubismus, des Futurismus und der abstrakten Kunst verschwand die Perspektive. Doch in der gegenständlichen Malerei überlebte sie und sorgte gemeinsam mit dem Licht und dem Volumen für die Vorstellung von einer dritten Dimension.

64

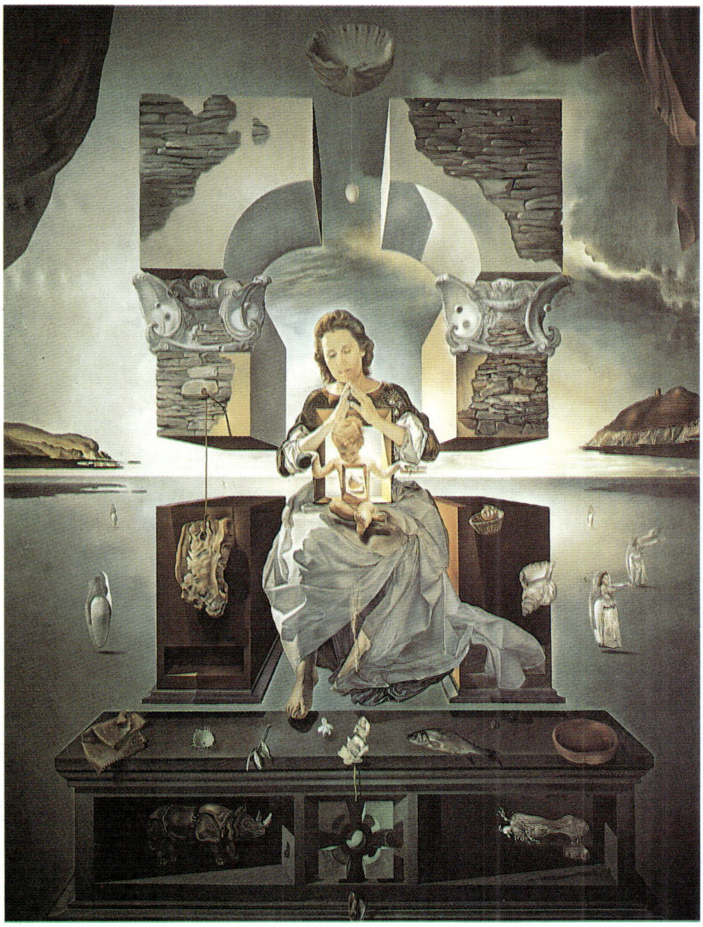

65

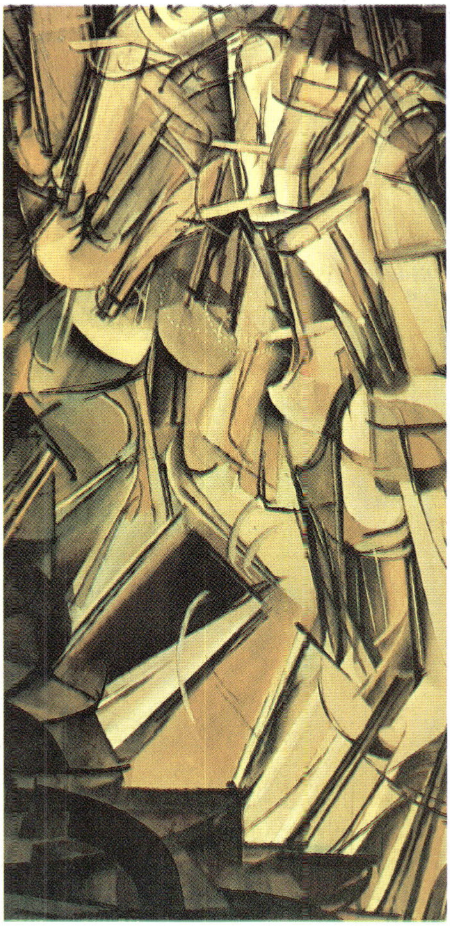

Auf den folgenden Seiten beginnen wir mit dem praktischen Teil dieses Buches, also mit der Theorie und Praxis der Perspektive. In einer hundertprozentig visuellen Darstellung erkläre ich Ihnen Schritt für Schritt alle Formen und Möglichkeiten der Perspektive, die Leonardo da Vinci als „Tochter der Malerei" bezeichnete. Wir beginnen mit einer grafischen Übersicht der am häufigsten in der Perspektive verwendeten Begriffe und befassen uns anschließend mit dem Studium des Würfels, der wichtigsten Grundform überhaupt. Wir erfahren, wie man in der Parallel-, der Schräg- und der Luftperspektive zeichnet, wie man die geläufigsten Fehler beim Zeichnen eines perspektivischen Würfels erkennt und korrigiert und wie man dessen orthogràphische Projektion anfertigt. Dies ist ein wirklich grundlegendes Kapitel.

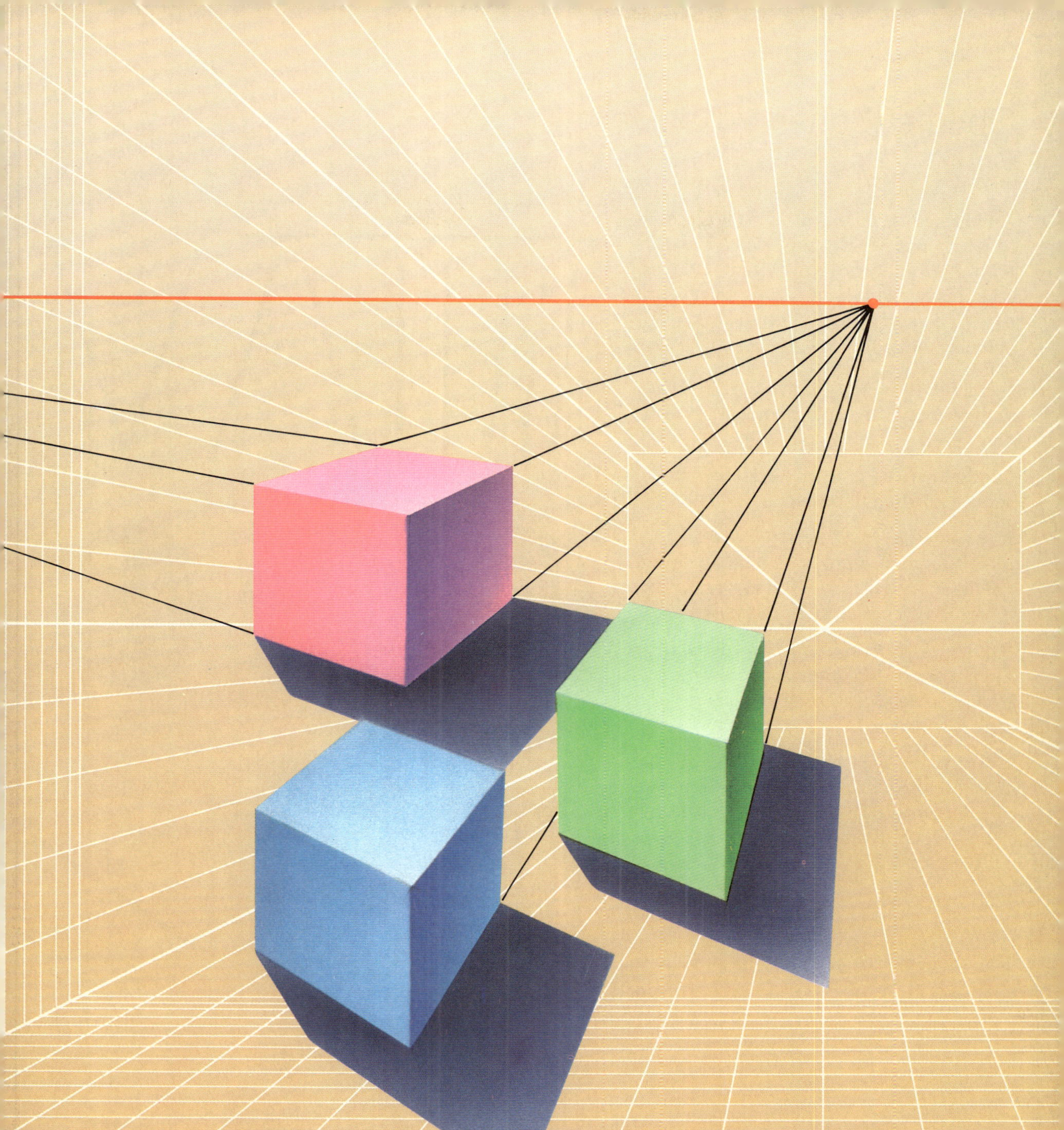

# DIE GRUNDLAGEN DER PERSPEKTIVE

# Geometrisches Vokabular

Auf dieser Doppelseite finden Sie eine Reihe geometrischer Formen. Sie kennen sie? Nun, dann können Sie die Seiten gern überschlagen. Andererseits . . . So unangenehm ist es auch wieder nicht, sich die Erklärungen noch einmal in Erinnerung zu rufen.

**Segment (A)**: Abschnitt einer Geraden, wobei jede gerade Linie theoretisch unendlich ist.

**Parallelen (B)**: Geraden, die im selben Abstand verlaufen und sich nie treffen.

**Konvergierende Linien (C)**: Zwei oder mehr Geraden, die auf denselben Punkt zulaufen. In der Perspektive spricht man davon, daß sie *zum selben Punkt flüchten*.

**Scheitel (D)**: Punkt, an dem zwei oder mehr konvergierende Linien zusammentreffen. In der Perspektive bezeichnet man ihn als *Fluchtpunkt*.

**Kreis, Durchmesser, Radius (E)**: Fläche, die von einer Kreislinie begrenzt wird. Das Segment durch den Kreismittelpunkt bezeichnet man als *Durchmesser* (d). Der *Radius* (r) ist die Hälfte dieses Durchmessers.

**Kreisausschnitt (F)**: Teil des Kreises, der von zwei Radien begrenzt wird.

**Kreisbogen (G)**: Die Öffnung eines Kreisausschnitts. Sie wird in *Graden, Minuten* und *Sekunden* gemessen. Der Kreisumfang beträgt 360 Grad (Sexagesimalmethode)

**Senkrechte (H)**: Gerade, die mit einer weiteren gegebenen Geraden (A) einen rechten Winkel bildet.

**Schräge (I)**: Gerade, die einen Winkel unter 90 Grad mit einer weiteren Geraden bildet.

**Spitzer Winkel (J)**: Winkel unter 90 Grad.

**Maß eines Winkels (K)**: Man erhält es, indem man die Länge seines Bogens in Graden mißt und dabei berücksichtigt, daß der Kreisumfang 360 Grad beträgt.

**Stumpfer Winkel (L)**: Winkel über 90 Grad.

**Dreieck**: Vieleck aus drei Seiten. Insgesamt gibt es sechs Arten. Abgebildet sind das gleichseitige, das rechtwinklige und das gleichschenklige Dreieck.

66

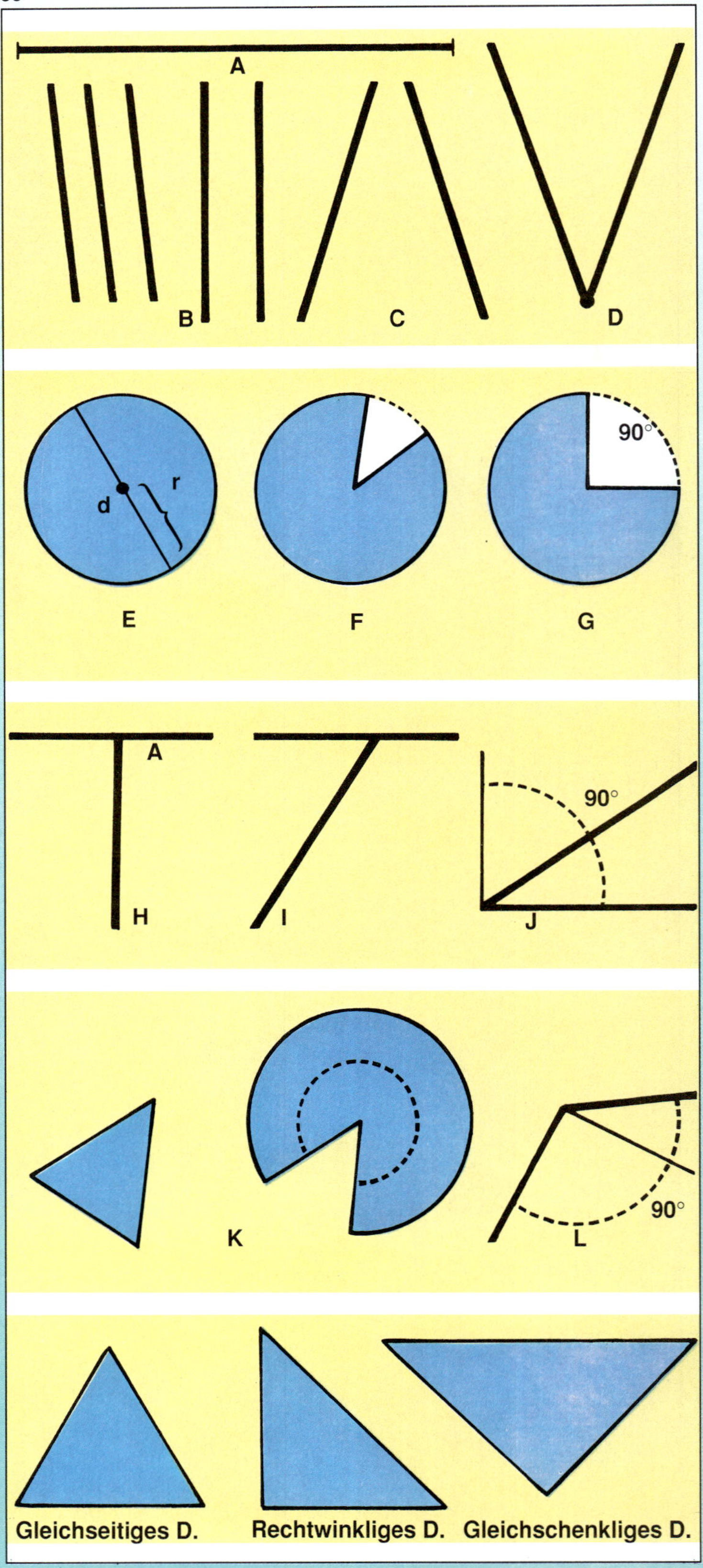

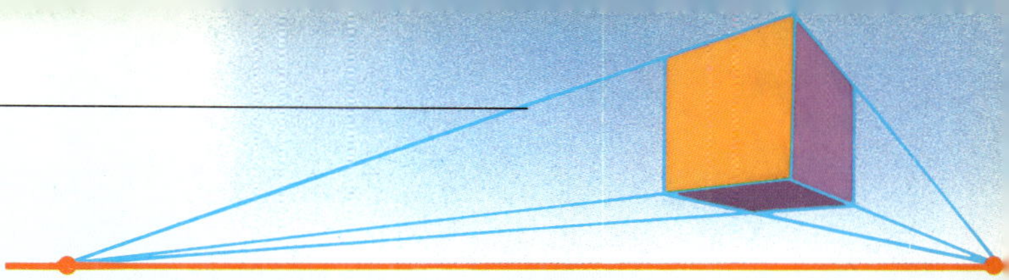

**Quadrat (M)**: Viereck aus vier gleich langen, parallelen Seiten und Winkeln von 90 Grad.

**Rechteck (N)**: Viereck aus jeweils zwei parallelen Geraden, die gleich lang sind und vier rechte Winkel bilden.

**Raute (O)**: Viereck aus gleich langen Seiten, dessen gegenüberliegende Winkel gleich groß sind.

**Polyeder (P)**: Beliebiger Körper, der von vier oder mehr geraden Flächen begrenzt wird. Der Gattungsname aller Körper mit ebenen Seiten: Würfel, Prisma, Pyramide etc.

**Parallelepiped (Q)**: Polyeder mit sechs Seiten, von denen jeweils zwei gleich sind und parallel liegen. Das Parallelepiped besitzt acht Scheitel und acht Kanten.

**Würfel (R)**: Der wichtigste Polyeder. Er besteht aus sechs gleich großen, sich parallel gegenüberliegenden quadratischen Seiten. Auch seine Kanten sind gleich lang.

**Pyramide (S)**: Ein Viereck mit einem beliebigen Polyeder als Basis und Dreiecken als Seitenflächen, die sich im oberen Scheitel treffen.

**Prisma (T)**: Polyeder, der von zwei gleich großen, parallel liegenden Vielecken begrenzt wird und dessen Seitenflächen aus Rechtecken bestehen.

**Zylinder (U)**: Körper aus zwei Kreisen an den Enden, die durch eine kreisförmige Fläche verbunden werden.

**Kugel (V)**: Körper, der von einer Fläche begrenzt wird, deren Punkte denselben Abstand vom Zentrum besitzen.

**Kegel (W)**: Körper mit einem Kreis als Grundfläche und einer runden Seitenfläche, die in einem Scheitel endet.

67

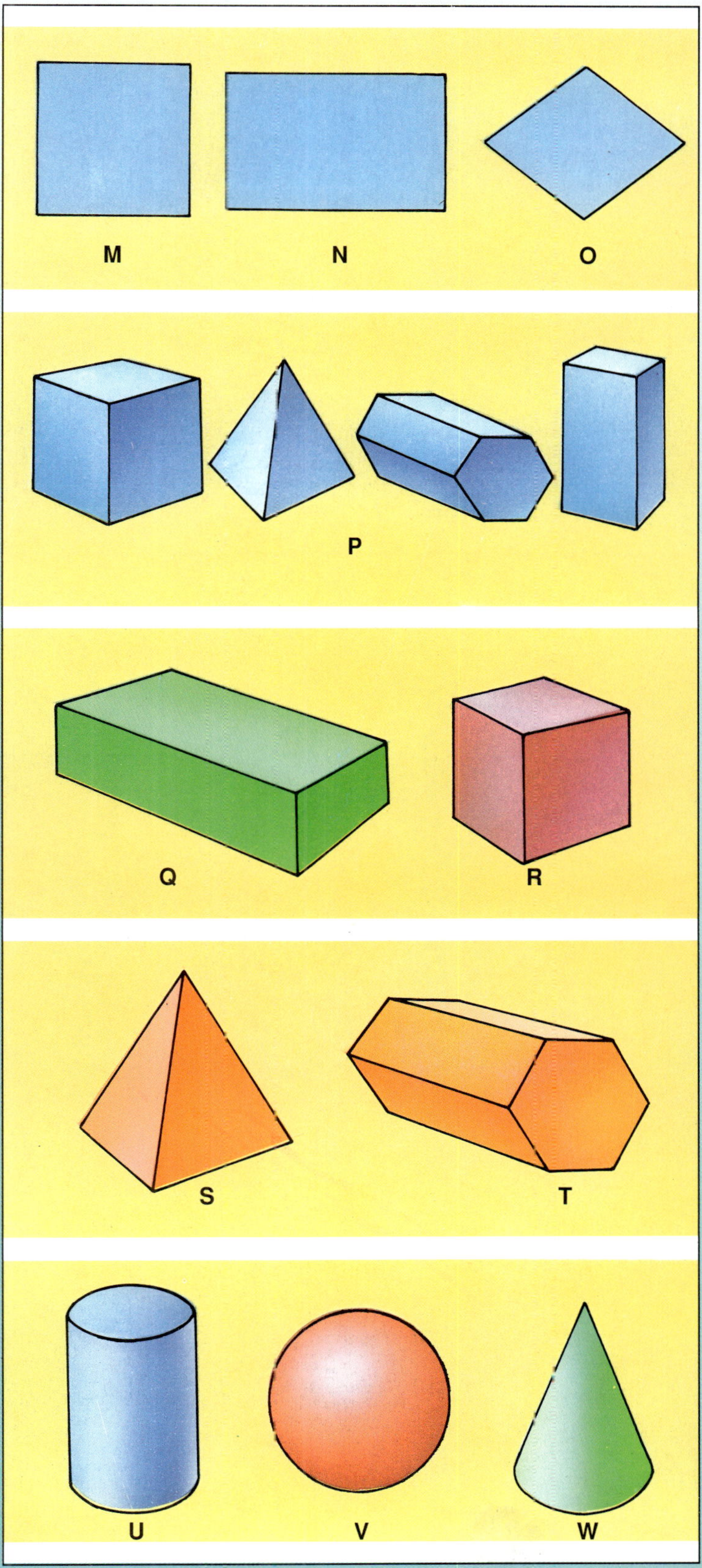

# Wie man einen Würfel in der Parallelperspektive zeichnet

68

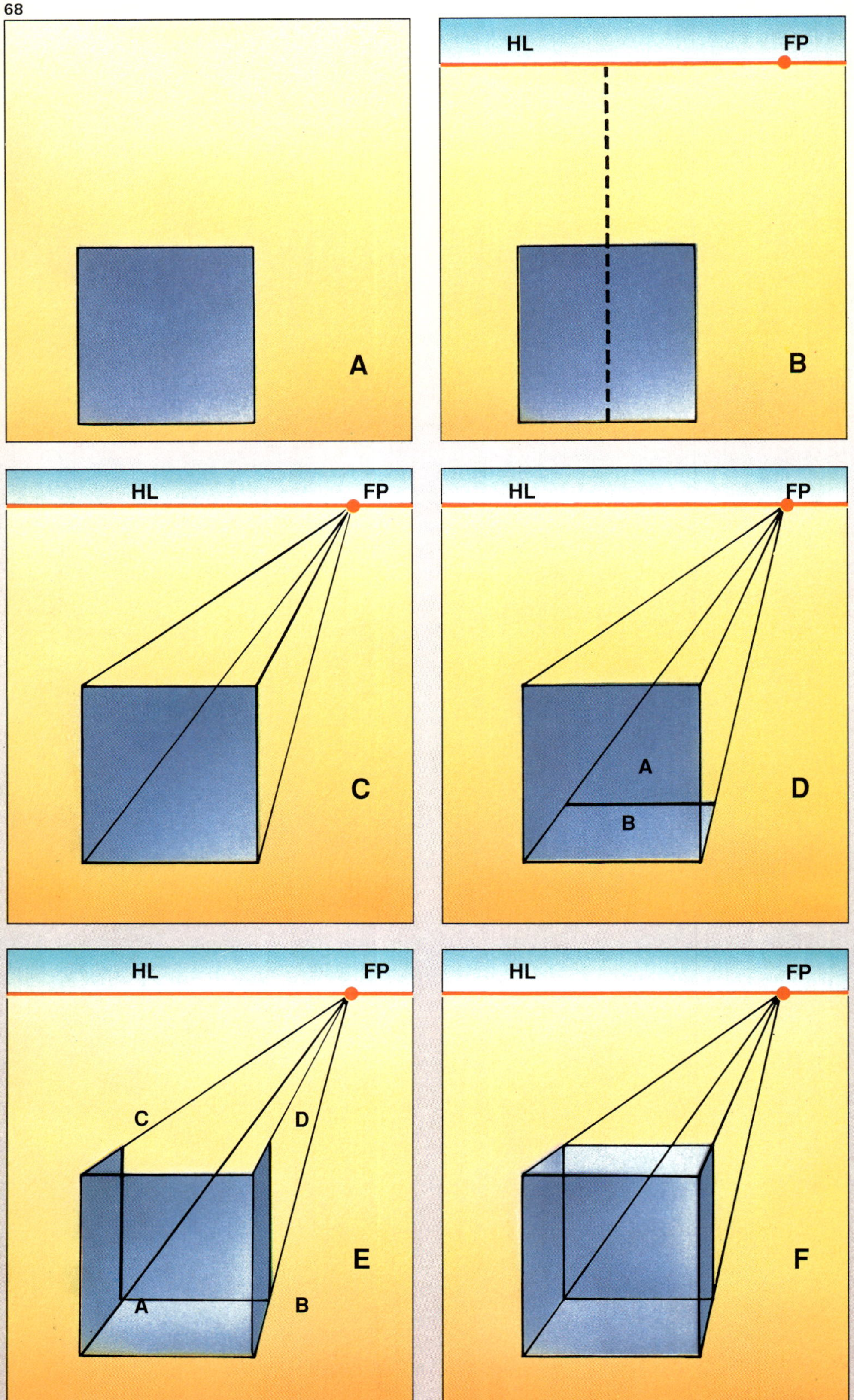


Abb. 68: Entnehmen Sie bitte dem Text auf der Seite gegenüber, wie man einen Würfel in der Parallelperspektive mit einem einzigen Fluchtpunkt zeichnet. Ich weise nochmals auf die Notwendigkeit hin, neben diesem Beispiel zahlreiche weitere Würfel mit dem Blick von vorn, von oben und von unten sowie einer oder mehrerer Horizontallinien zu zeichnen. Ersteres habe ich bei meinem Beispiel auf der Seite gegenüber getan (Abb. 69).

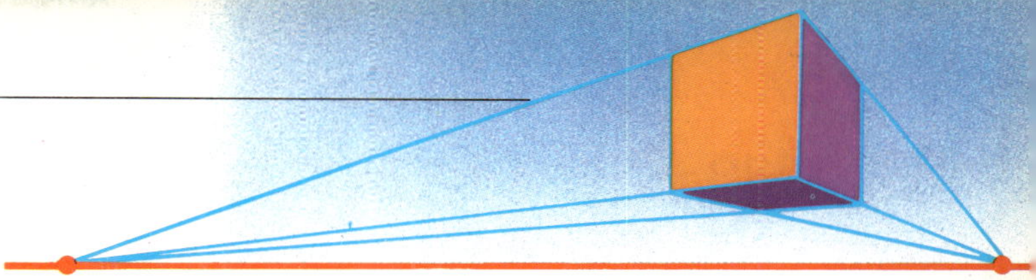

Dieses Foto eines Winkels auf Ibiza (Balearen) habe ich als Beispiel für die Parallelperspektive aus meinem Archiv geholt. Erinnert es nicht an Albertis Einteilung eines Plattenbodens in Quadrate? Zeichnen wir jetzt einen Würfel in der Parallelperspektive. Beachten Sie dazu folgendes. Es reicht nicht, wenn Sie den Text nur lesen und die Abbildungen betrachten. Sie müssen vielmehr aus freier Hand auf einem Skizzenblock oder einem Blatt Papier mit Bleistift und ohne Lineal mitzeichnen. Und zwar nicht nur einmal, sondern immer wieder, bis Sie den Aufbau eines Würfels in der Parallelperspektive beherrschen.

**Abb. 68, A)** Zeichnen Sie freihändig ein geometrisch korrektes Quadrat.

**B)** Legen Sie die Horizontallinie (rote Linie) sowie den einzigen Fluchtpunkt (FP) an, der nahe dem visuellen Blickpunkt des Quadrats liegen muß – sonst können Sie nicht in der Parallelperspektive zeichnen.

**C)** Ziehen Sie von den vier Scheiteln des Quadrats eine Gerade zum Fluchtpunkt.

**D)** Ziehen Sie nun die Gerade A parallel zur Geraden B, erhalten Sie die Grundfläche des Würfels.

**E)** Von den Scheiteln A und B dieser Grundfläche zeichnen Sie zwei Senkrechte zu den konvergierenden Linien C und D.

**F)** Schließen Sie zum Abschluß die Oberseite des Würfels mit einer weiteren Waagerechten.

Abb. 69: Foto von einer Straße in Ibiza, das ich in der Parallelperspektive mit einem einzigen Fluchtpunkt aufgenommen habe.

69

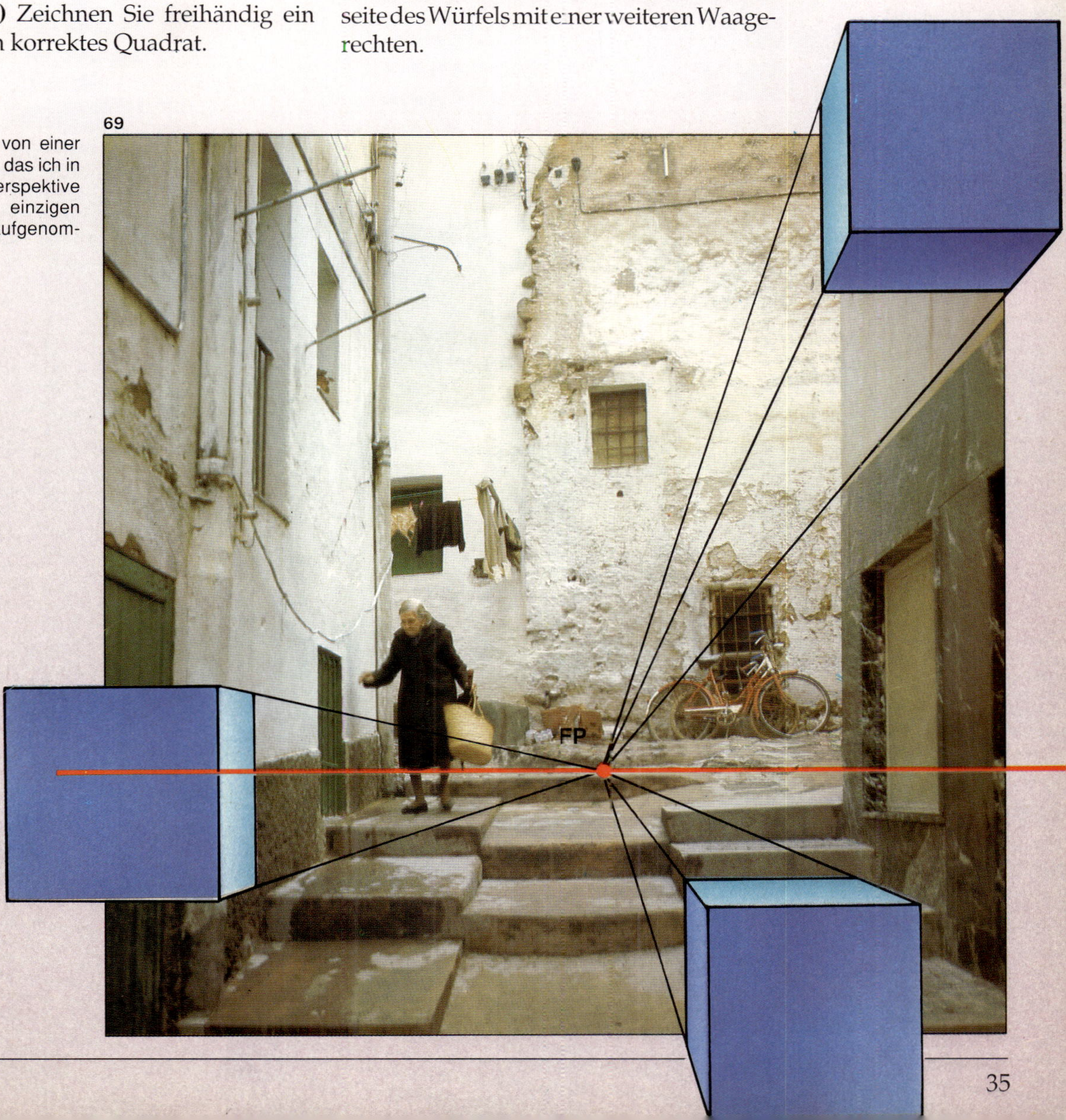

# Wie man einen Würfel in der Schrägperspektive zeichnet

70

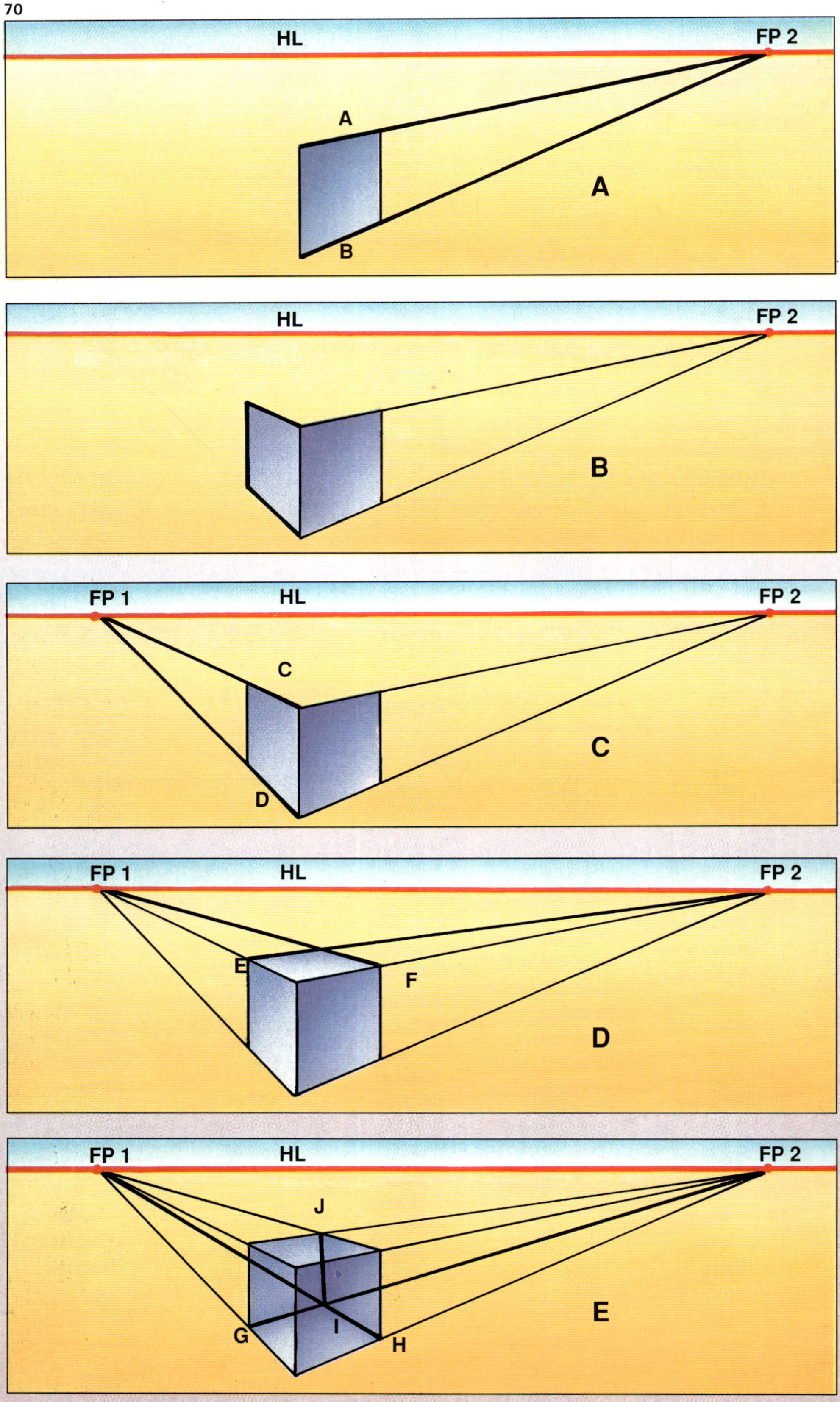


Abb. 70: Aus dem Text auf der Seite gegenüber geht hervor, wie man einen Würfel in der Schrägperspektive mit zwei Fluchtpunkten zeichnet. Arbeiten Sie auf beliebigem Zeichenpapier und mit einem nicht zu harten Bleistift (2B). Zeichnen Sie in einem größeren Maßstab: etwa doppelt so groß, wie hier abgebildet. Und zeichnen Sie aus freier Hand nach Augenmaß. Nehmen Sie kein Lineal oder Winkeldreieck zur Hilfe. Wir haben das Verfahren anhand von stark ausgearbeiteten Zeichnungen dargestellt und diese mit einem Airbrush koloriert. Sie sollten es dagegen freihändig und zwanglos tun, um die Methode zu üben und im Kopf zu behalten.

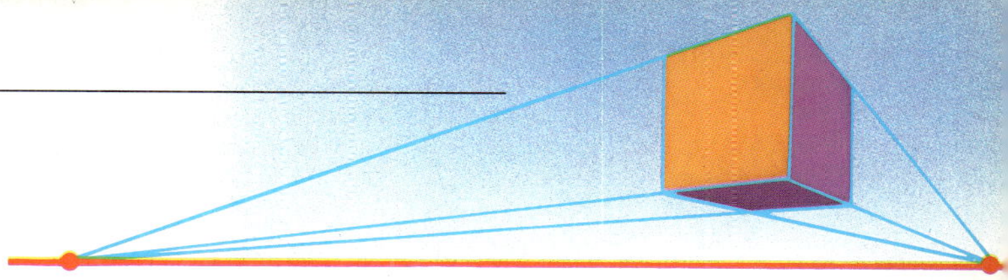

Diesmal befinden wir uns im Hafen von Ibiza (Abb. 71), um ein Beispiel für die Schrägperspektive mit zwei Fluchtpunkten zu finden. Zeichnen Sie nun einen Würfel in dieser Perspektive.

**Abb. 70, A)** Ziehen Sie zunächst die Horizontallinie, legen Sie einen der beiden Fluchtpunkte (FP2) fest, und zeichnen Sie die am nächsten liegende Würfelseite, wobei die Kanten A und B zum Fluchtpunkt 2 konvergieren müssen. Verlängern Sie anschließend die Kanten A und B zu diesem Fluchtpunkt.

**B)** Zeichnen Sie nun das Quadrat jener Seite, die einen Winkel mit der vorigen bildet. Diese ist weniger sichtbar und daher optisch stärker verkürzt.

**C)** Verlängern Sie die Kanten C und D, und bestimmen Sie dadurch die Lage des zweiten Fluchtpunkts (FP1), der sich ebenfalls auf der Horizontallinie befindet.

**D)** Zeichnen Sie von den Scheiteln E und F die einzelnen Geraden zu den beiden Fluchtpunkten, und schließen Sie die Oberseite des Würfels, der damit praktisch fertiggestellt ist.

**E)** Aus Gründen, die ich Ihnen später erklären werde, sollte man auch die inneren Kanten einzeichnen, als handele es sich um einen Glaswürfel. Ziehen Sie dafür je eine Gerade von G zum rechten Fluchtpunkt (FP2) und von H zum linken Fluchtpunkt (FP1). Verbinden Sie zum Abschluß die Scheitel I und J mit einer Senkrechten, dann ist der Würfel fertig.

Abb. 71: Dieses Foto vom Hafen von Ibiza habe ich ausgewählt, weil es ein gutes Beispiel für Formen in der Schrägperspektive mit zwei Fluchtpunkten ist, die sich aus einem Würfel entwickeln. Das Foto wurde bei strahlendem Sonnenschein aufgenommen, der das Volumen der Häuser unterstreicht, so daß man sich die Gebäude gut als lauter perspektivische Würfel vorstellen kann.

71

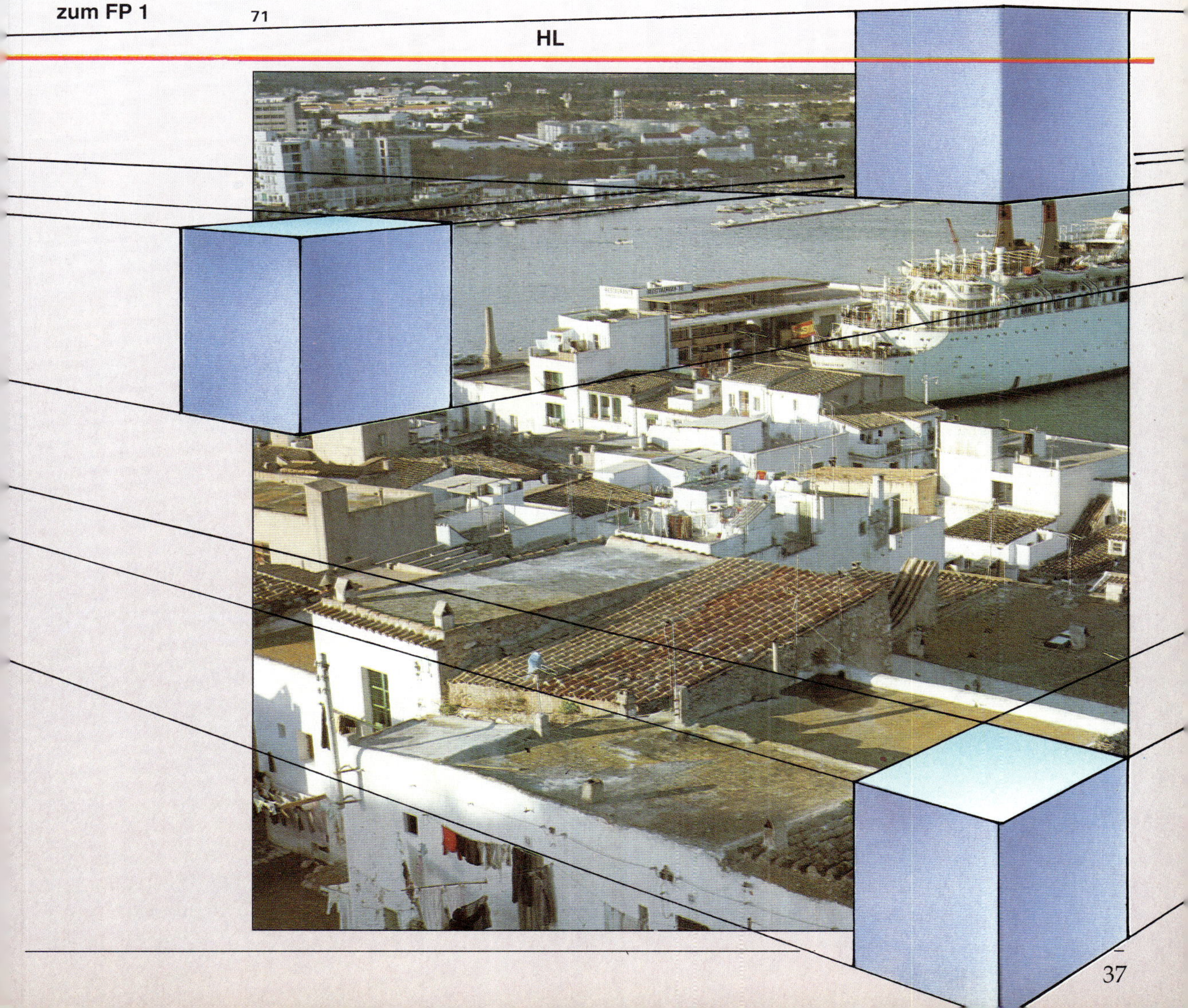

# Wie man einen Würfel in der Luftperspektive zeichnet

72

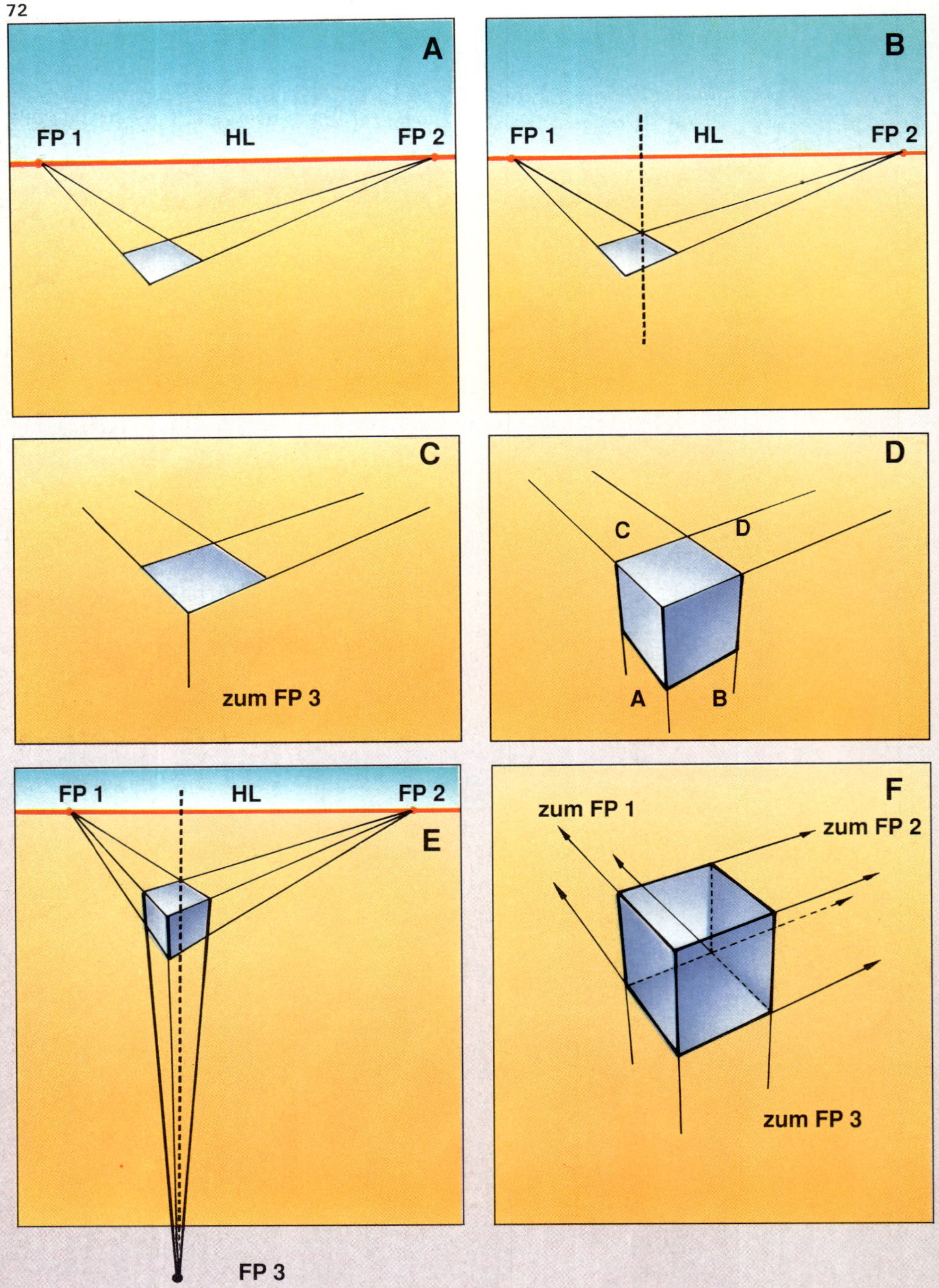

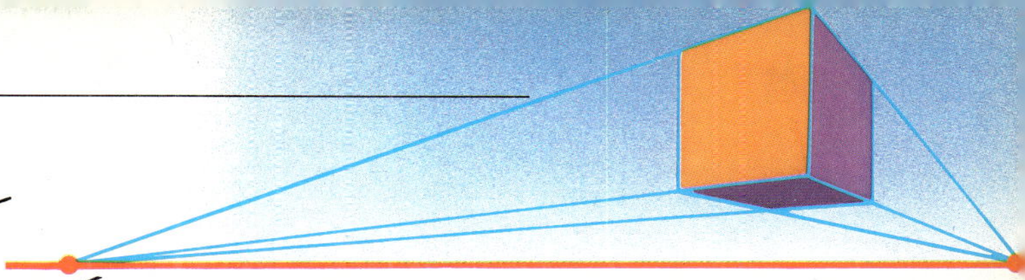

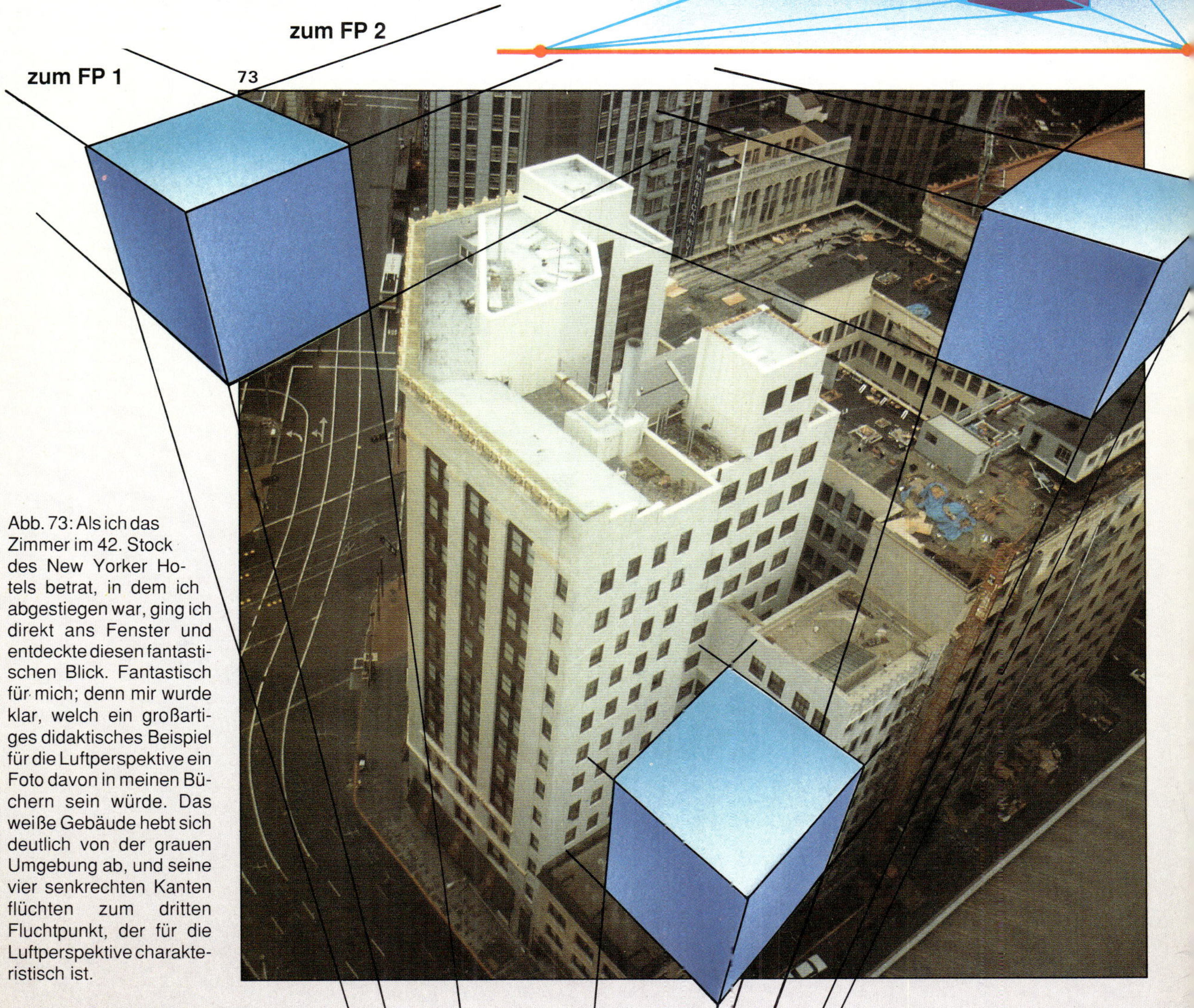


Abb. 73: Als ich das Zimmer im 42. Stock des New Yorker Hotels betrat, in dem ich abgestiegen war, ging ich direkt ans Fenster und entdeckte diesen fantastischen Blick. Fantastisch für mich; denn mir wurde klar, welch ein großartiges didaktisches Beispiel für die Luftperspektive ein Foto davon in meinen Büchern sein würde. Das weiße Gebäude hebt sich deutlich von der grauen Umgebung ab, und seine vier senkrechten Kanten flüchten zum dritten Fluchtpunkt, der für die Luftperspektive charakteristisch ist.

Dieses Foto (Abb. 73) habe ich als Beispiel für die Luftperspektive aus dem zweiundvierzigsten Stock des New Yorker Hotels aufgenommen, in dem ich abgestiegen war. Aus der Aufnahme geht die Perspektive mit drei Fluchtpunkten deutlich hervor. In dieser werden Sie jetzt zeichnen:

**Abbildung 72, A):** Versuchen Sie, ein leicht von oben gesehenes Quadrat in der Schrägperspektive zu zeichnen. **B)** Ziehen Sie eine Senkrechte durch das visuelle Zentrum des perspektivischen Quadrats.

**C)** Zeichnen Sie die vordere Kante, und beachten Sie, daß sie zu einem dritten Fluchtpunkt konvergieren muß. **D)** Zeichnen Sie anschließend die Seitenflächen, wobei die Kanten A und B zum Fluchtpunkt 3 (FP3) und die Kanten C und D zu den Fluchtpunkten 1 und 2 auf der Horizontallinie flüchten. **E)** Verlängern Sie die senkrechten Kanten, und legen Sie endgültig den dritten Fluchtpunkt (FP3) fest. Er liegt auf der gepunkteten Linie senkrecht zum Horizont. **F)** Beenden Sie den Würfel mit den Innenlinien, als wäre er aus Glas.

# Häufigste Fehlerquellen beim Aufbau eines Würfels

Einer der häufigsten Fehler beim Zeichnen eines Würfels in der Parallelperspektive besteht darin, daß ein Parallelepiped daraus wird. Deshalb sollte man den Würfel stets darstellen, als wäre er durchsichtig. Abbildung 74 unten auf dieser Seite zeigt, daß der Fehler auf dem falschen Abstand zwischen den Geraden A und B beruht, also in der falschen Tiefe der optischen Verkürzung der Quadrate besteht. Zeichnet man die Oberseite nach Augenmaß, ohne sie anschließend zu überprüfen, geschieht leicht, was auf Abbildung B zu erkennen ist. Man glaubt, der Würfel sei korrekt – bis man die inneren Kanten einzeichnet und feststellt, daß sich kein Würfel ergibt. Der Trick mit der Transparenz gilt für den korrekten Aufbau des Würfels in jeder Perspektive.
Einen weiteren häufigen Fehler beim Zeichnen eines Würfels zeigt Abbildung 75 gegenüber, den man folgendermaßen verhindern kann: A) Alle Senkrechten müssen zueinander parallel sein. (Eine Ausnahme bildet der Würfel in der Luftperspektive, dessen Senkrechten bekanntlich zum FP3 konvergieren.) B) Alle Schrägen müssen sich in ihrem entsprechenden Fluchtpunkt vereinen (natürlich, aber es muß überprüft werden). C) Ebenfalls überprüft werden muß die proportionale Tiefe der beiden Seiten, damit kein verkürzter oder verlängerter Würfel entsteht. Schließlich gibt es noch einen schwerwiegenden Fehler: Bei D) beruht die Verzerrung des Würfels auf einem Grundwinkel unter 90 Grad. Das muß falsch sein, da die Winkel eines Würfels oder eines rechtwinkligen Prismas grundsätzlich 90 Grad betragen, auch bei der Sicht von oben aus der Luftperspektive. Die Abbildungen 76 und 77 zeigen, wie man diesen schweren Fehler vermeidet.

Abb. 74: Zeichnen Sie einen Würfel immer so, als wäre er aus Glas. Auf diese Weise vermeiden Sie den typischen Fehler, daß ein rechtwinkliges Prisma entsteht. Dieses ergibt sich durch eine falsche Berechnung der Oberseite, die zunächst korrekt zu sein scheint, bis sich nach der Anlage der Unterseite der Fehler herausstellt.

Abb. 75: Überprüfen Sie den parallelen Verlauf der senkrechten Kanten sowie deren korrekte Konvergenz anhand der Fluchtlinien zu den beiden Fluchtpunkten der Schrägperspektive. Achten Sie darauf, daß die Proportionen des Würfels in der Schrägperspektive weder zu breit, zu schmal, zu hoch noch zu gedrungen ausfallen.

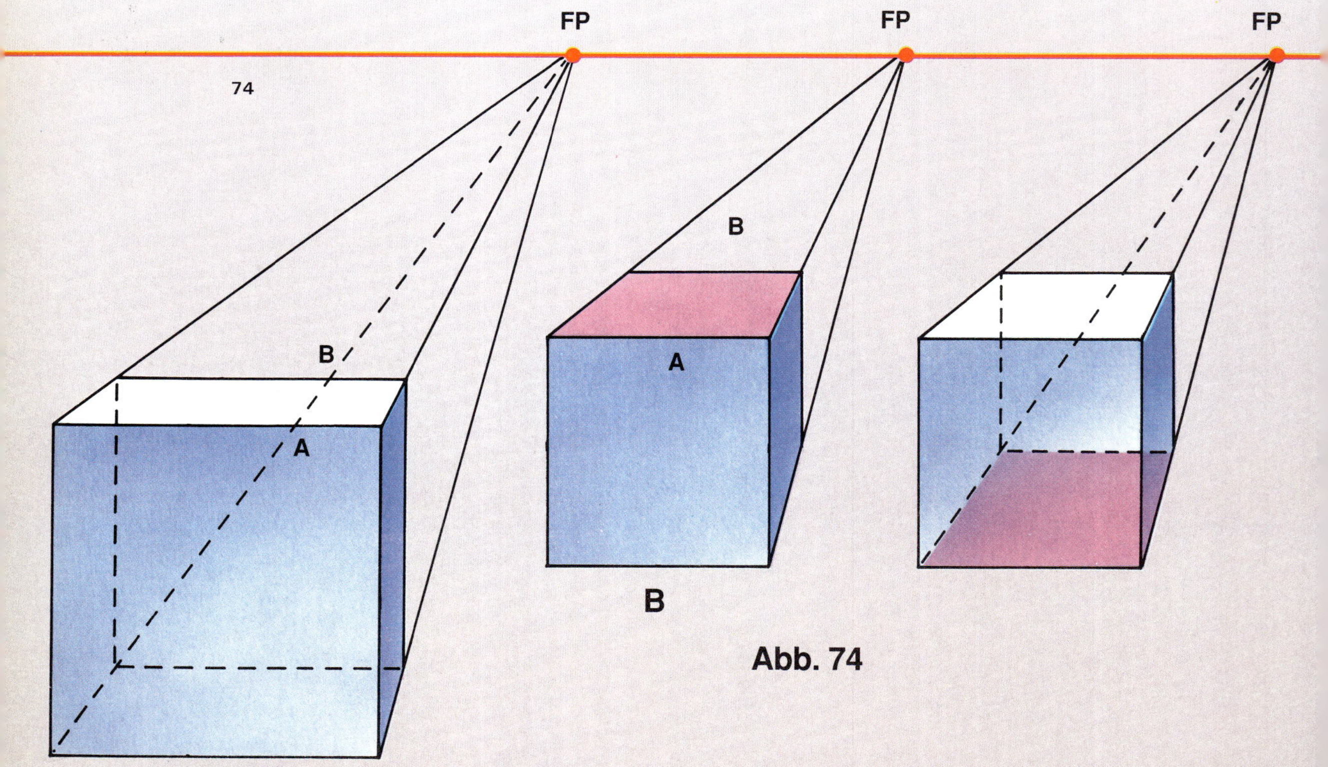


Abb. 74

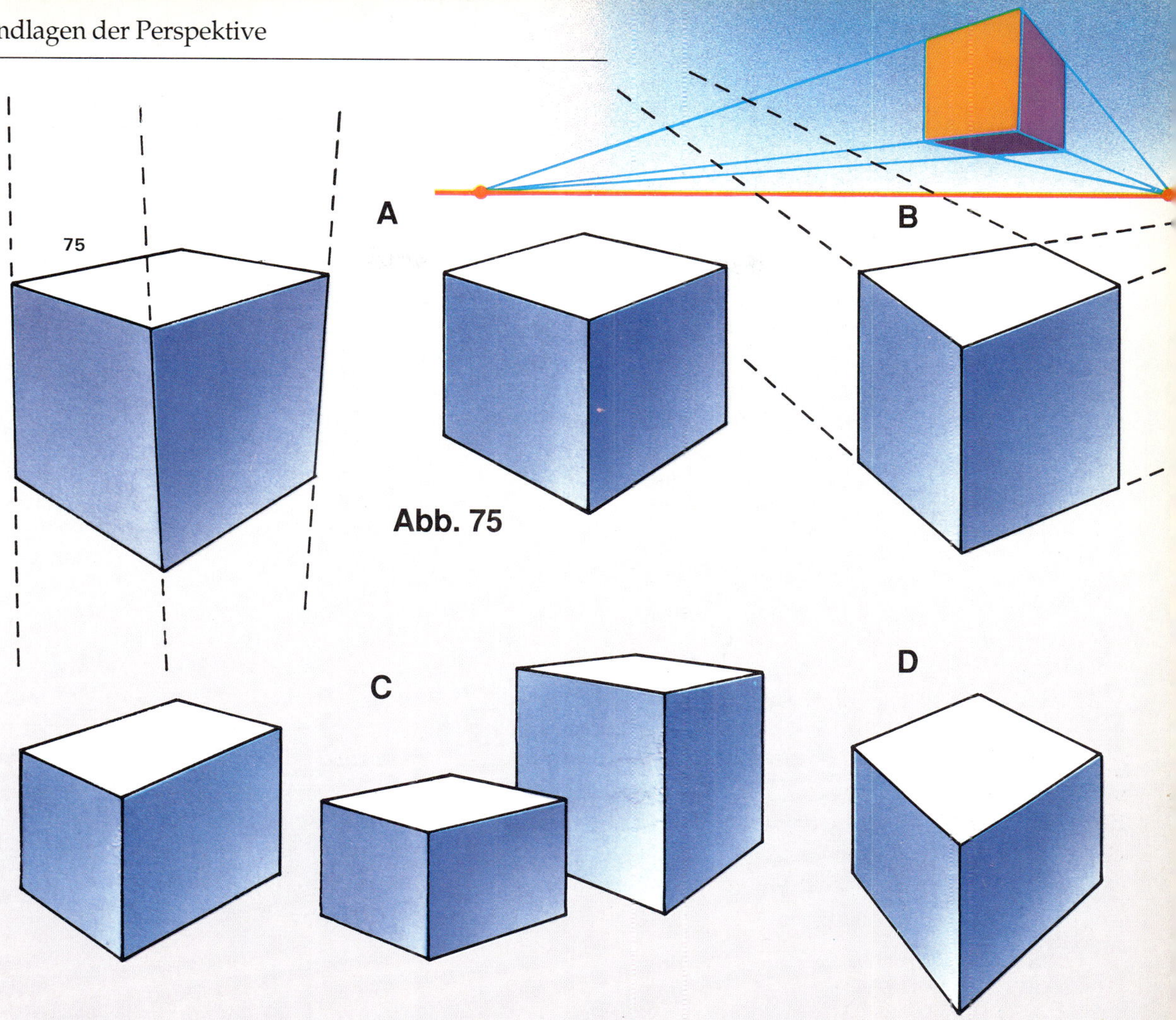


**Abb. 75**

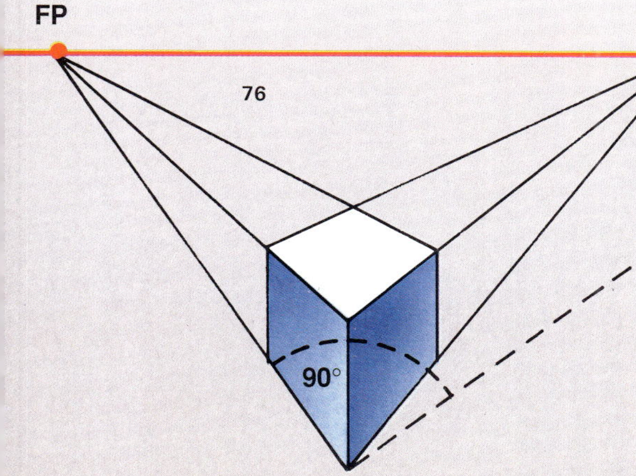


Bei der Schrägperspektive muß der vordere Winkel des Würfels größer als 90 Grad sein. Damit dies der Fall ist, brauchen Sie nur die beiden folgenden Regeln zu beachten:

**Abb. 76: Zeichnen Sie die beiden Fluchtpunkte nicht zu nahe nebeneinander.**

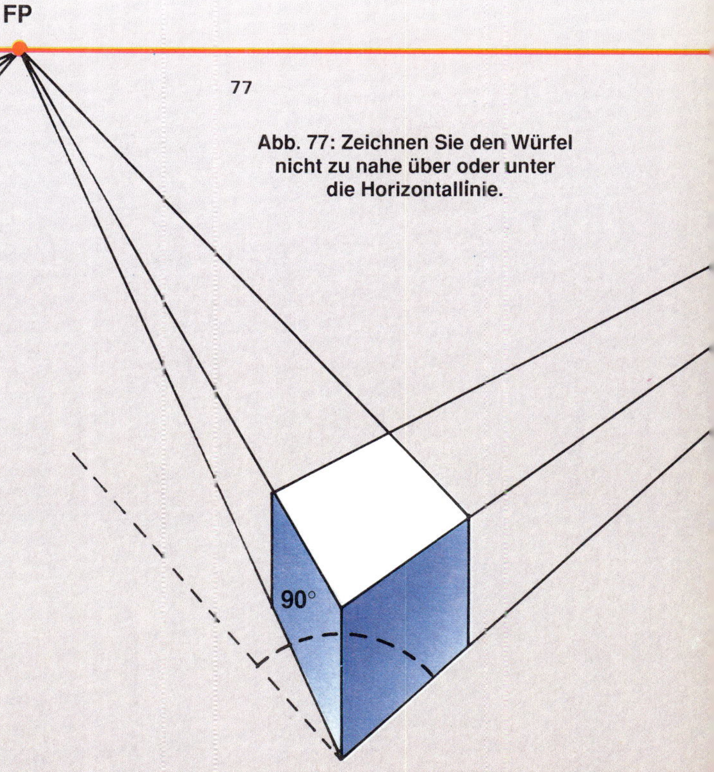


**Abb. 77: Zeichnen Sie den Würfel nicht zu nahe über oder unter die Horizontallinie.**

# Orthographische Projektion eines Würfels in der Schrägperspektive

Abb. 78 bis 81: Die orthographische Projektion ist ein gültiges Verfahren und für technische Zeichner, Baumeister und Architekten unverzichtbar. Nicht jedoch für die Künstler, bei denen man voraussetzt, daß sie die Fähigkeit und die ausreichende Erfahrung besitzen, Maße und Proportionen angesichts ihres Modells nach Augenmaß zu berechnen. Trotzdem darf das Verfahren meiner Ansicht nach in einem Lehrbuch über die Perspektive für Künstler nicht fehlen. Hier also eine der Methoden, wie man geometrisch einen Würfel in der Schrägperspektive aufbaut.

Ein Künstler löst dieses Problem nach Augenmaß und stellt die Berechnungen nur gedanklich an, denn er ist daran gewöhnt, die Maße und Proportionen ohne Hilfsmittel zu bestimmen. Es kann jedoch nicht schaden, die Grundlage zu kennen. Für alle Geometrieliebhaber hier die orthographische Projektion eines Würfels – einschließlich des Quadrats – in der Schrägperspektive:

**Abbildung 78**: Oben finden Sie den *Grundriß* des Würfels. Die Doppelbuchstaben AE, BF, CG und DH entsprechen den oberen und unteren Scheiteln (siehe linker Würfel). Unten legen wir den *Blickpunkt (BP)* an und ziehen von dort die gestrichelten Geraden I, J, K und L, die den *Sehkegel* bilden und an den Würfelkanten AE, BF etc. des *Grundrisses* enden. Anschließend legen wir die *Bildebene (BE)* an, wiederum als Grundriß, und beenden die Zeichnung mit den Schrägen A und B (rot), die parallel zu den Würfelseiten CG DH und DH BF verlaufen. Der Schnittpunkt dieser Geraden mit der *Bildebene (BE)* ergibt die *Fluchtpunkte FP 1* und *FP2* im Grundriß.

**Abbildung 79**: Ausgehend von den Schnittpunkten M, N, O, P der *Sehstrahlen* mit der *Bildebene (BE)*, zeichnen wir die Senkrechten Q, R, S, T, die uns die Lage der vier Kanten U, V, W und X des Würfels liefern. Von den beiden *Fluchtpunkten* auf der *Bildebene* fällen wir zwei Senkrechte nach unten und legen die *Horizontallinie (HL)* mit den *Fluchtpunkten FP1* und *FP2* (in Rot) an.

**Abbildung 80**: Wir zeichnen die beiden ersten Fluchtlinien, die nächsten von der Senkrechten W zum FP1 und zum FP2, und erhalten mit Hilfe der Schnittpunkte dieser Linien mit den Kanten U und X automatisch die beiden anderen Fluchtlinien, die das Grundquadrat des Würfels bilden. Bleibt noch ein Problem: Wie hoch müssen die vier senkrechten Kanten sein?

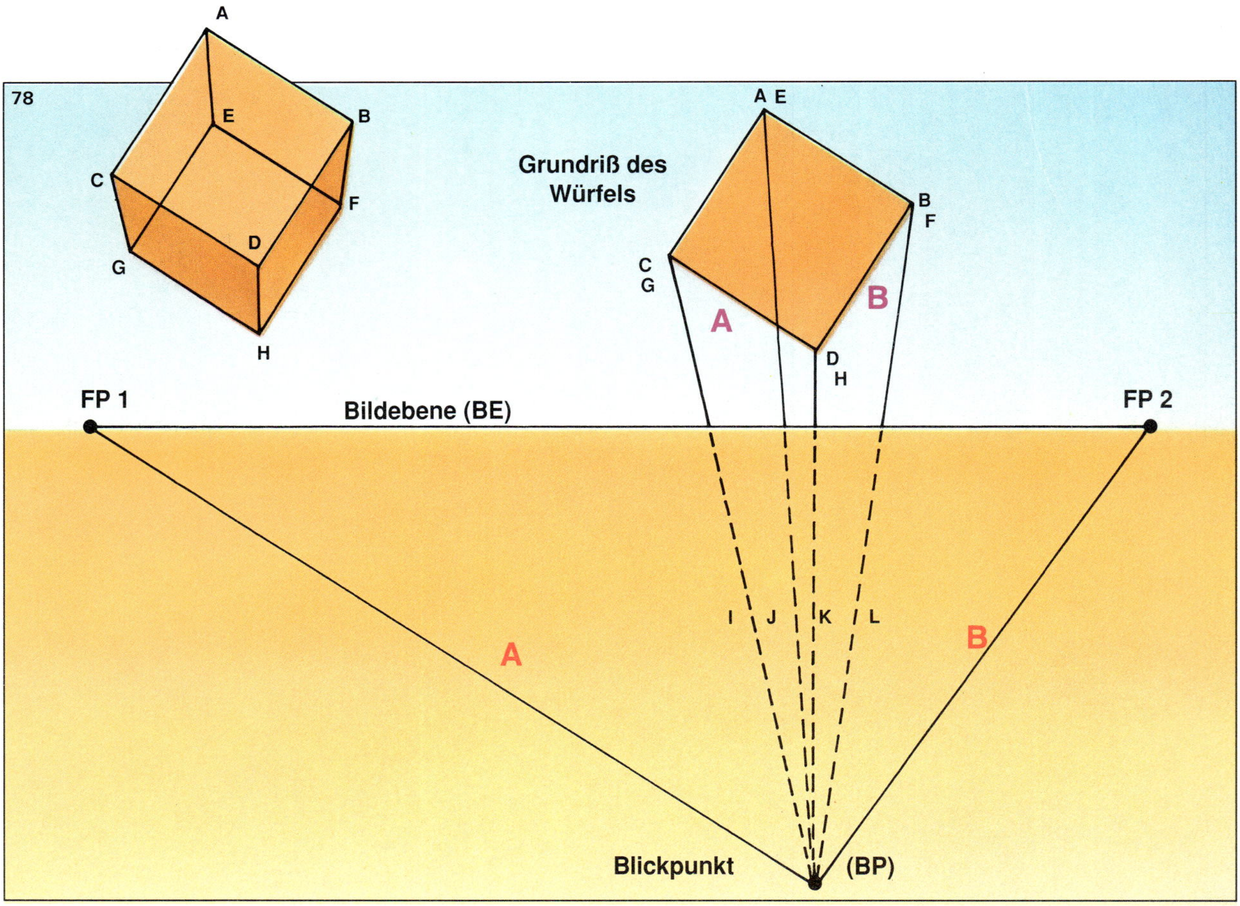

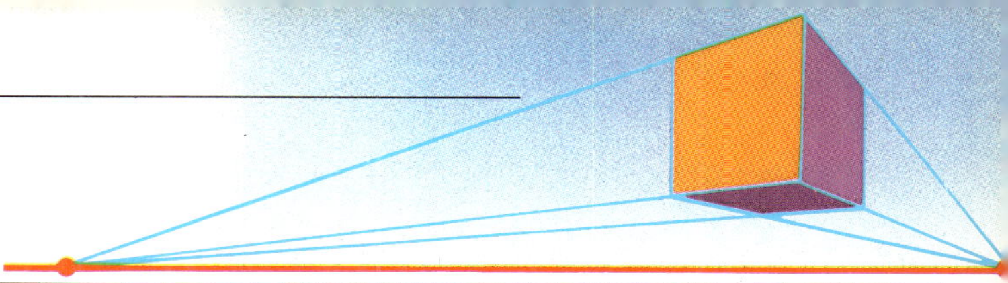

79

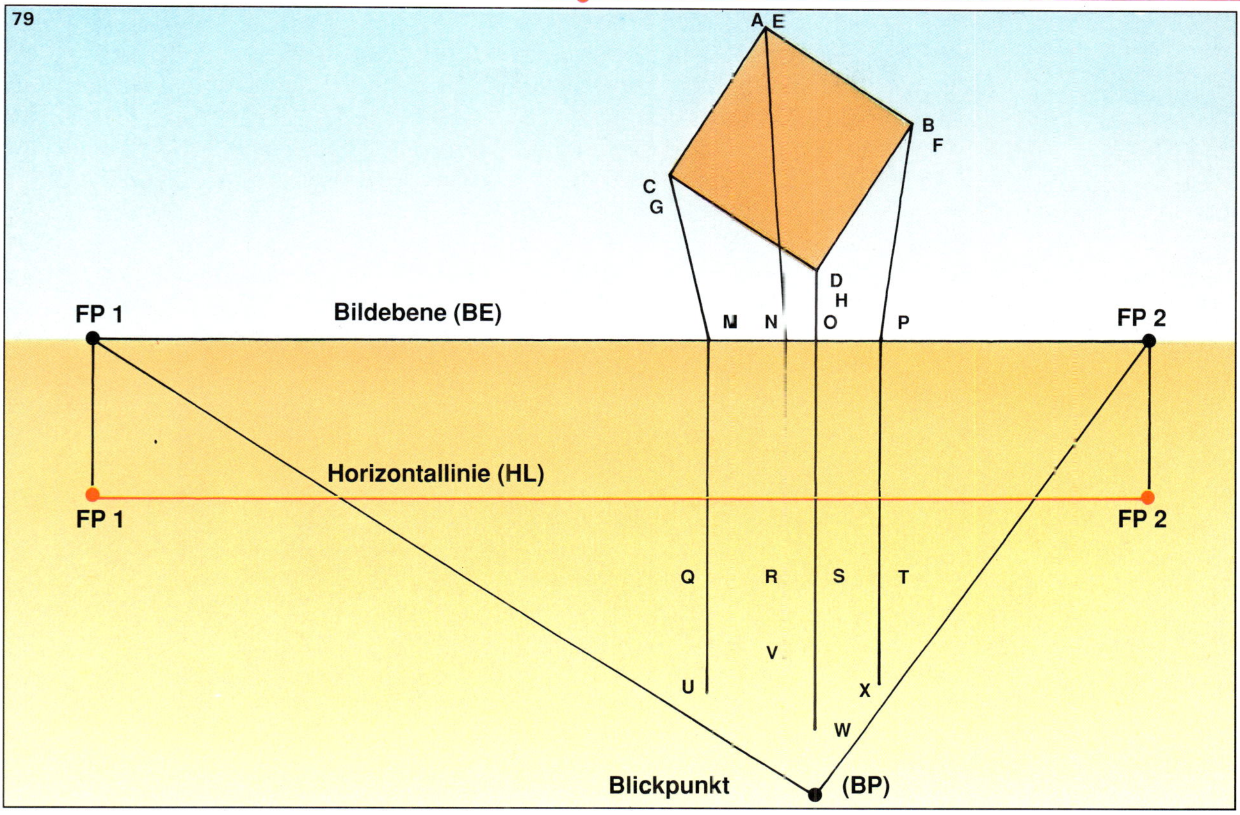
A E
B
F
C
G
D
H
FP 1
Bildebene (BE)
M N O P
FP 2
Horizontallinie (HL)
FP 1
FP 2
Q R S T
V
U
X
W
Blickpunkt
(BP)

80

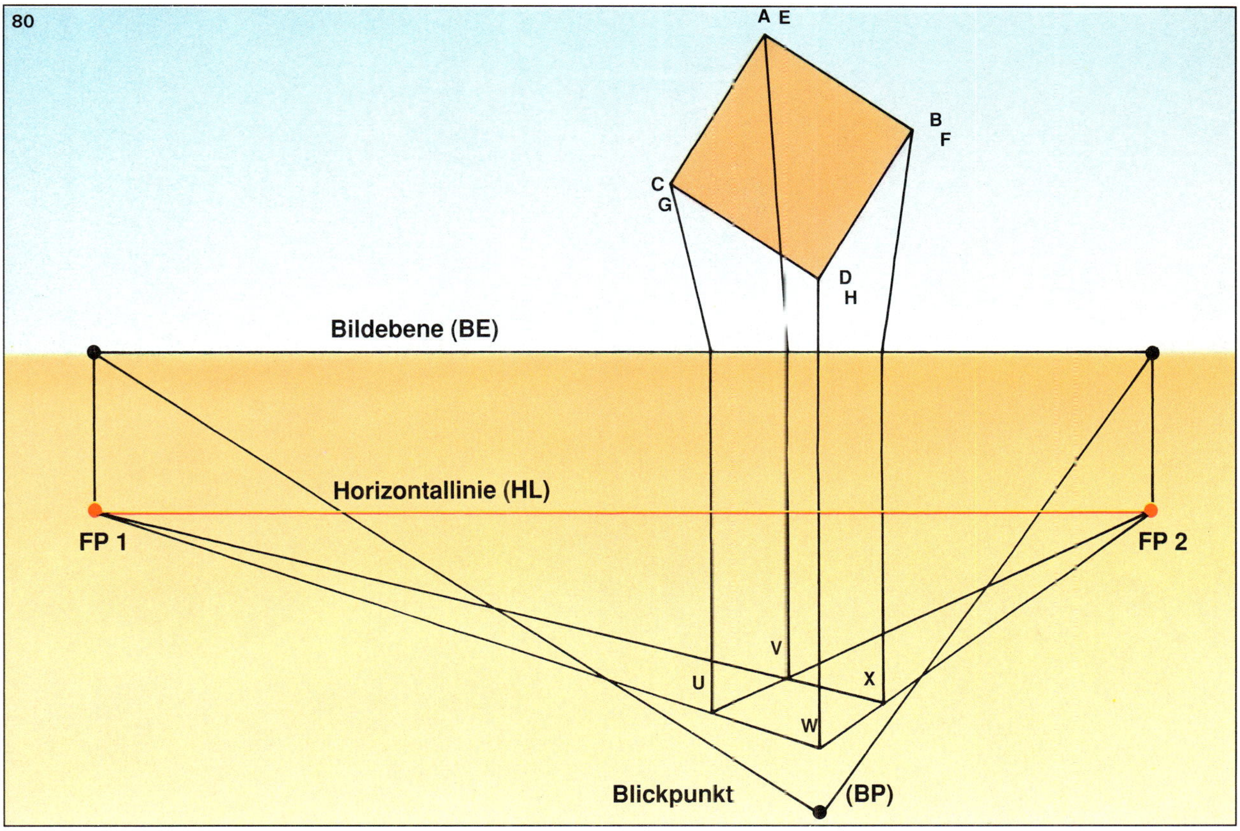
A E
B
F
C
G
D
H
Bildebene (BE)
Horizontallinie (HL)
FP 1
FP 2
V
U
X
W
Blickpunkt
(BP)

# Orthographische Projektion eines Würfels

Abb. 82 und 83: Die beiden Abbildungen gegenüber zeigen, wie man nach demselben Verfahren einen von vorn und einen von unten gesehenen Würfel perspektivisch zeichnet. Die Sichtweise hängt davon ab, ob der Würfel auf, oberhalb oder unterhalb der Horizontallinie liegt.

**Abbildung 81**: Zum Abschluß der vorigen Seite haben wir uns gefragt, wie hoch die senkrechten Würfelkanten sein müssen. Die Antwort finden Sie auf dieser Abbildung. Zeichnen Sie eine Waagerechte durch den Scheitel DH, und übertragen Sie den Scheitel CG (geschwungene gestrichelte Linie) darauf, erhalten Sie den Punkt A (rot). Von diesem Punkt A zeichnen Sie eine Diagonale (hier mit einem Pfeil) zum *Blickpunkt (BP)*. Diese gibt im Schnittpunkt mit der *Bildebene* die Länge der dicken Linie B (rot) an, die der genauen Höhe der Würfelkanten entspricht (dicke Senkrechte B' – rot – in der Schrägperspektive).

**Abbildungen 82 und 83** (gegenüber): Zwei weitere Beispiele für die orthographische Projektion mit einer veränderten Lage der *Horizontallinie (HL)* und des Würfels. Auf Abbildung 82 liegt der Würfel in Höhe der Horizontallinie, während wir ihn auf Abbildung 83 von unten sehen und er daher oberhalb der Horizontallinie liegt.

Daraus folgt, daß sowohl die Lage des Würfels als auch der Horizontallinie variieren kann, ohne daß beim Zeichnen zusätzliche Schwierigkeiten auftreten.

Das ist schon alles. Falls es Sie interessiert, die Methode der orthographischen Projektion eines Würfels in der Schrägperspektive zu erlernen, können Sie das Verfahren nun mit dem Würfel in unterschiedlichen Lagen und wechselnden *Horizontallinien (HL)* üben.

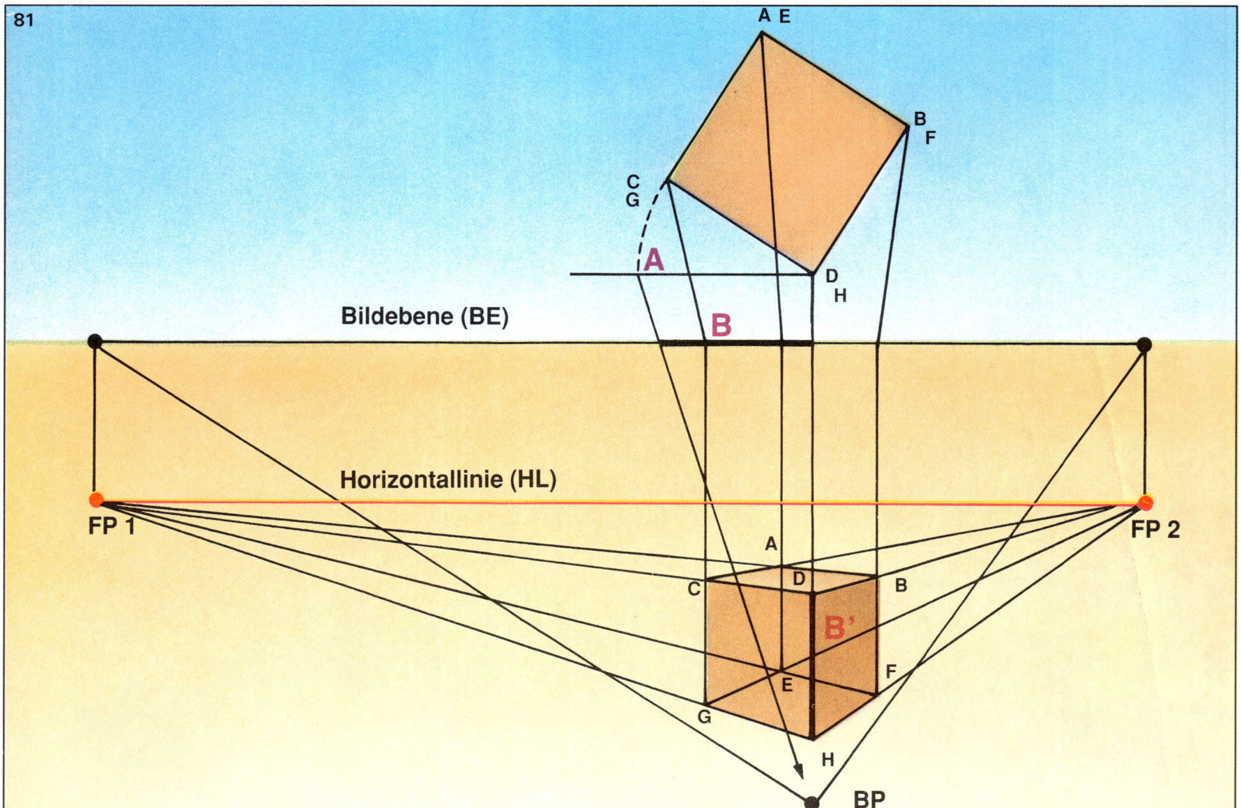

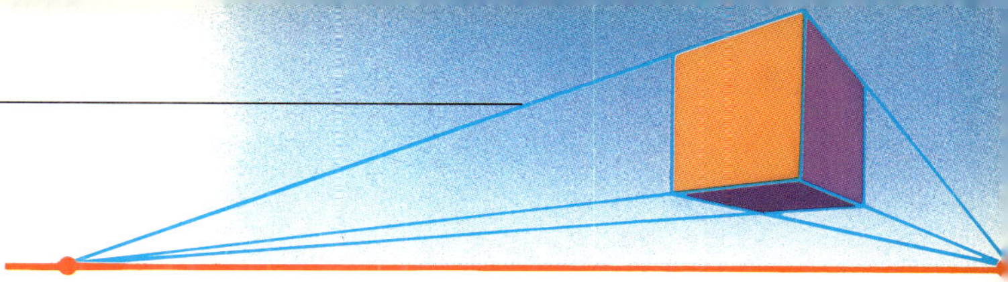

82

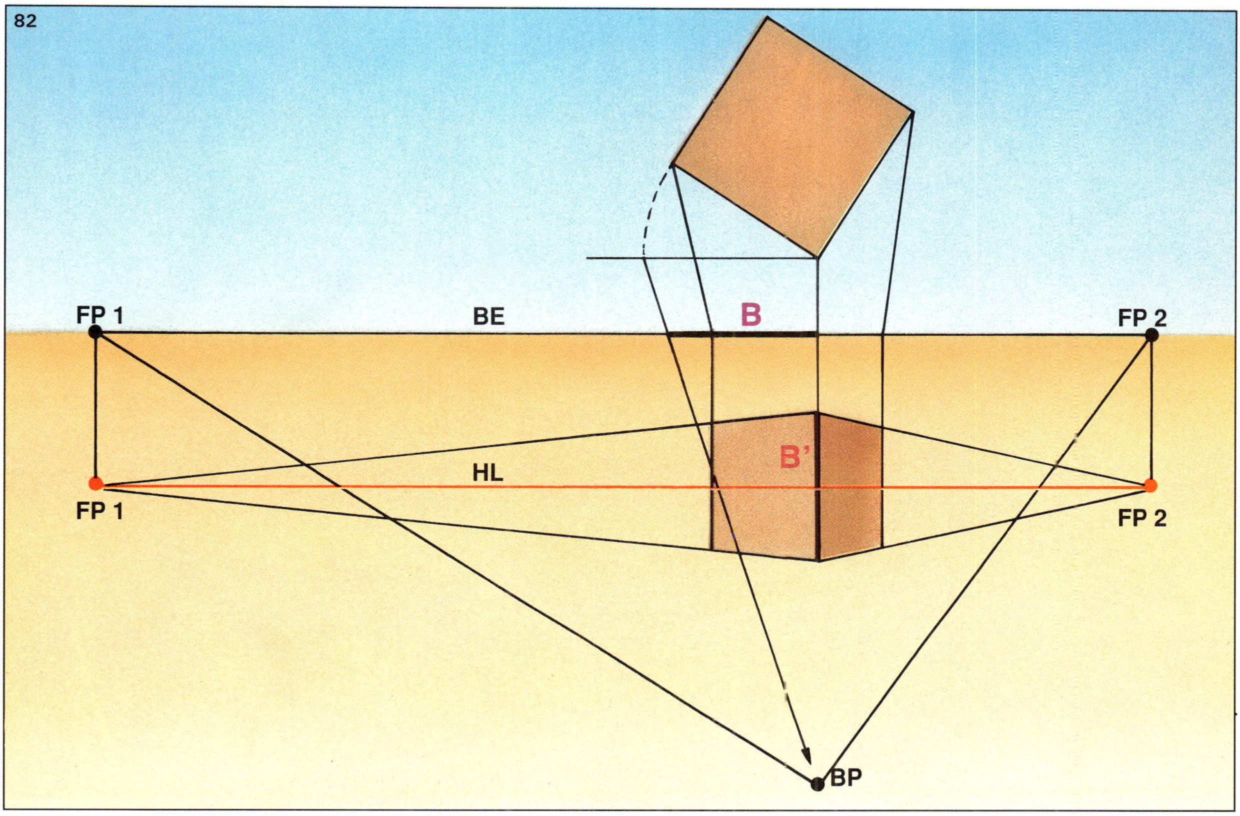


83

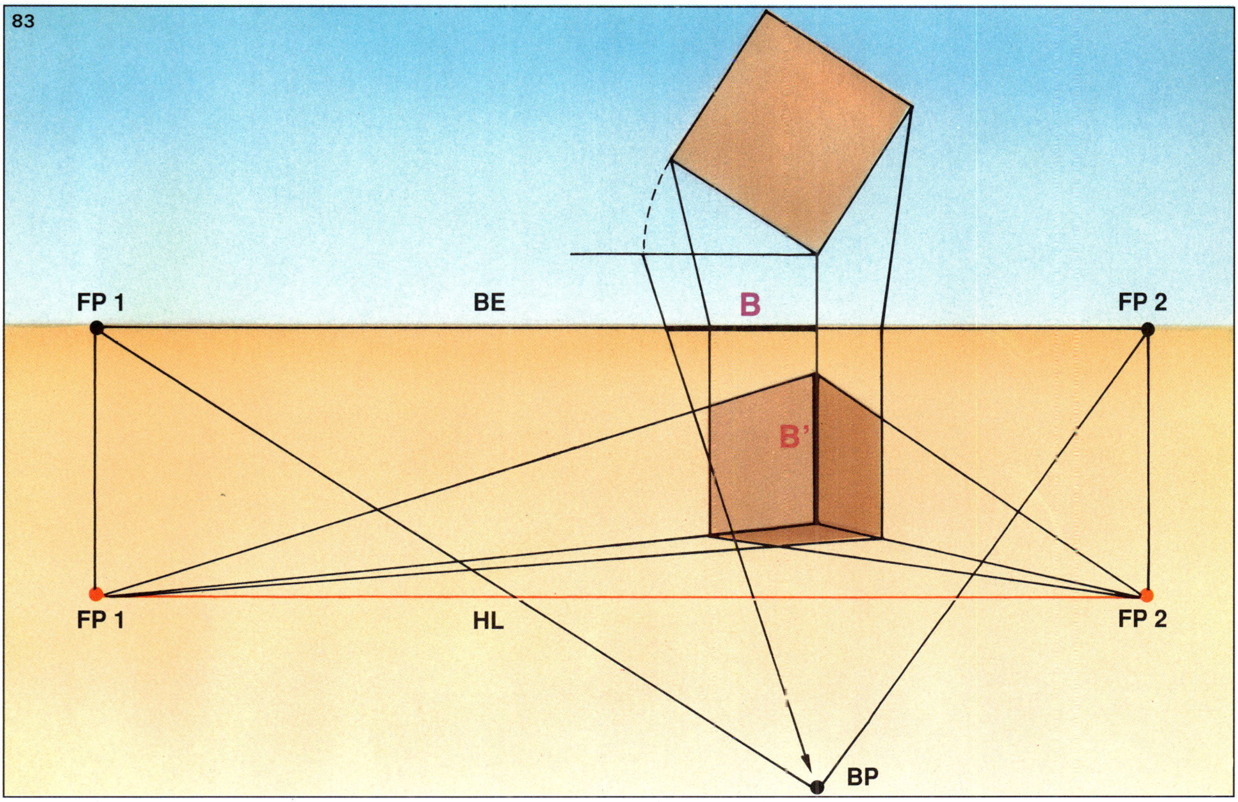

Der Würfel ist die geometrische Grundform par excellence. Man muß seinen Aufbau von unten und von oben in der Parallel-, der Schräg- und der Luftperspektive unbedingt beherrschen. Es gibt jedoch noch weitere Grundformen, die in zahlreichen Motiven auftauchen: Kreise in Tellern, Schüsseln, Brunnen und Denkmälern; Zylinder in Krügen, Tassen und Vasen etc. Mit der Pyramide, dem Kegel und der Kugel lassen sich Formen von einer Blume bis zu einem Wolkenkratzer umrahmen. Es sei daran erinnert, daß der große Maler Paul Cézanne eben diese Formen – den Würfel, den Zylinder, die Kugel und den Kegel – als Grundstrukturen aller Körper in der Natur bezeichnete. Davon wird im folgenden Kapitel die Rede sein.

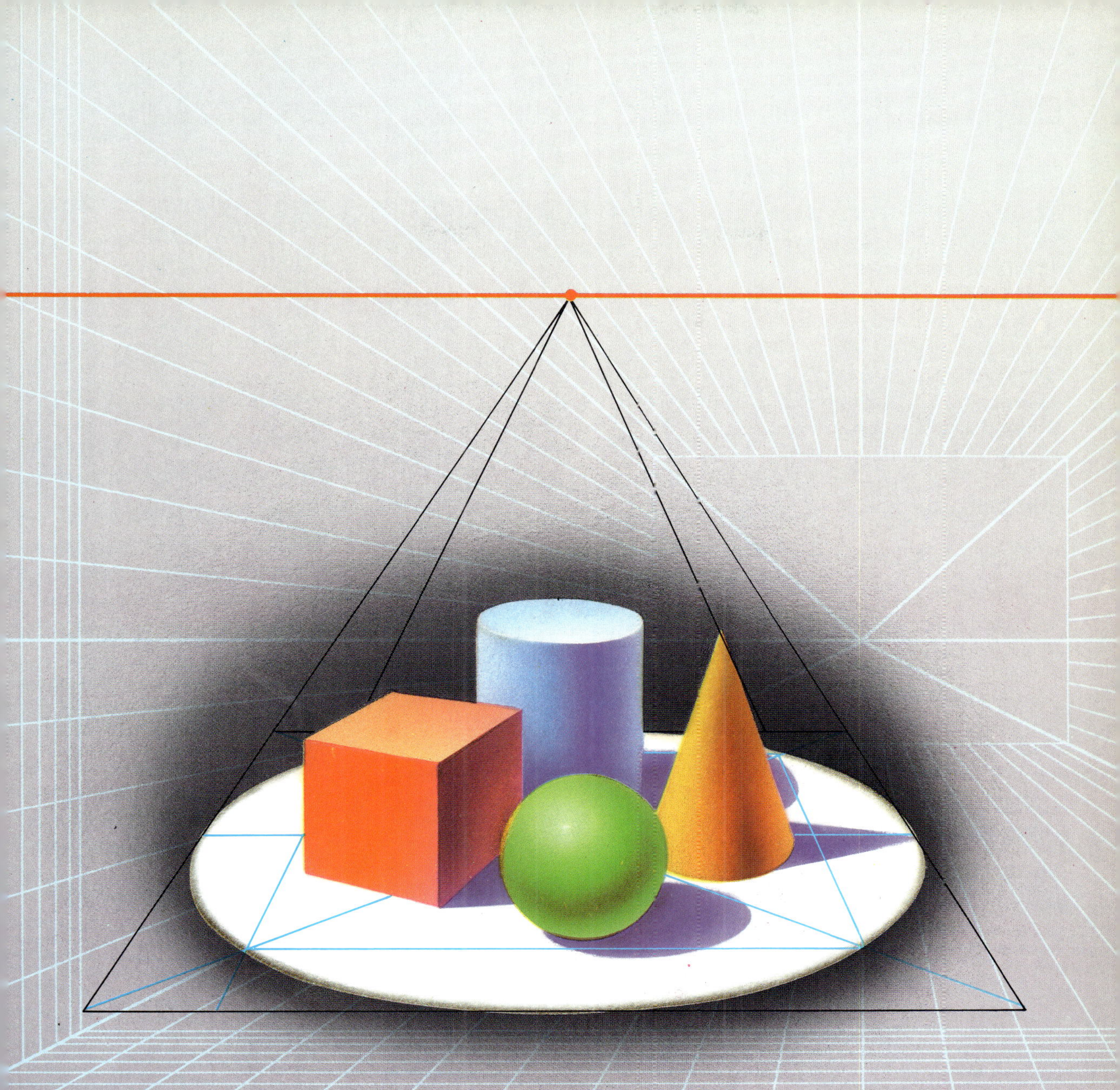

# DIE GRUNDFORMEN DER PERSPEKTIVE

# Die Grundformen und die Lektion des Malers Cézanne

Cézanne starb am 22. Oktober 1906 als Maler der Moderne; denn wie Abbildung 84 auf dieser Seite zeigt, näherte er sich mit seinen Bildern im letzten Abschnitt seines Lebens der modernen Kunst.

Er besaß eine besondere Methode, die Naturformen zu „behandeln", wie er es nannte, die er häufig mit Pissarro, Monet, Manet und Renoir diskutierte und im April 1904 schließlich in einem Brief an seinen Freund, den Maler Emile Bernard, festhielt. Cézanne schrieb:

*„Man muß die Natur als Würfel, Zylinder, Kugel und Kegel behandeln und dabei selbstverständlich die Gesetze der Perspektive berücksichtigen, damit jede Seite des Modells zu einem zentralen Punkt flüchtet."*

84

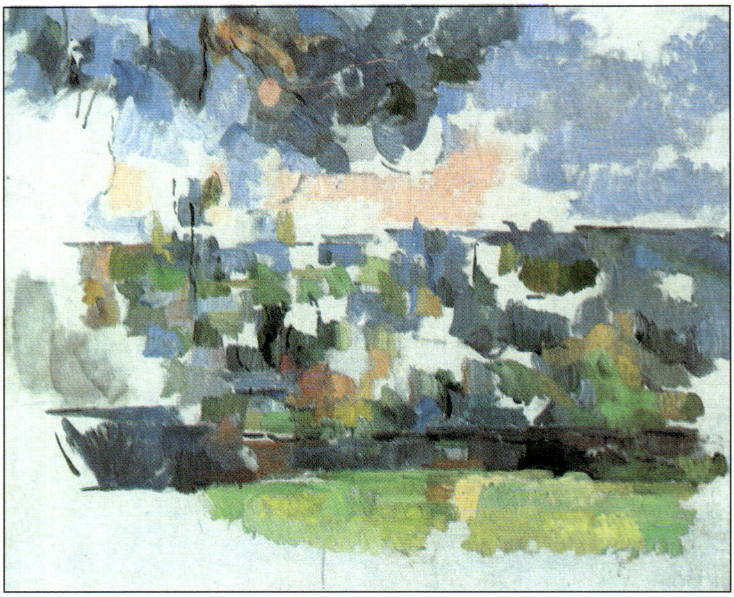

85

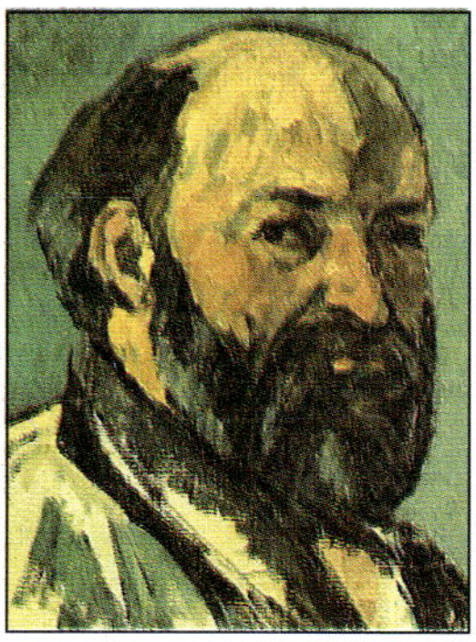

Abb. 85: Paul Cézanne, *Selbstporträt*, Musée d'Orsay, Paris. Es ist bezeichnend, daß der Kubismus in Cézannes Todesjahr 1906 begann. Es war der erste Schritt zur modernen Kunst.

Das ist eine außerordentlich wichtige Aussage, nicht wahr? Cézanne behauptet nicht weniger, als daß praktisch alle Körper, angefangen von einem Tintenfaß bis zu einem Ozeanriesen, mit Hilfe von Grundformen wie dem Würfel, dem rechtwinkligen Prisma, dem Zylinder, der Kugel und dem Kegel aufgebaut, gezeichnet und gemalt werden können. Sie können den Wert dieser Aussage überprüfen, indem Sie Würfel, rechtwinklige Prismen, Zylinder etc. als Grundformen verwenden, um Körper wie einen Tisch, ein Haus, eine Flasche, einen Teller oder was immer Sie möchten einzurahmen.

Abb. 84 (oben): Paul Cézanne, *Provenzalische Landschaft in der Nähe von Les Lauves*, Sammlung Phillips, Washington. Dieses Spätwerk bezeugt die Malweise eines Künstlers, der behauptete, daß „das ganze Geheimnis darin besteht, die Natur als Würfel, Zylinder, Kugel und Kegel zu betrachten."

86

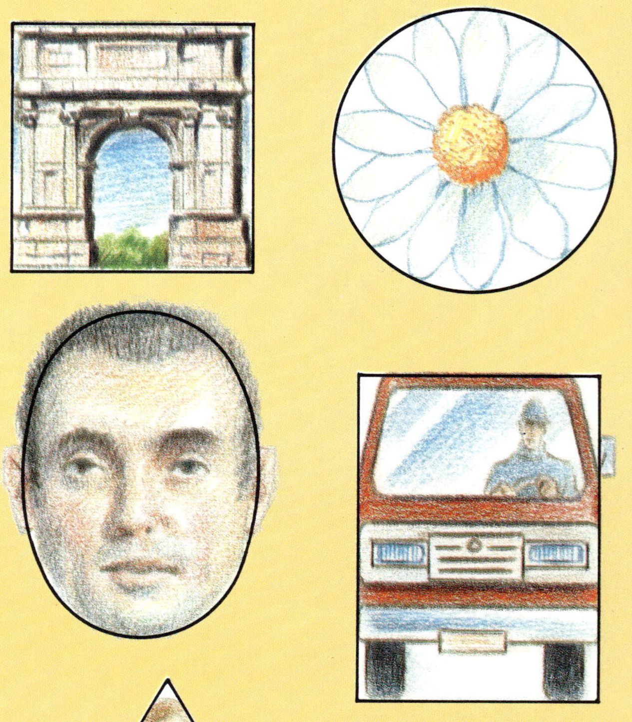

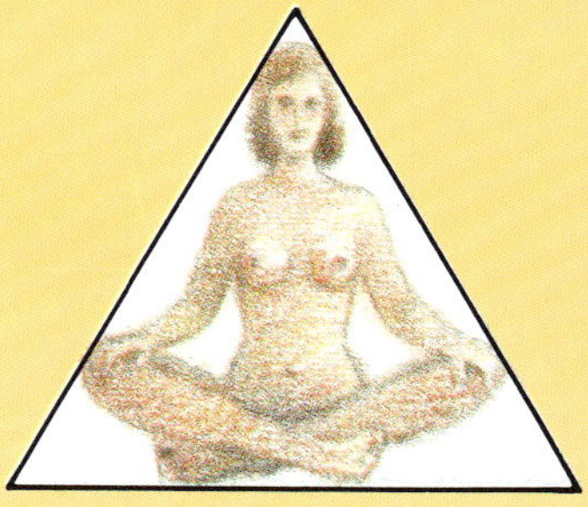

Abb. 86 bis 88: Alle Körper und Formen der Natur, auch die menschliche Gestalt, lassen sich in geometrische Formen wie das Quadrat, das Rechteck, den Kreis, den Würfel, den Zylinder, den Kegel oder die Kugel einschließen. Prüfen Sie es nach, indem Sie einige Dinge zeichnen, die Sie vor Augen haben.

87

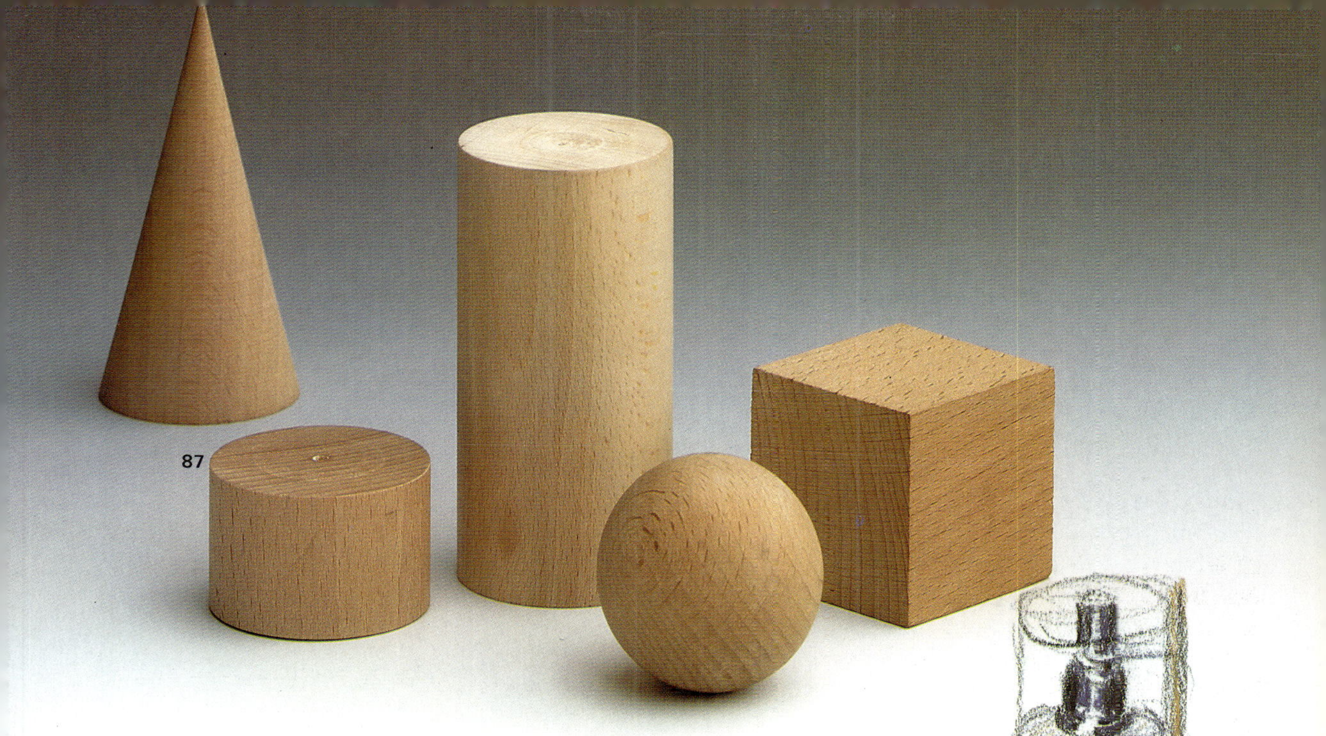

88

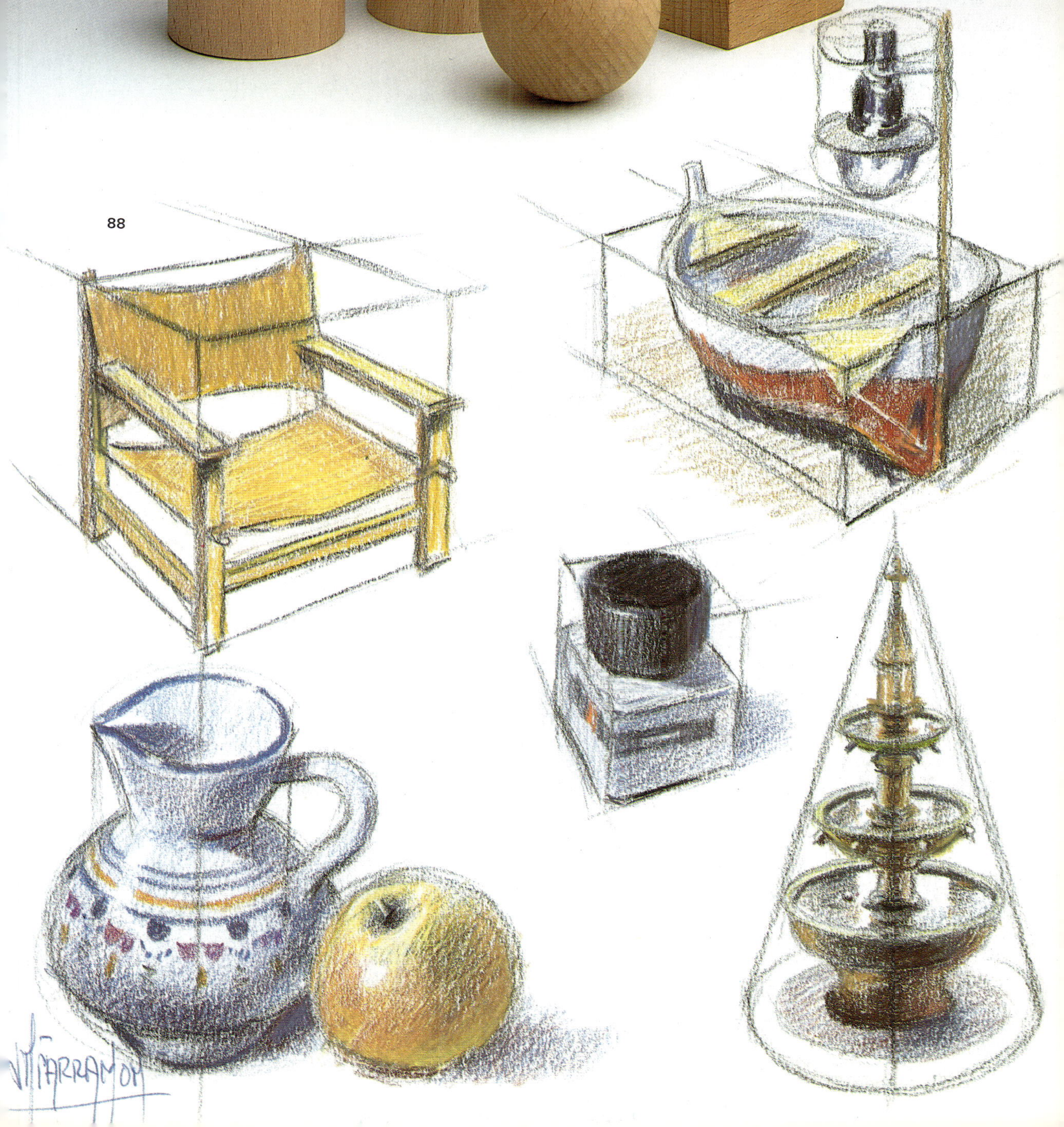

# Ein Kreis in der Perspektive

Versuchen Sie zunächst, einen Kreis mit freier Hand zu zeichnen, also ohne Hilfe eines Zirkels. Halten Sie sich dabei an die Methode, die ich auf Abbildung 89 erkläre.

**A)** Zunächst benötigen wir ein Quadrat, das uns als „Rahmen“ für die Kreislinie dient.
**B und C)** Anschließend versuchen wir, soviel Anhaltspunkte wie möglich zu finden, und ziehen dafür das Kreuz und die Diagonalen.
**D)** Weitere Anhaltspunkte: Teilen Sie die Hälfte einer Diagonalen in drei gleich große Abschnitte, selbstverständlich nach Augenmaß.
**E)** Zeichnen Sie nun ein inneres Quadrat durch den ersten Unterteilungspunkt, ausgehend von „a“.
**F)** Dadurch erhalten Sie insgesamt acht Punkte, durch die die Kreislinie führt. Diese erleichtern Ihnen das Zeichnen und stellen gleichzeitig eine Kontrolle für die Freihandzeichnung dar.
Zeichnen Sie nun ein Quadrat in der Parallelperspektive (Abb. 90) mit einem einzigen Fluchtpunkt. Legen Sie ein Kreuz und die Diagonalen hinein, und unterteilen Sie die Hälfte einer dieser Geraden in drei Abschnitte, könnten Sie ein weiteres perspektivisches Quadrat ins Innere legen. Sie erhalten erneut acht Punkte, durch die der

91

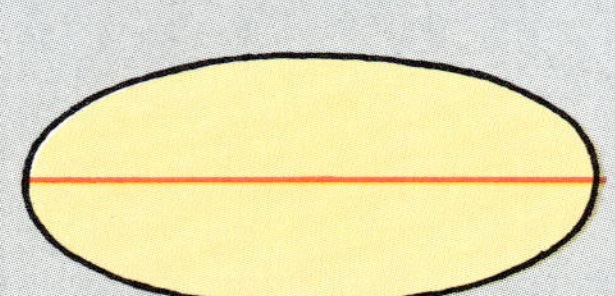

92

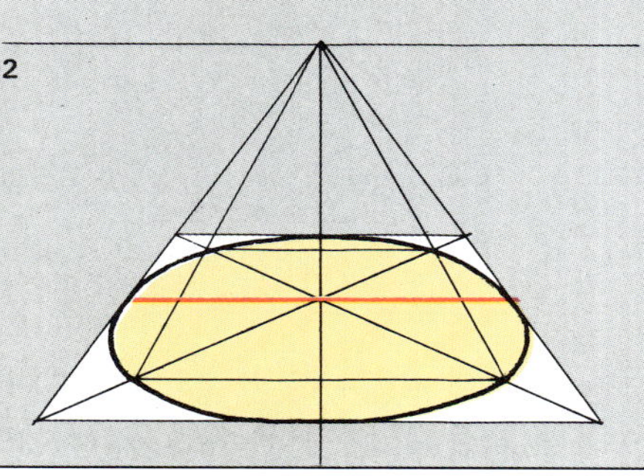

89

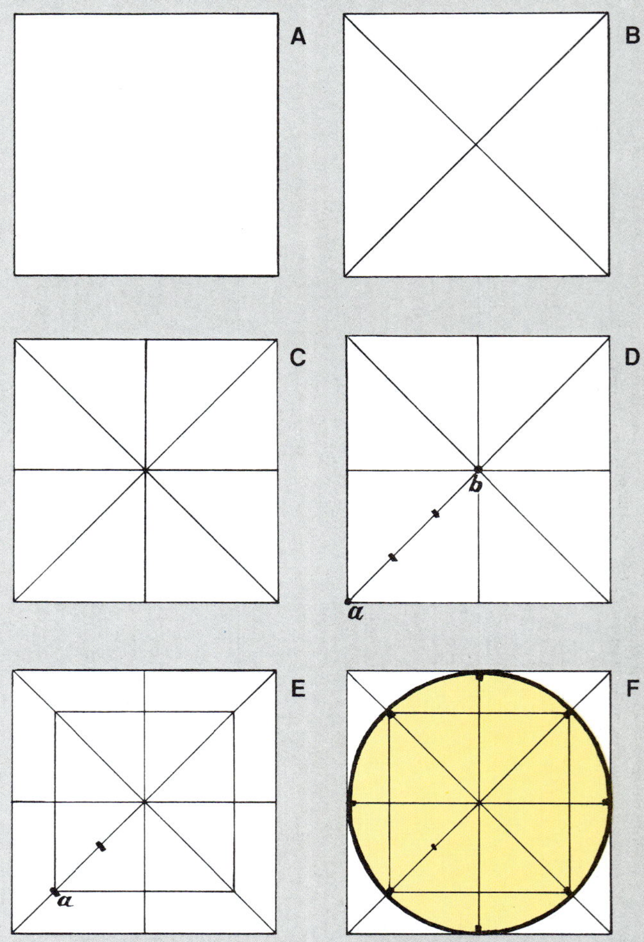


90

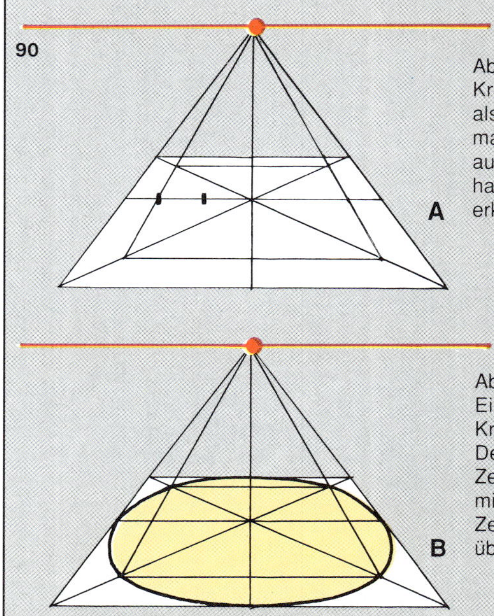


Abb. 89 und 90: Für einen Kreis aus freier Hand, also ohne Zirkel, geht man von einem Quadrat aus, wie im Text und anhand dieser Abbildungen erklärt wird.

Abb. 91 und 92 (links): Ein perspektivischer Kreis ist keine Ellipse. Deren geometrisches Zentrum (91) stimmt nicht mit dem perspektivischen Zentrum des Kreises überein (92).

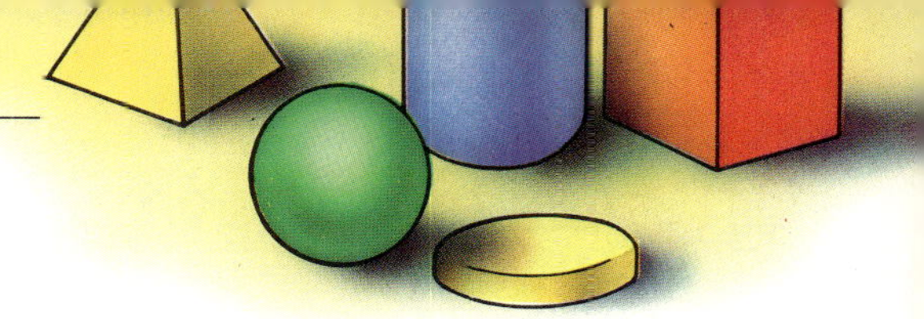

perspektivische Kreis führt (Abb. 91). Aber aufgepaßt bei der Unterteilung in drei Abschnitte! *Wählen Sie dafür jene Linie, die am wenigsten von der optischen Verkürzung betroffen ist, also eine Waagerechte oder eine Gerade, die einer Waagerechten sehr nahekommt.* Das Verfahren für einen Kreis in der Schrägperspektive ist das gleiche, wie aus Abbildung 93 A, B und C hervorgeht. Die Form des Kreises bleibt in der Parallel- und der Schrägperspektive gleich (Abb. 94).
Abbildung 91 und 92 (vorige Seite) zeigt den Unterschied zwischen dem geometrischen Zentrum einer Ellipse und dem perspektivischen Zentrum eines Kreises. Es ist nicht identisch. Sehen Sie sich zum Abschluß auf Abbildung 95 und 96 die häufigsten Fehler beim Zeichnen eines perspektivischen Kreises an, und lesen Sie die dazugehörenden Bildunterschriften.

Abb. 95: Hier zwei häufige Verzerrungen des perspektivischen Kreises in der Parallel- und der Schrägperspektive; der Rahmen besteht aus einem Rechteck und nicht aus einem Quadrat (Abb. 95A). Ferner ist die Strichführung fehlerhaft (Abb. 95B).

Abb. 96: Hier ist die Verzerrung erfolgt, weil der nächste Winkel keine 90 Grad mißt.

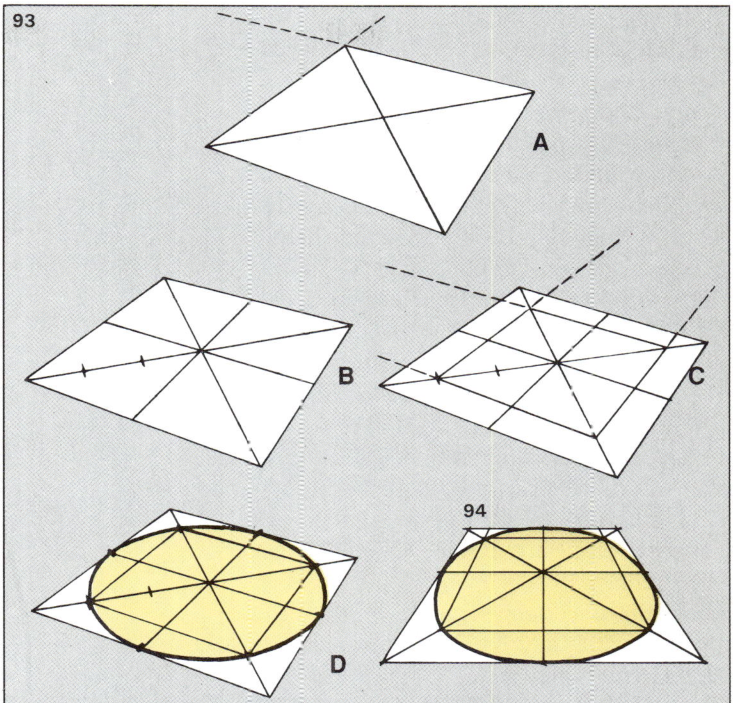


Abb. 93 und 94: Die Abbildungen 93 A bis D zeigen den Aufbau des Kreises in der Schrägperspektive. Beachten Sie, daß der Kreis in der Parallel- und der Schrägperspektive dieselbe Form besitzt – vorausgesetzt, daß das Quadrat nicht verzerrt ist und wie hier aus einem Rechteck besteht (Abb. 94).

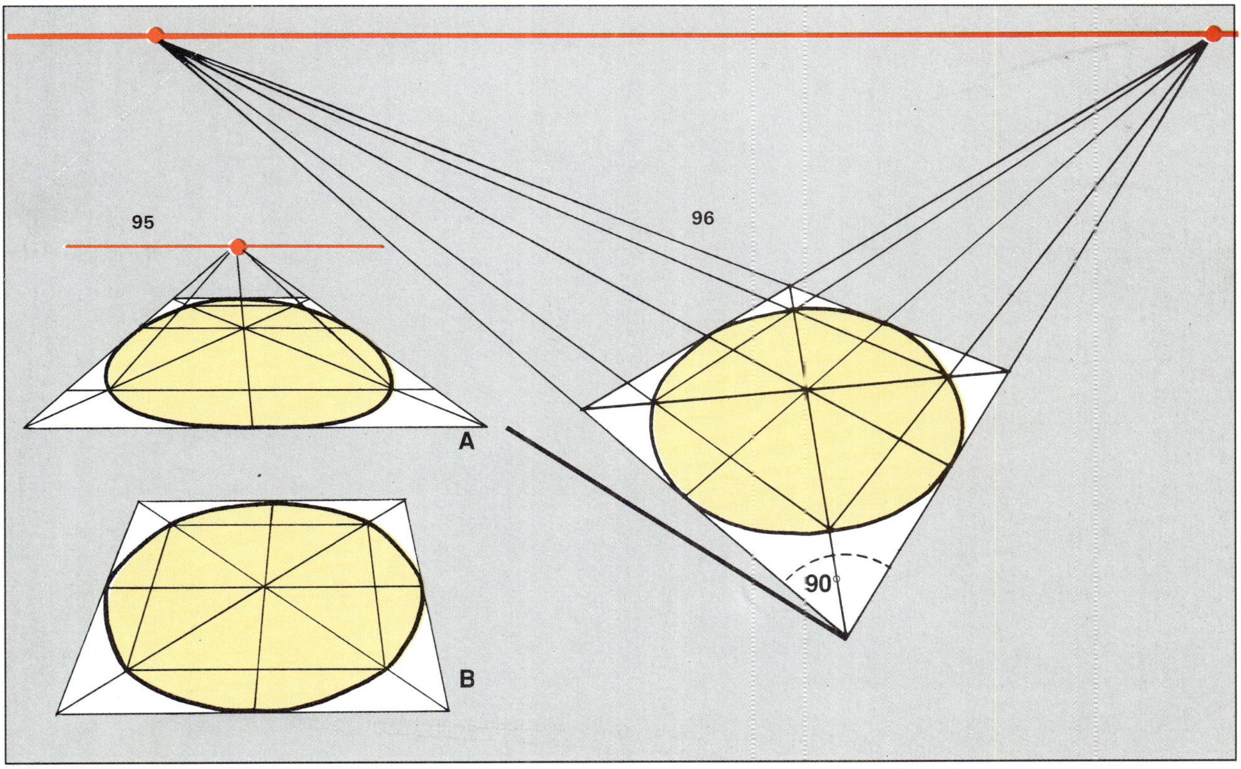

# Ein Zylinder in der Perspektive

Für einen perspektivischen Zylinder benötigen Sie zunächst einen verlängerten Würfel bzw. ein rechtwinkliges Prisma (Abb. 97 A und B), in dessen Ober- und Unterseite (C) Sie je einen Kreis zeichnen. Anschließend verbinden Sie die beiden Kreise mit zwei Senkrechten (D). Die Abbildungen erklären visuell den Ablauf des Verfahrens. Zeichnen Sie zur Übung einige solche Zylinder (Abb. 98), und achten Sie darauf, daß Sie nicht in folgende Fehler verfallen:

Die Kreisfläche für die Unterseite einer großen Vase muß offener sein als die des oberen Rands (Abb. 99 A und B gegenüber). Diese Öffnung verringert sich in dem Maße, wie sich der Kreis der Horizontallinie nähert. Überprüfen Sie diese Tatsache anhand der Säule aus zylindrischen Formen von Abbildung 100, ebenfalls gegenüber.

Die Grundfläche eines Zylinders darf keine Winkel enthalten, sondern muß absolut kreisförmig sein (Abb. 101 A und B).

Die Wand eines zylindrischen Rohrs in der Perspektive muß zu beiden Seiten etwas dicker sein als vorn und hinten (Abb. 102 A und B).

Befindet sich der Fluchtpunkt bei der Parallelperspektive zu weit vom visuellen Zentrum des Körpers entfernt, wirken sowohl der Würfel als auch der Zylinder verzerrt. Das zeigen die beiden Beispiele unten auf der gegenüberliegenden Seite (Abb. 103 A und B).

97

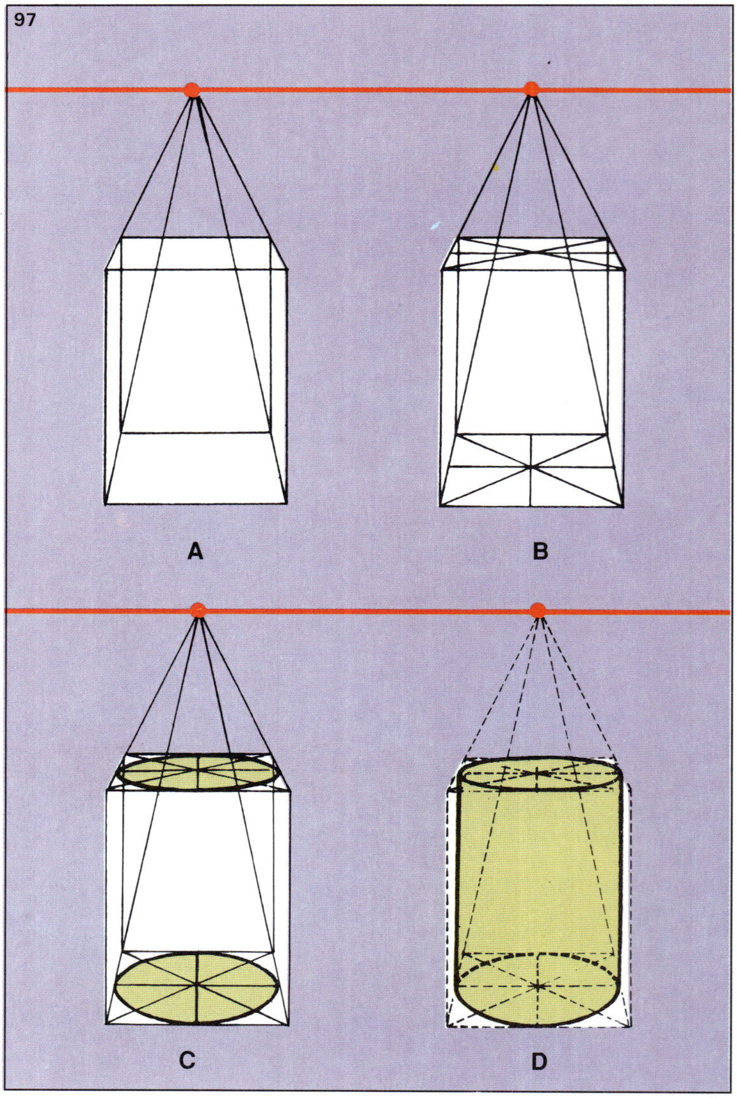


98

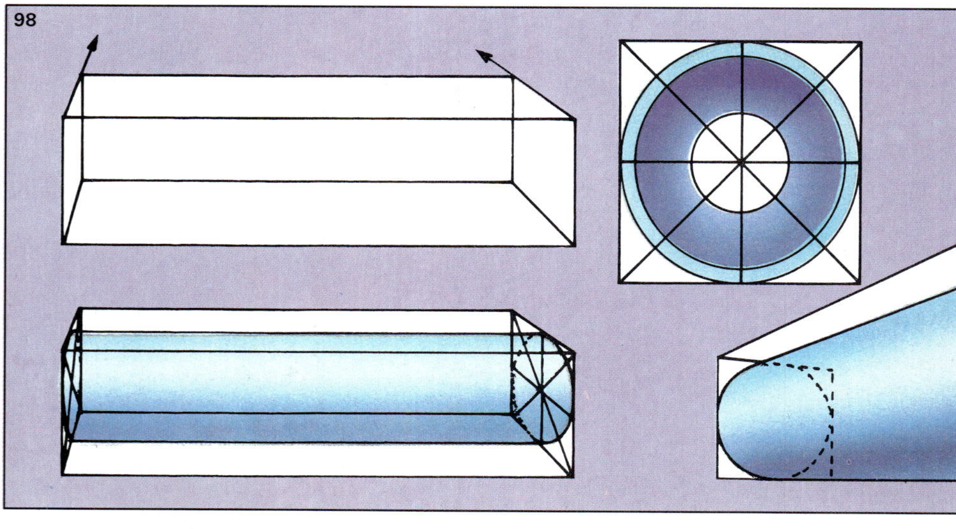

Abb. 97 und 98: Oben der Aufbau eines Zylinders. Unten verschiedene Zylinder in optischer Verkürzung aus wenig gebräuchlicher Perspektive.

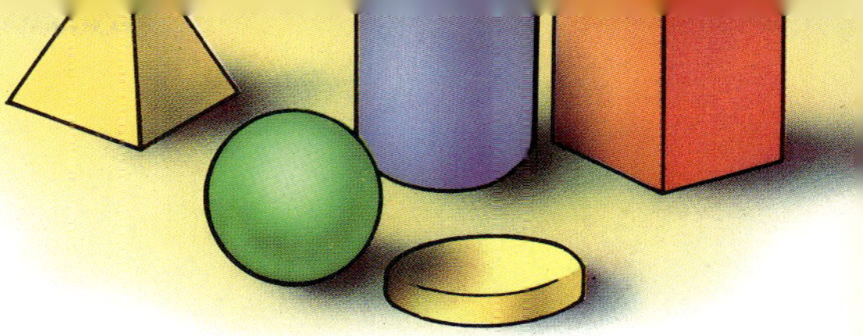

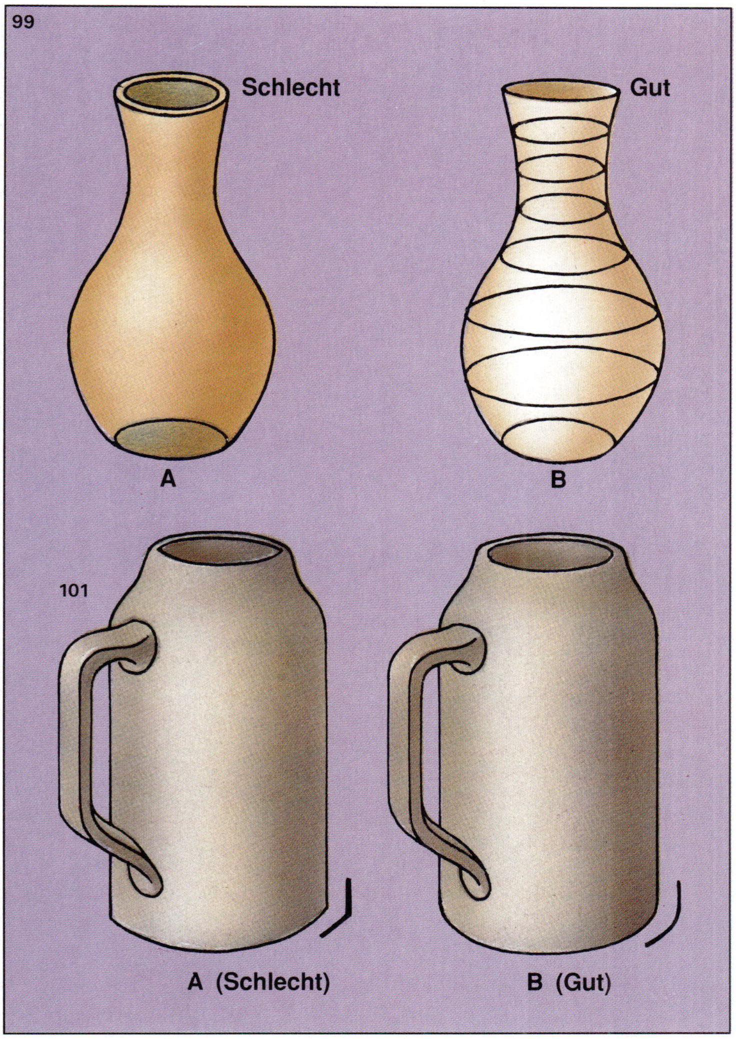


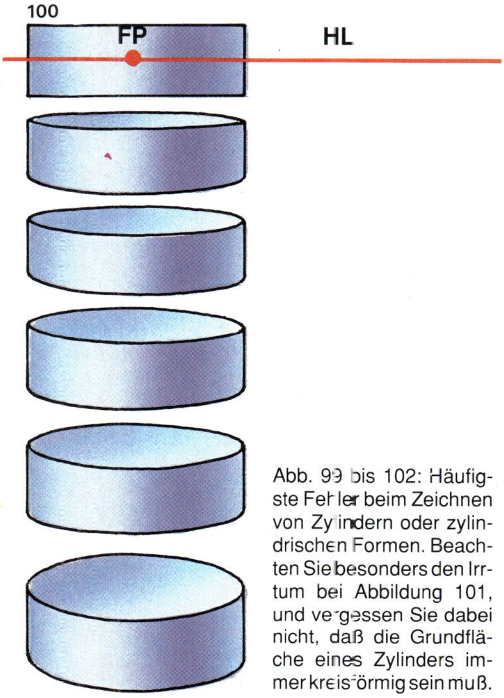


Abb. 99 bis 102: Häufigste Fehler beim Zeichnen von Zylindern oder zylindrischen Formen. Beachten Sie besonders den Irrtum bei Abbildung 101, und vergessen Sie dabei nicht, daß die Grundfläche eines Zylinders immer kreisförmig sein muß.

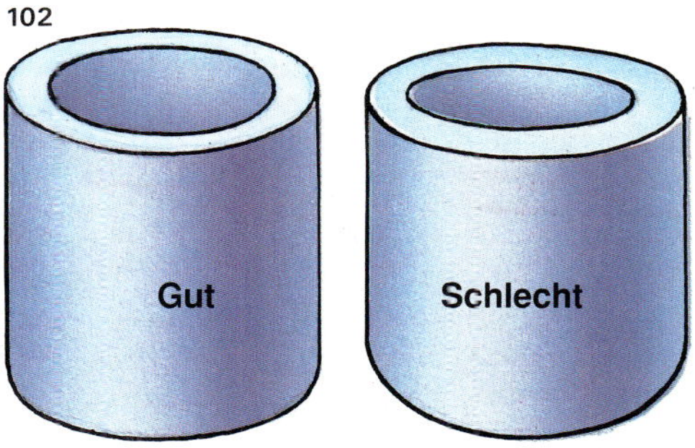


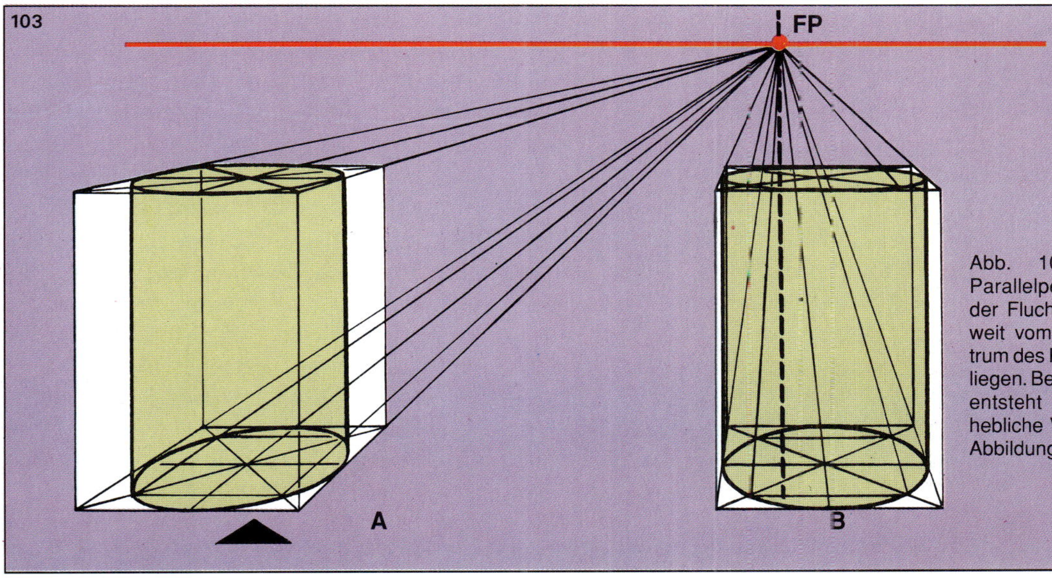


Abb. 103: Bei der Parallelperspektive darf der Fluchtpunkt nicht zu weit vom visuellen Zentrum des Körpers entfernt liegen. Bei einem Zylinder entsteht sonst eine erhebliche Verzerrung, wie Abbildung 103A zeigt.

# Eine Pyramide, ein Kegel und eine Kugel in der Perspektive

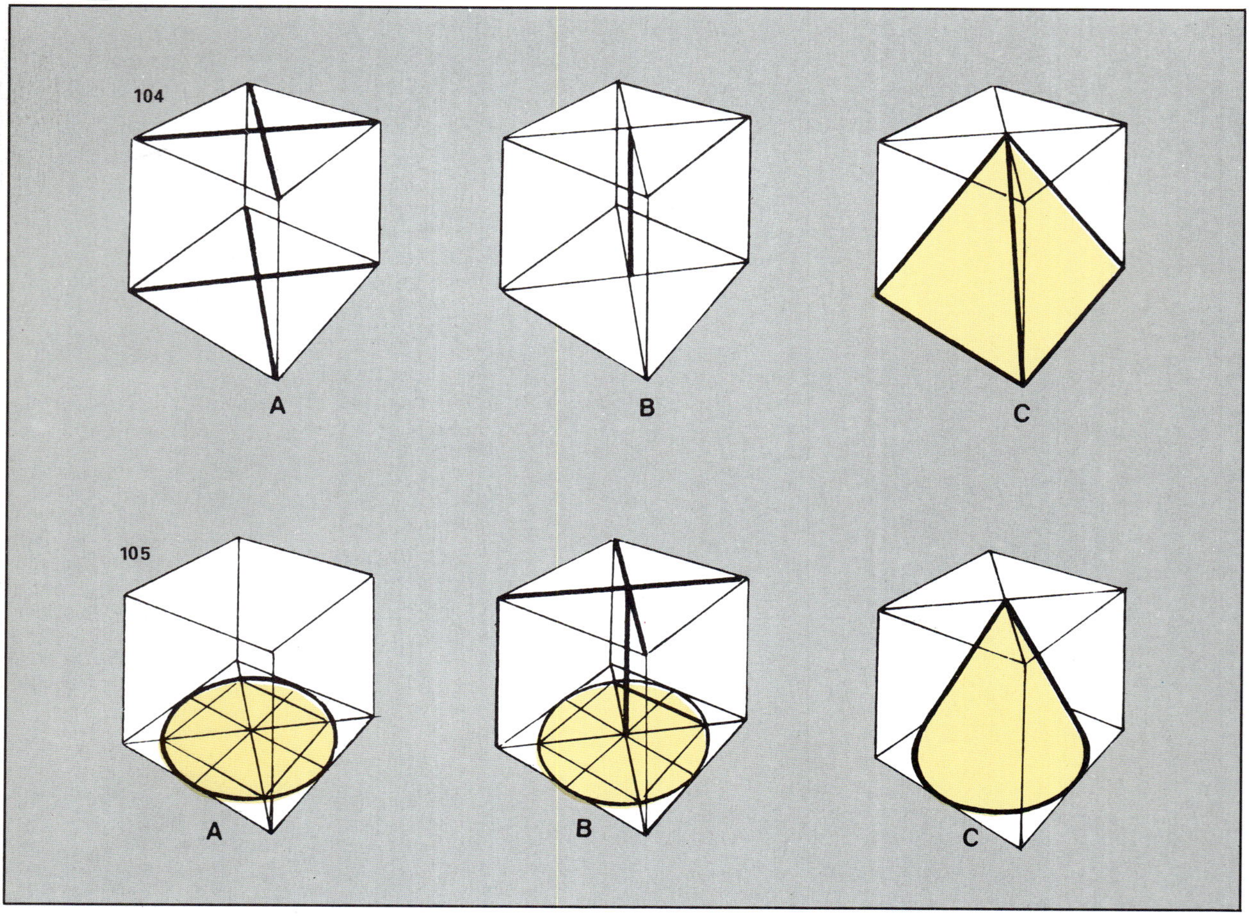


Abb. 104 bis 107: Wie aus den Abbildungen hervorgeht, kann man die Pyramide, den Kegel und die Kugel mühelos mit Hilfe eines Würfels aufbauen. Für die Pyramide und den Kegel braucht man nur das perspektivische Zentrum der Oberseite zu ermitteln; für die Kugel legt man mehrere Kreise hinein, so daß man die unterschiedlichsten geriffelten oder gestreiften Kugeln korrekt zeichnen kann.

Beherrscht man die Zeichnung eines perspektivischen Würfels, ist alles weitere kein Problem. Für die Pyramide braucht man nur die Diagonalen in das obere und untere Quadrat einzuzeichnen, ihre Schnittpunkte durch eine Senkrechte zu vereinen und die Scheitel des unteren Quadrats mit dem Mittelpunkt der Oberseite zu verbinden. (Abb. 104 A, B und C).

Der Kegel wird aufgebaut, indem man einen Kreis in die Unterseite eines Würfels schreibt und mit Hilfe der Diagonalen das perspektivische Zentrum der Oberseite ermittelt. Dieses Zentrum braucht man anschließend nur noch mit der Kreislinie zu verbinden (Abb. 105 A, B und C).

Bei Ihrem jetzigen Kenntnisstand brauchen Sie meines Erachtens keine ausführlichen Erklärungen mehr, um eine Kugel in der Perspektive zu zeichnen. Abbildung 106 auf der folgenden Seite zeigt, daß die Aufgabe mit Hilfe eines Würfels gelöst wird. Darin stellen wir uns einige waagerechte und diagonale Scheidewände vor, in die wir nach der zuvor erlernten Methode Kreise ziehen. Auf diese Weise erhalten wir eine Reihe von Anhaltspunkten, mit denen sich die entsprechenden perspektivischen Kreise zeichnen lassen. Auf den ersten Blick mag es unlogisch erscheinen, eine Kugel perspektivisch zeichnen zu wollen. Sie taucht jedoch häufig bei architektonischen Verzierungen und Gegenständen auf, die von einer Kugel abgeleitet worden sind. Bei einem Luftballon, einem gestreiften Fesselballon, einem Globus etc. gibt es Linien, für deren Wiedergabe man diese Kenntnisse benötigt (Abb. 107).

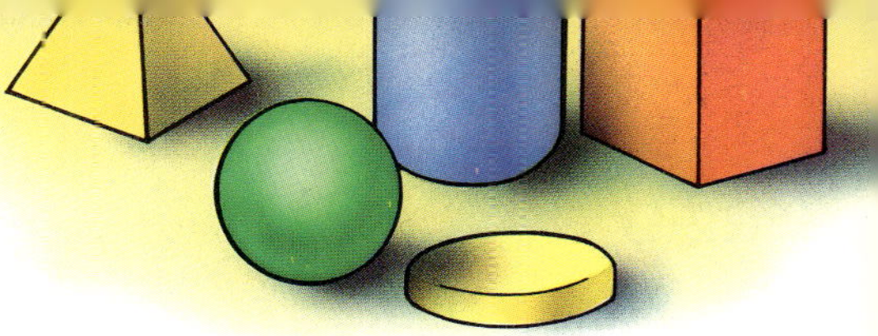

106

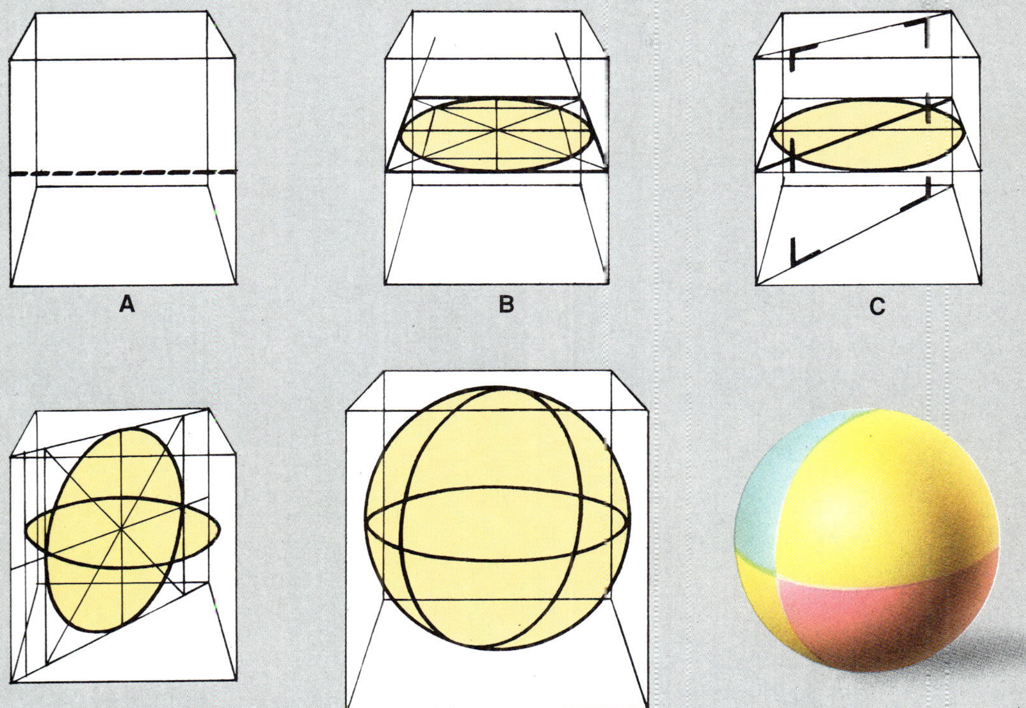


107

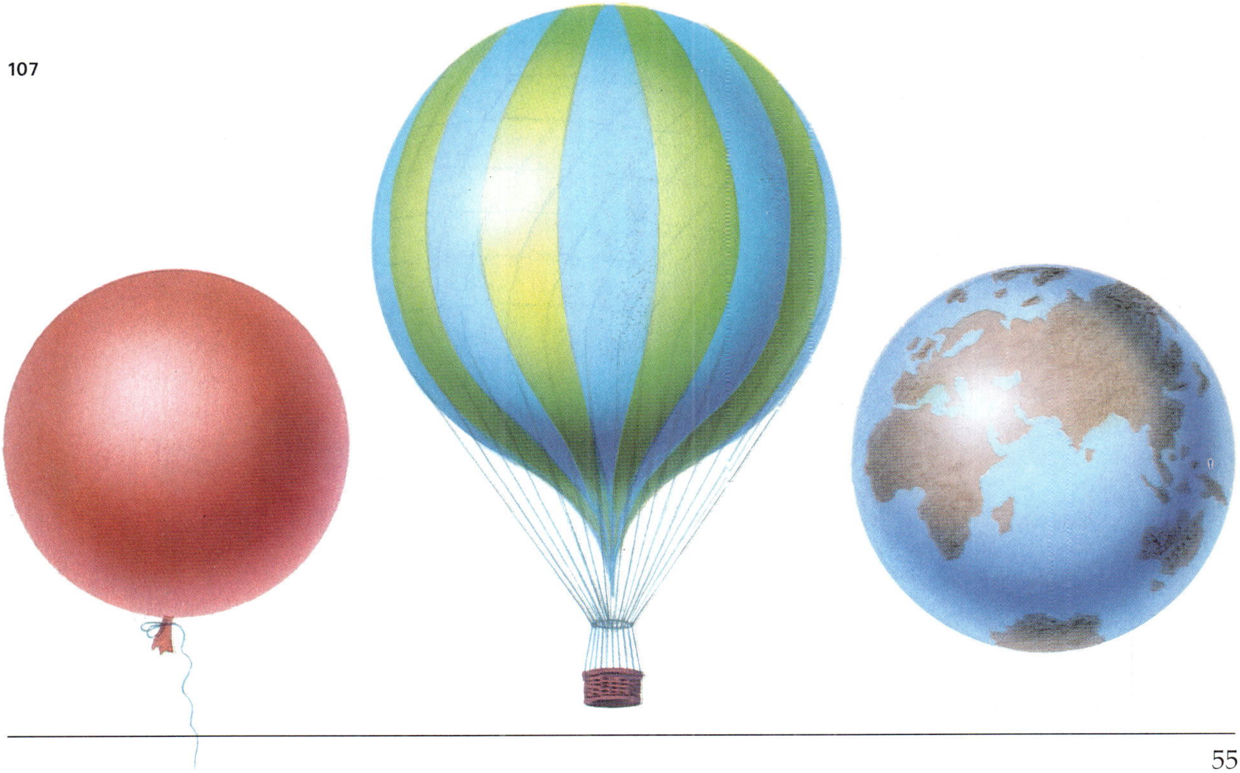

# Beispiele für Grundformen in der Perspektive

Eine Pyramide, ein Würfel sowie zwei Kreise in der Perspektive, schon haben Sie den Glockenturm einer Kirche (Abb. 108 bis 110). Ein Quadrat mit einer Waagerechten in der Mitte (Abb. 111), mehr braucht man nicht, um die runde Grundfläche und die beiden Kreise (Abb. 112) für den Aufbau eines halb mit Wasser gefüllten Glases zu zeichnen (Abb. 113). Ein Verkehrskegel wird mit einem Kegel aufgebaut (Abb. 114, gegenüber); zwei perspektivische Kreise – einer senkrecht, der andere waagerecht – bilden die Grundlage für den Aufbau der beiden Reifen (Abb. 115). Ein Tisch, ein Teller, ein Krug, ein Becher, ein Trichter sowie ein Eimer sind Beispiele für Körper, deren Aufbau sich ebenfalls auf geometrische Grundformen in der Perspektive stützt.

Nun, wie wäre es? Bekommen Sie Lust? Nehmen Sie Papier und Bleistift, und zeichnen Sie die Grundformen, die wir bisher untersucht haben, perspektivisch nach Augenmaß: Würfel, Kreise, Zylinder, Pyramiden und Kegel. Verwenden Sie diese Grundformen zum Aufbau konkreter Elemente, und zeichnen Sie Körper wie ein Glas, einen Apfel, eine Tasse mit Untertasse, einen Wecker, eine Flasche, ein Gehöft, einen Computer, ein Buch, ein Zigarettenpäckchen, einen Wolkenkratzer oder eine ägyptische Pyramide aus dem Kopf.

108

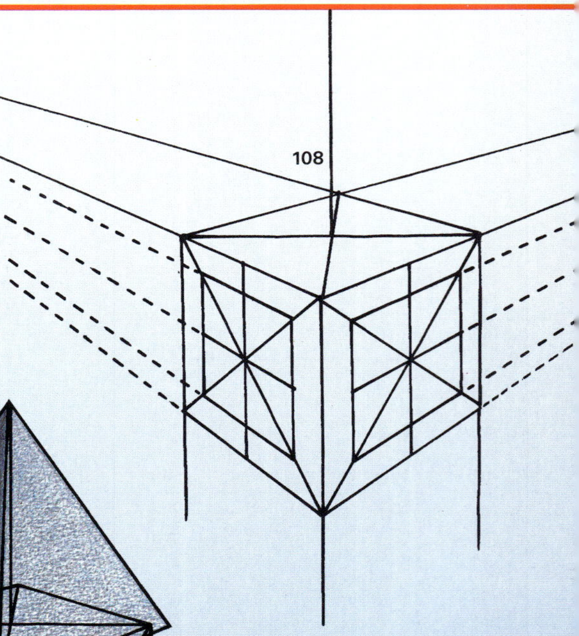

109

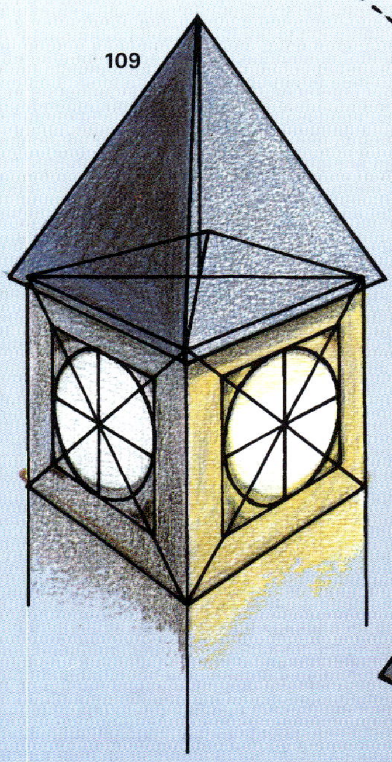

110

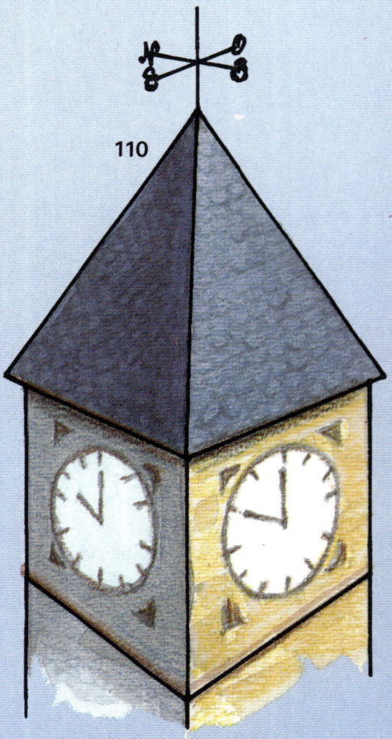

Abb. 108 bis 113: Hier die praktische Anwendung des Würfels, der Pyramide, des Kreises und des Zylinders bei der Wiedergabe eines Glockenturms und eines halb mit Wasser gefüllten Glases.

111

112

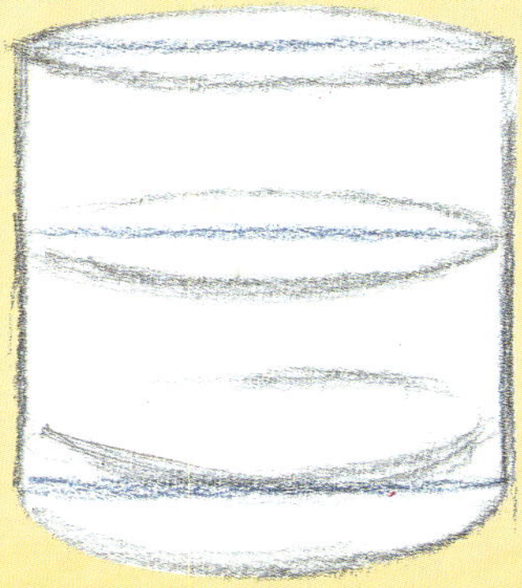

113

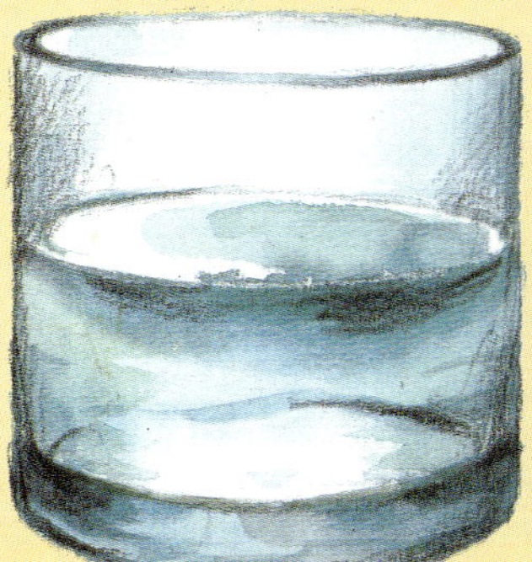

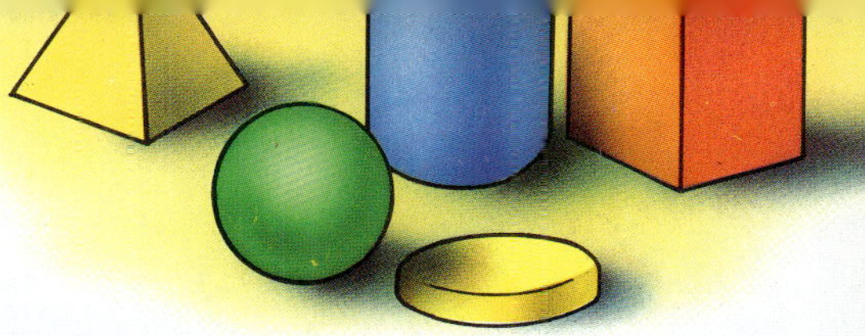

114

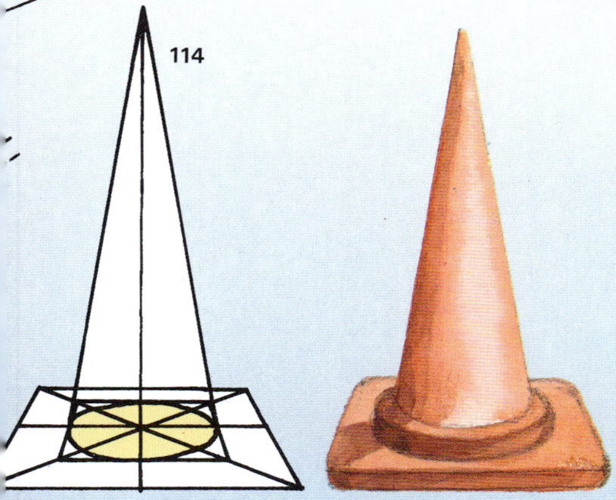

115

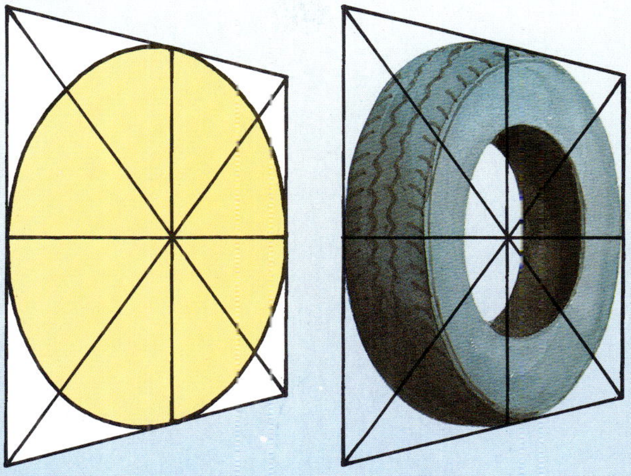

Abb. 114 und 115: Ein Verkehrskegel und ein Autoreifen als Beispiele für den Aufbau von Formen, die sich aus einem Kegel und einem Kreis ableiten lassen. Auf diese Weise kann man sie ohne Modell zeichnen.

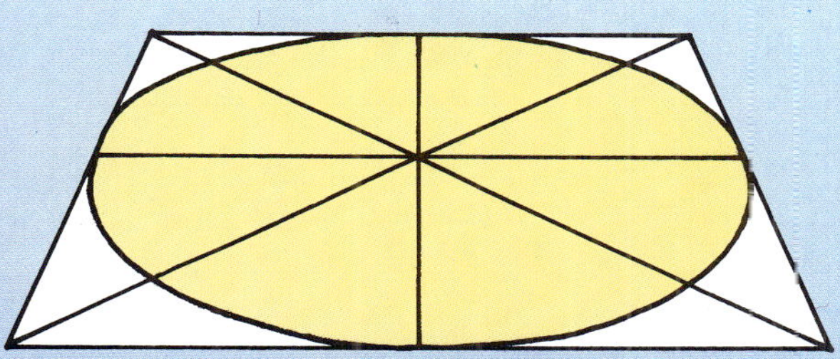

Abb. 116 und 117: Sind Sie in der Lage, die Grundformen sicher perspektivisch zu zeichnen, gelingt Ihnen der Aufbau aller Körper nicht nur mit einem Modell vor Augen, sondern auch aus dem Gedächtnis.

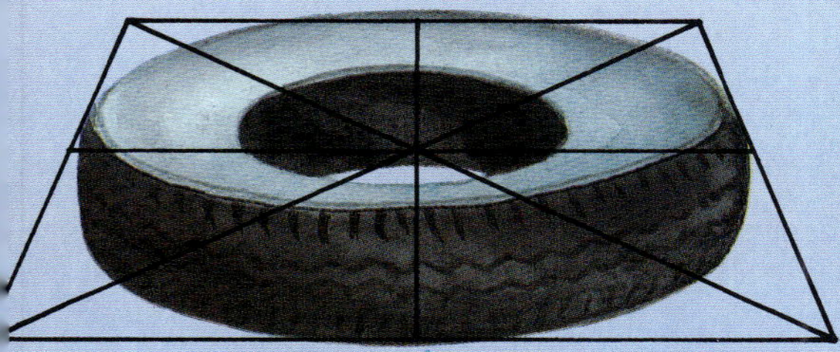

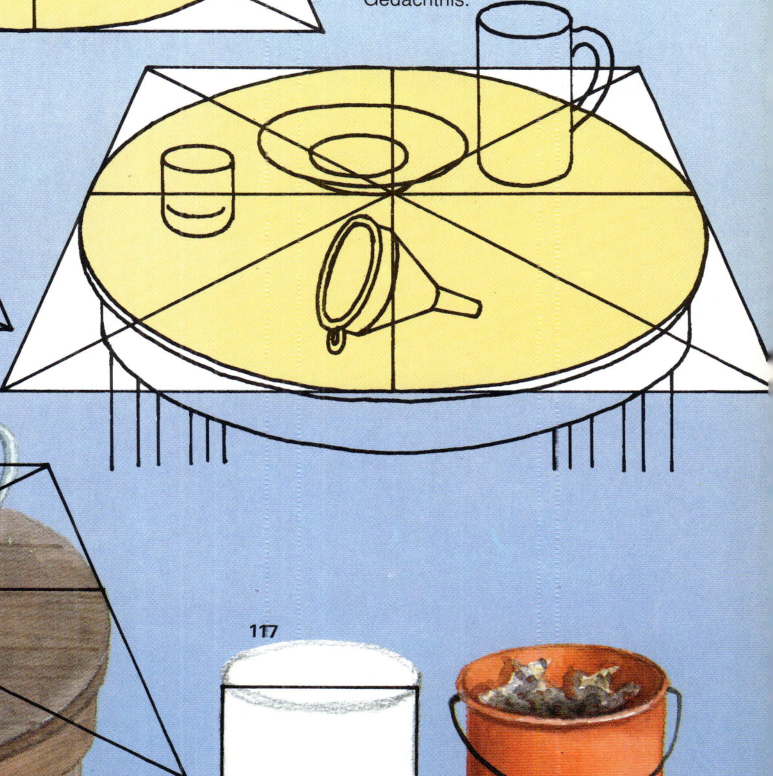

116

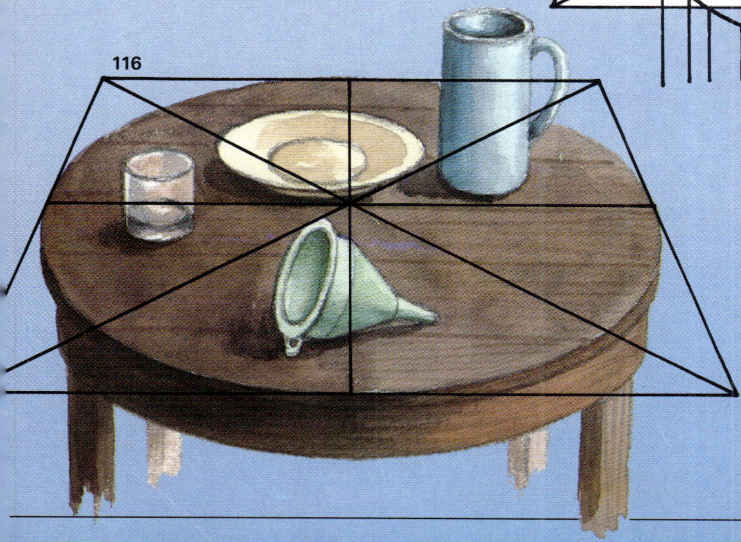

117

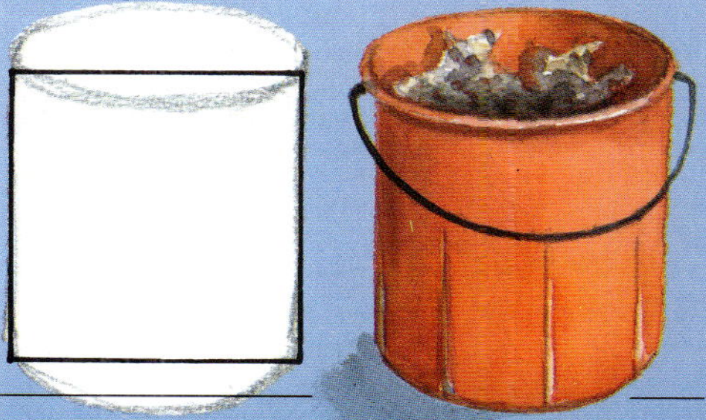

Die perspektivische Aufteilung eines Raums in der Tiefe bereitete den Künstlern der Renaissance große Probleme. Gelöst wurde es schließlich von Leon Baptista Alberti, wenn auch nur in der Parallelperspektive. Erinnern Sie sich? Wir wollen uns jetzt mit allen Methoden der Aufteilung des Raums befassen. Dazu gehören ein besonderes Studium der Fluchtpunkte der Diagonalen, die Anlage von Bodenmosaiken und die Übertragung von Bildern mit Hilfe eines perspektivischen Rasters. Alle genannten Themen behandeln wir in der Parallel-, der Schräg- und der Luftperspektive.

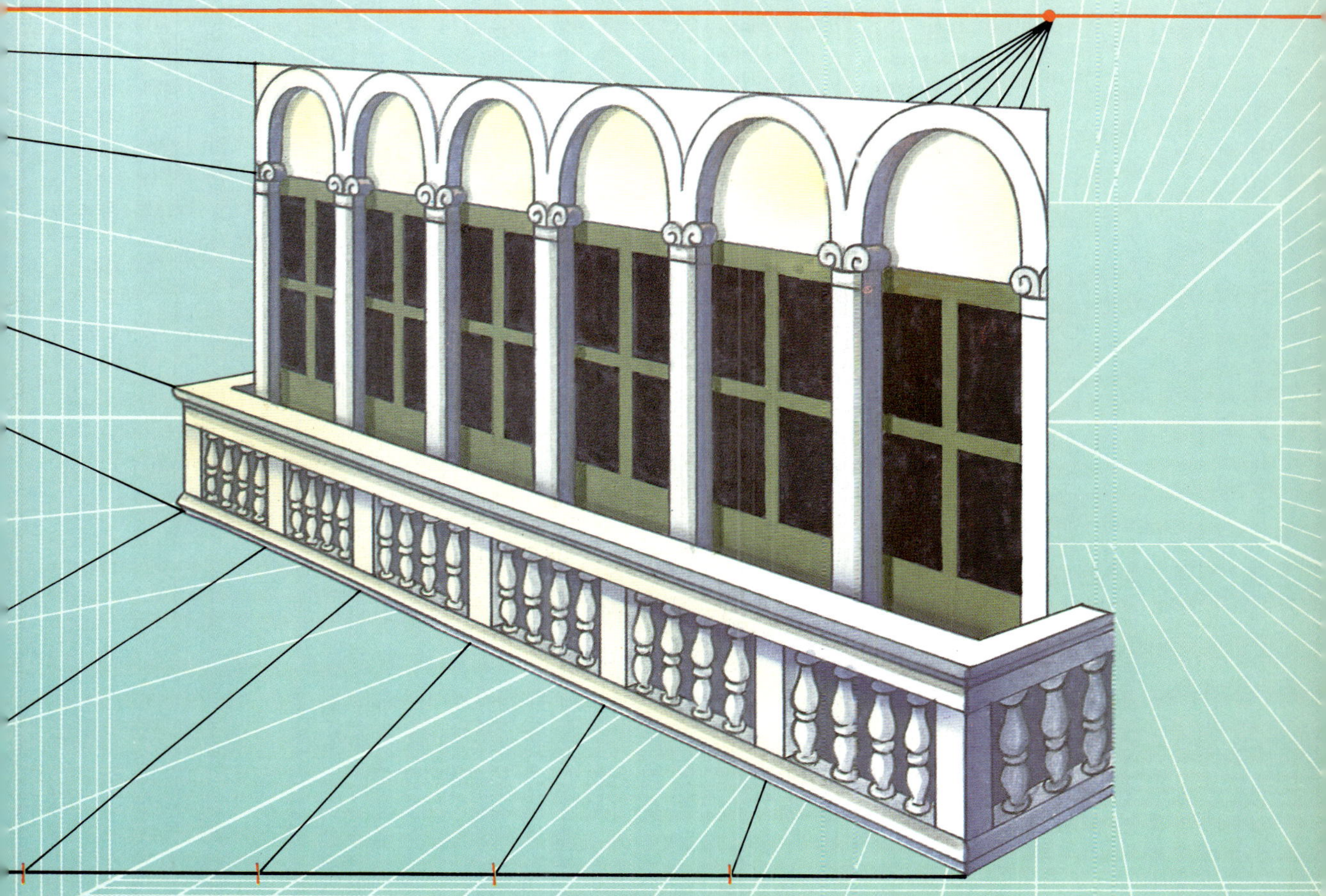

# DIE PERSPEKTIVISCHE AUFTEILUNG VON FLÄCHEN IN DER TIEFE

# Wie man das perspektivische Zentrum ermittelt

Dies ist ein äußerst häufiges Problem, das der Künstler bei zahlreichen Gelegenheiten lösen muß. Zum Beispiel, wenn er das Zentrum eines Zimmers, einer Haus- oder Gebäudefassade ermittelt, einen Boden, ein Fenster oder eine Tür in zwei Hälften unterteilt etc. Hier die erforderliche Methode. Ich verwende sie sehr oft, um ohne Lineal und Winkeldreieck freihändig und nach Augenmaß nach der Natur zeichnen oder malen zu können.

Das Verfahren ist ganz einfach. Außerdem kennen Sie es bereits, denn Sie haben es beim Zeichnen von perspektivischen Kreisen angewendet. Sie brauchen nur die beiden Diagonalen in das Quadrat oder das Rechteck zu legen. Wollen Sie den Raum in zwei Hälften teilen, ziehen Sie anschließend eine Senkrechte oder Waagerechte durch das perspektivische Zentrum. Abbildung 118 unten auf dieser Seite zeigt mehrere Beispiele für eine Aufteilung in zwei Hälften. Bei dem Portal wiederholt man die Unterteilungen, damit man mehrere perspektivische Zentren erhält. Beachten Sie bei dem Portal, daß sich das perspektivische Rechteck nach links verlagert, um den Durchmesser der Mauer auszugleichen. Das Portal beginnt *innen* bei A; deshalb erscheint das Zentrum B dezentriert.
Die Abbildungen auf der folgenden Seite zeigen dasselbe Verfahren für Räume in der Schrägperspektive sowie zwei Anwendungsmöglichkeiten, bei denen das perspektivische Zentrum für ein Denkmal bzw. eine Fahne benötigt wird (Abb. 119 und 120).
Die Abbildungen 121 A, B und C bestehen aus einem dekorativen Motiv, das mit Hilfe des Kreuzes und der Diagonalen in der Schrägperspektive wiedergegeben wird.

118

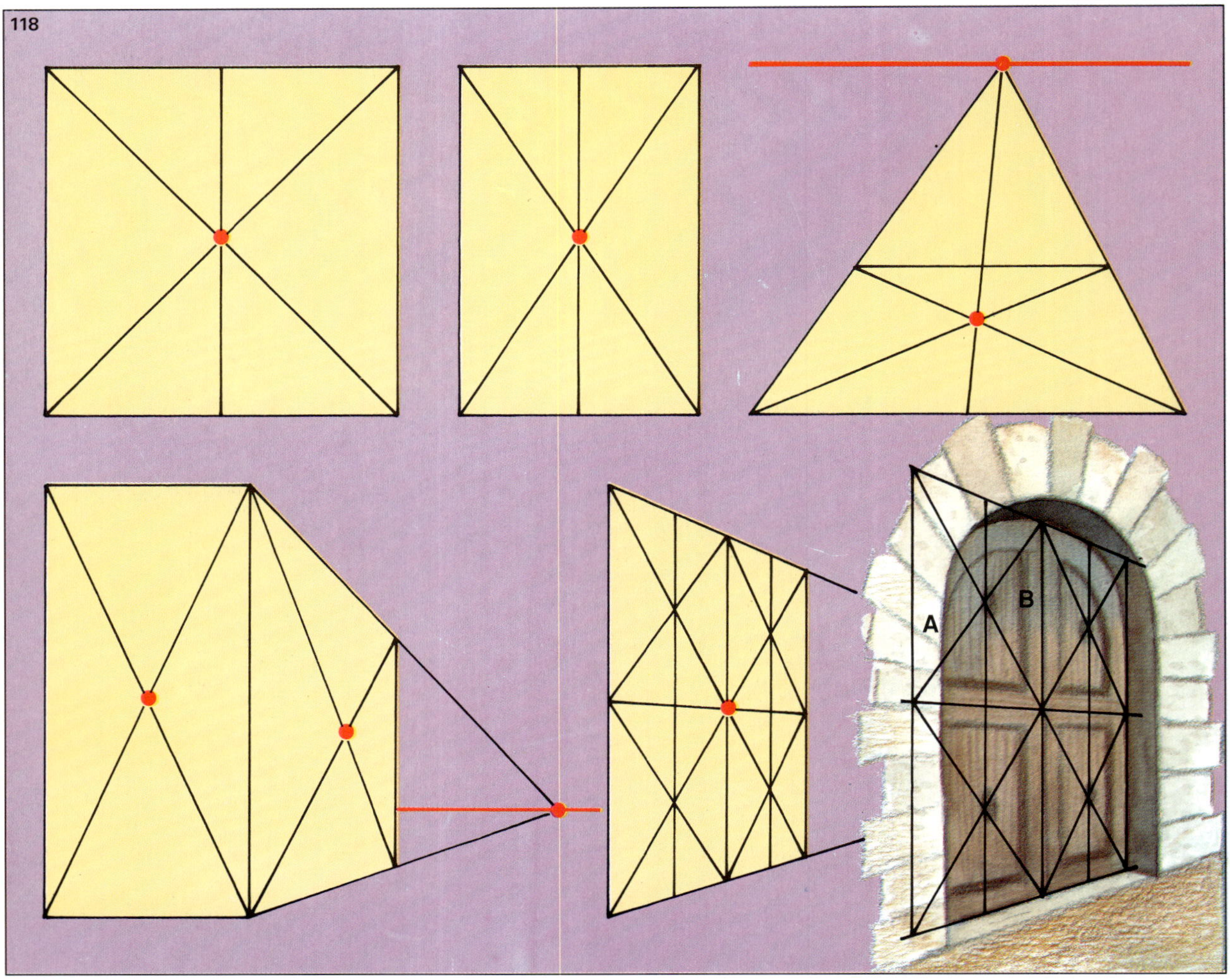

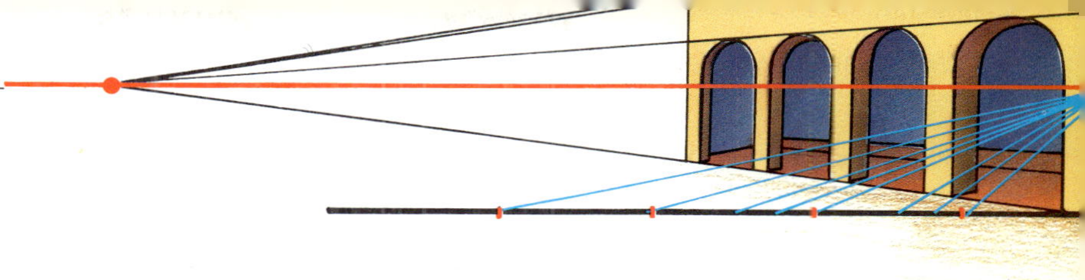

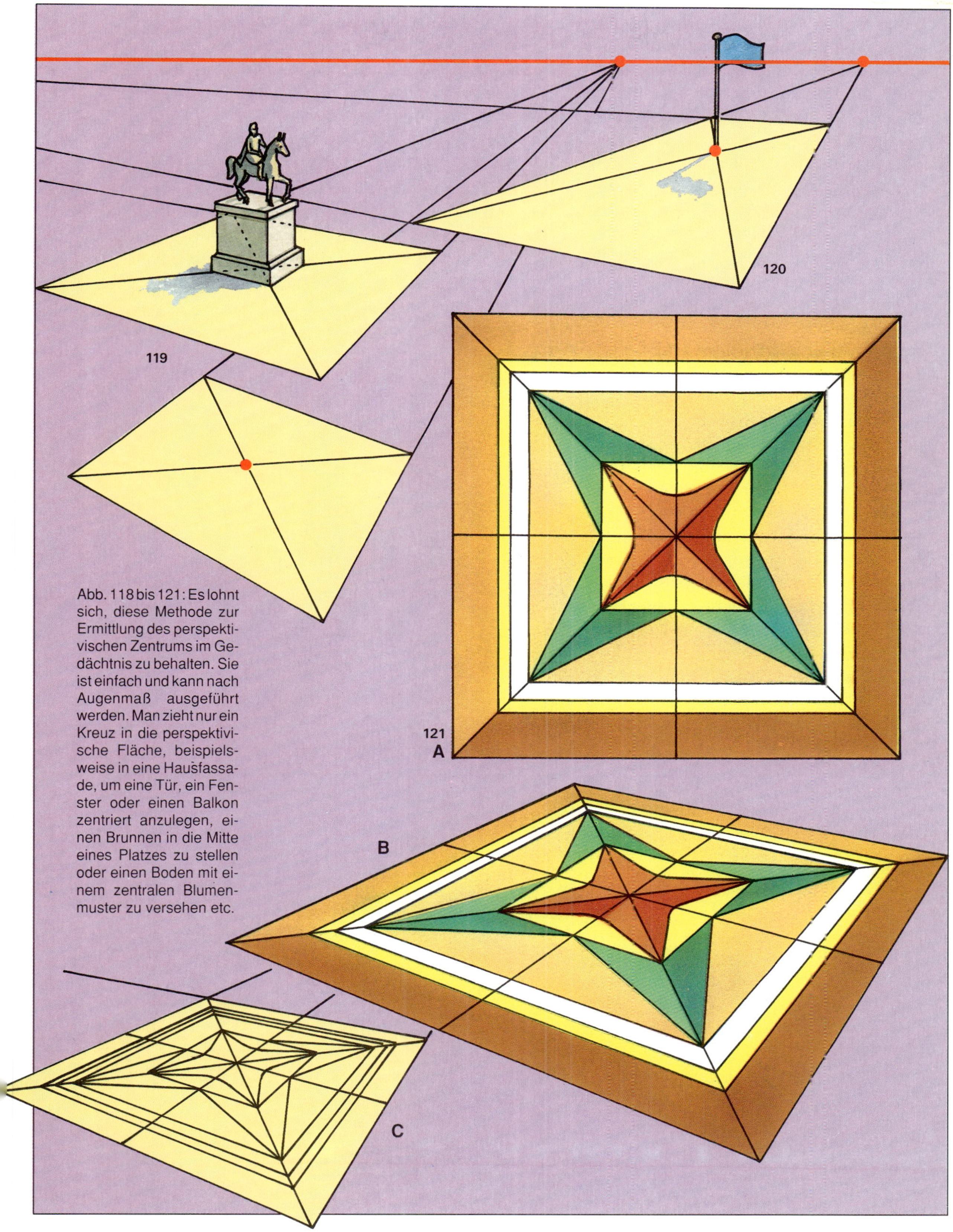


Abb. 118 bis 121: Es lohnt sich, diese Methode zur Ermittlung des perspektivischen Zentrums im Gedächtnis zu behalten. Sie ist einfach und kann nach Augenmaß ausgeführt werden. Man zieht nur ein Kreuz in die perspektivische Fläche, beispielsweise in eine Hausfassade, um eine Tür, ein Fenster oder einen Balkon zentriert anzulegen, einen Brunnen in die Mitte eines Platzes zu stellen oder einen Boden mit einem zentralen Blumenmuster zu versehen etc.

# Der Fluchtpunkt der Diagonalen

Auf den folgenden Seiten werden Sie mit den Fluchtpunkten der Diagonalen arbeiten. Von diesen Punkten war bereits auf Seite 13 die Rede. Erinnern Sie sich? Ich sagte dort: Man benutzt die Fluchtpunkte der Diagonalen, um *Formen* zu zeichnen, *die sich im selben Abstand wiederholen und zum Horizont flüchten.* Dies geschieht zum Beispiel bei einem Plattenmosaik, den Säulen eines klassischen Bauwerks, den Bäumen einer Allee etc.

Untersuchen wir also, was die Fluchtpunkte der Diagonalen sind, wie man sie findet und wozu man sie braucht.

Beginnen wir mit dem *Grundriß* (Blick von oben) von Abbildung 122. Die kleine Gestalt ganz unten betrachtet die quadratische Fläche (das Modell) durch die *Bildebene*, die von oben gesehen nur eine Linie bildet. Beachten Sie, daß die Bildebene (der Schleier oder das Fenster, wie Alberti bzw. Leonardo da Vinci sie nannten) nichts anderes ist als das Zeichenpapier bzw. die Leinwand, auf der Sie arbeiten. Sehen Sie sich nun die Lage der Fluchtpunkte (FP) an, die bei der Parallelperspektive immer mit dem Blickpunkt (BP) zusammenfallen. Prüfen Sie zum Abschluß folgendes nach:

*Die Diagonalen des Quadrats bilden einen Winkel von 45 Grad mit den Senkrechten. Die Diagonalen, die vom Betrachter zu den Fluchtpunkten der Diagonalen verlaufen, bilden ebenfalls einen Winkel von 45 Grad mit jener Senkrechten, die vom Betrachter zum zentralen Fluchtpunkt verläuft.*

Wechseln Sie nun bitte zu Abbildung 123 auf der folgenden Seite. Sie stellen fest, daß die Diagonalen des Mosaiks im Grundriß ebenfalls einen Winkel von 45 Grad bilden. Außerdem ist zu erkennen, daß die Diagonalen beim Anlegen eines Mosaiks Tiefe oder Abstand der Plattenreihen angeben.

Abb. 122: Geometrisch betrachtet ist wichtig, daß der Abstand der Fluchtpunkte der Diagonalen zum Blickpunkt derselbe ist wie die Entfernung des Betrachters zur Bildebene. Die Entsprechung der Diagonalen des Modells mit denen des Betrachters zu den Fluchtpunkten ergibt sich aus der Tatsache, daß die Diagonalen des Quadrats einen Winkel von 45 Grad mit den Senkrechten bilden und der Betrachter sich senkrecht vor der Bildebene befindet.

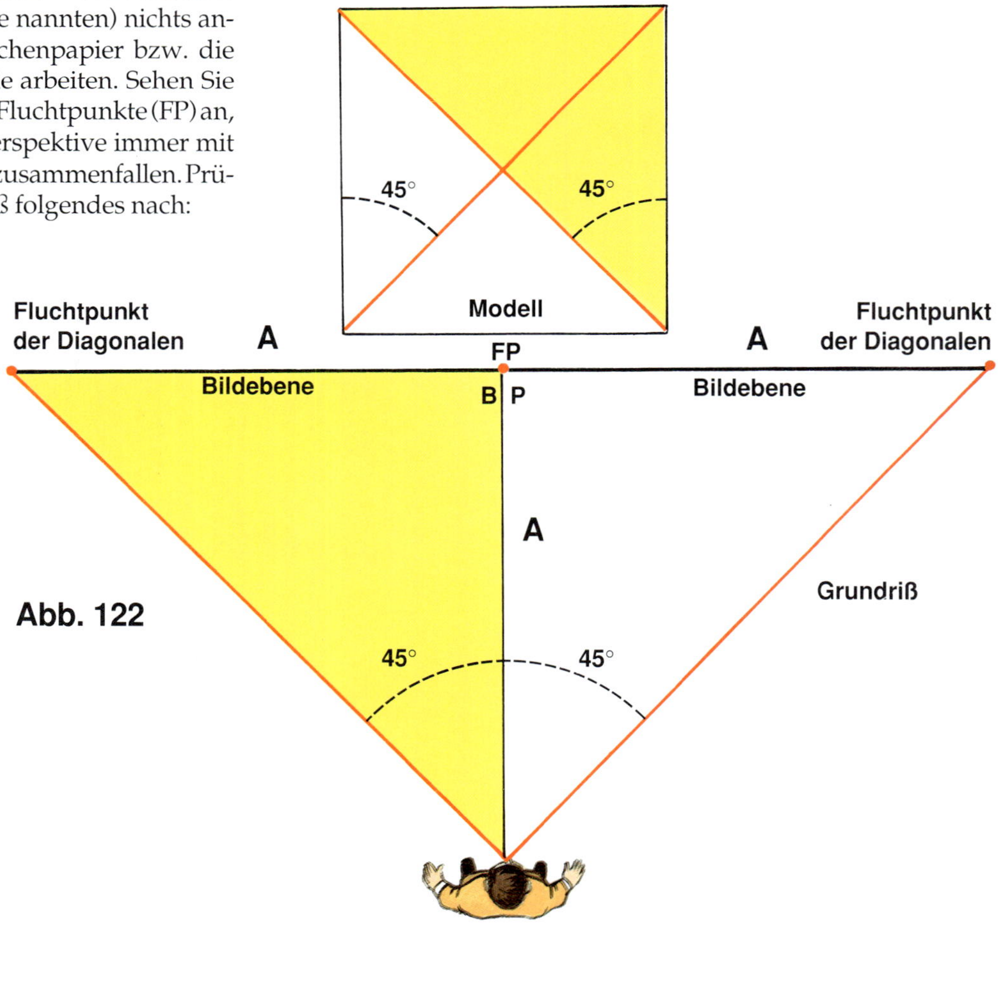


Abb. 122

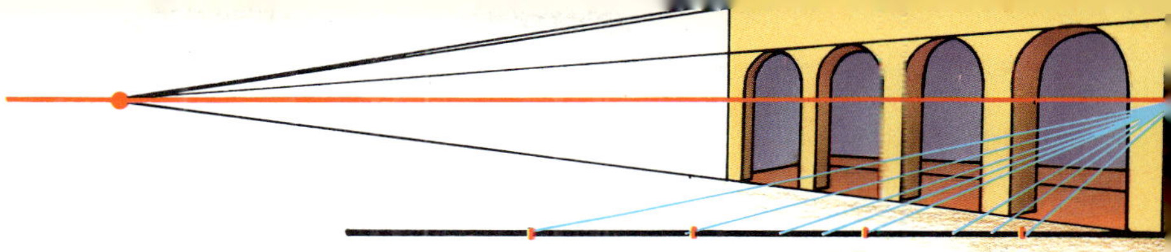

Ein Punkt bleibt noch zu klären. In welchem Abstand vom zentralen Blickpunkt müssen die Fluchtpunkte der Diagonalen auf der Horizontallinie liegen? Sehen Sie selbst: Im *Grundriß* gleicht dieser Abstand genau der Entfernung, die zwischen dem Betrachter und dem zentralen Blickpunkt herrscht (Abb. 122 A–A–A). Bei der *perspektivischen Sicht* entspricht der Abstand der Fluchtpunkte zu beiden Seiten des zentralen Blickpunkts dagegen dem Dreifachen der halben Breite des Quadrats (Abb. 124 und 125, a, b, c).

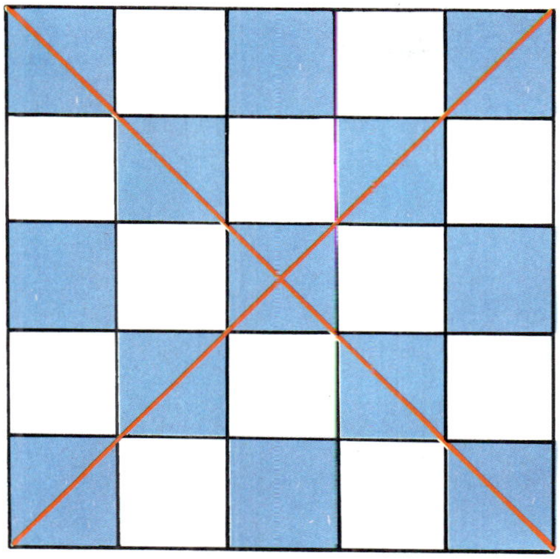

**Abb. 123**

Abb. 123 und 124: Beachten Sie die Lage der Diagonalen im Grundriß des Mosaiks, die die Platten kreuzen (Abb. 123) sowie die Projektion dieser Diagonalen und des Mosaiks in der perspektivischen Zeichnung.

Abb. 125: Zeichnen wir den Grundriß von Abbildung 122 perspektivisch, stellen wir fest, daß der Abstand zwischen dem Fluchtpunkt (FP) und den Fluchtpunkten der Diagonalen (FPD) etwa dem Dreifachen der halben Quadratbreite entspricht.

**Abb. 124**

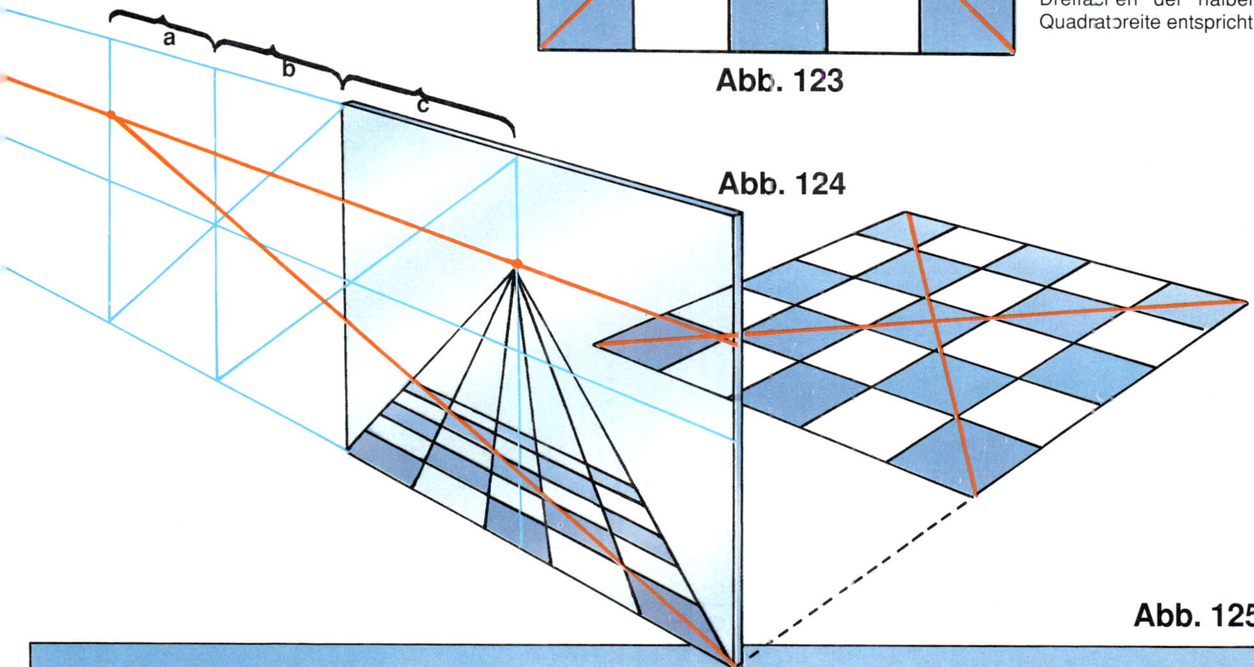


**Abb. 125**

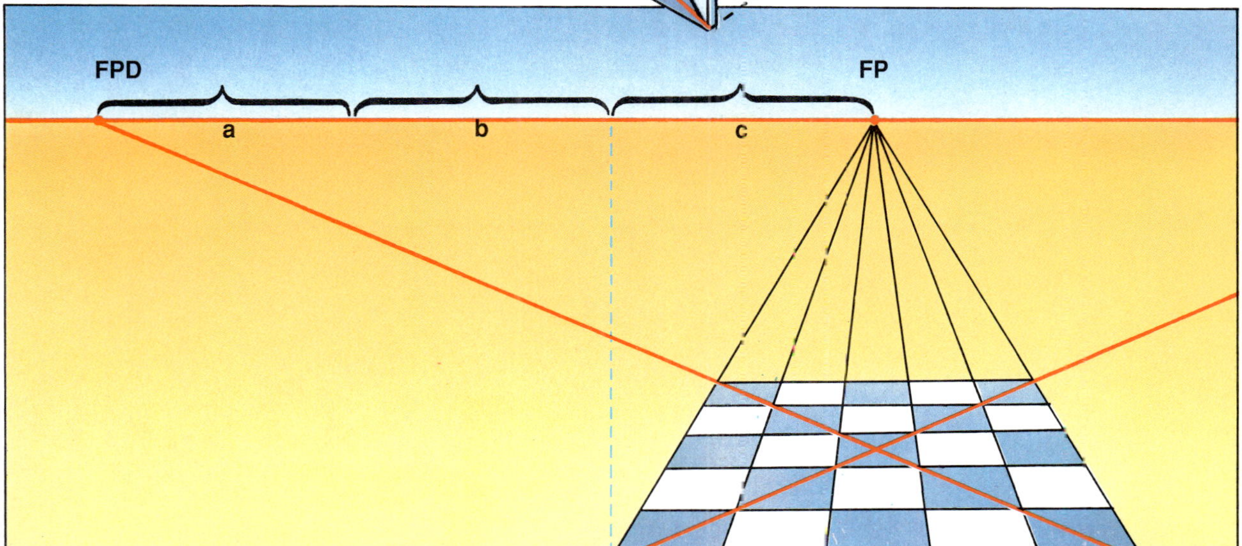

# Ein Mosaik in der Parallelperspektive

Wir sind Künstler und keine technischen Zeichner. Möchten wir ein Mosaik nach einem Modell zeichnen oder malen, berechnen wir die Maße und Proportionen normalerweise nach Augenmaß und überlassen den geometrisch korrekten Aufbau, den wir auf der vorigen Seite erklärt haben, den Hyperrealisten. Hier also eine Methode für den Künstler:

**Abbildung 126**: Ermitteln Sie angesichts des Modells zunächst die Lage der *Horizontallinie* (HL) und des *Fluchtpunkts* (FP). Berechnen Sie anschließend die Breite des Mosaiks auf der *Erdlinie* (EL) sowie die Anzahl der Platten. In diesem Fall sind es sieben.

**Abbildung 127**: Ziehen Sie von den Teilungspunkten eine Linie zum Fluchtpunkt auf der Horizontallinie. Berechnen Sie anschließend nach Augenmaß die Tiefe eines Quadrats aus vier Platten, und zeichnen Sie dieses in einen der Winkel.

**Abbildung 128**: Ziehen Sie eine Diagonale durch die Scheitel C und D, die in der Verlängerung die Schnittpunkte E, F, G und H liefert.

**Abbildung 129**: Verlängern Sie diese Diagonale bis zur Horizontallinie (HL), erhalten Sie den *Fluchtpunkt der Diagonalen (FPD)*. Durch die ermittelten Schnittpunkte können Sie nun alle Waagerechten ziehen, mit denen das Mosaik aufgebaut wird. Reichen diese nicht aus, ziehen Sie einfach eine weitere Diagonale von den zwei oder drei oberen rechten Eckplatten zum FP.

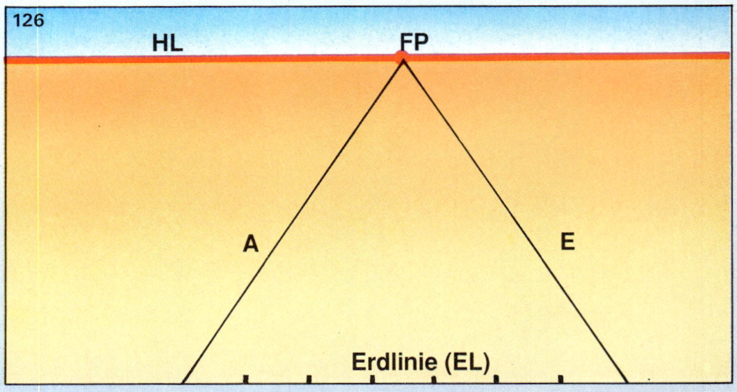


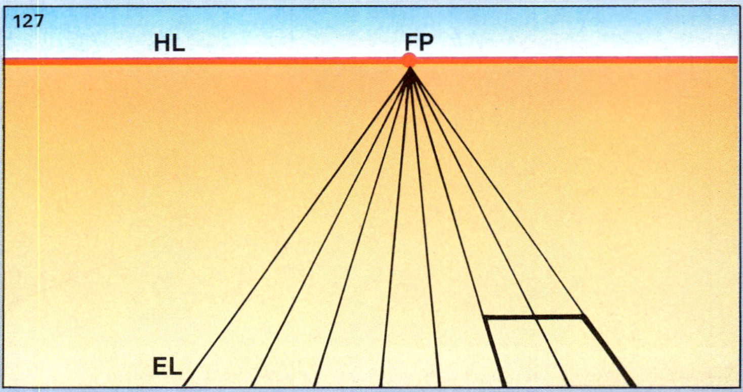


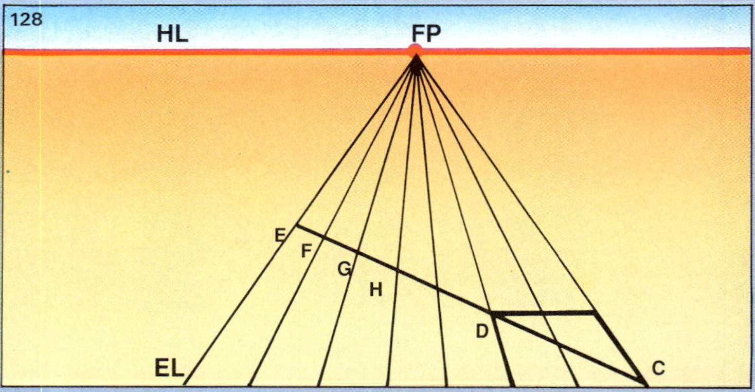


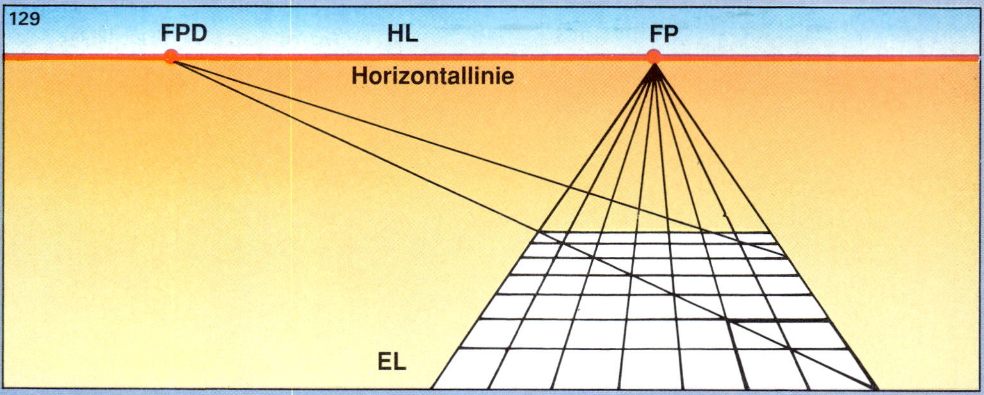


Abb. 126 bis 129: Entnehmen Sie bitte dem Text die schrittweise Anfertigung der Zeichnung eines Mosaiks in der Parallelperspektive.

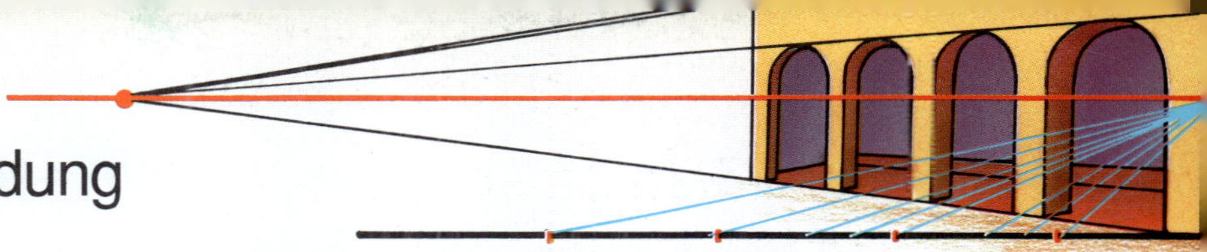

# Praktische Anwendung

Mit Hilfe der soeben beschriebenen Methode kann man Muster wie das hier abgebildete anlegen. Das ganze Geheimnis besteht darin, eine Vorstudie mit den Formen und Farben anzufertigen und diese mit Hilfe der beiden Fluchtpunkte der Diagonalen perspektivisch zu übertragen.

131

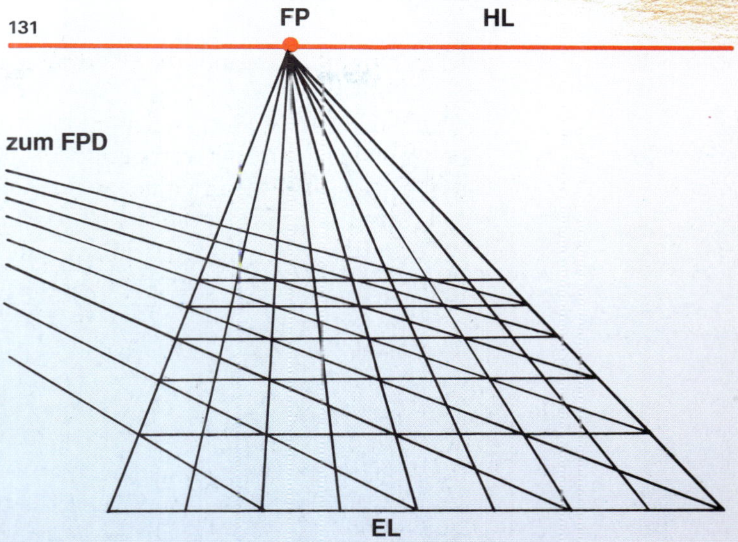


130

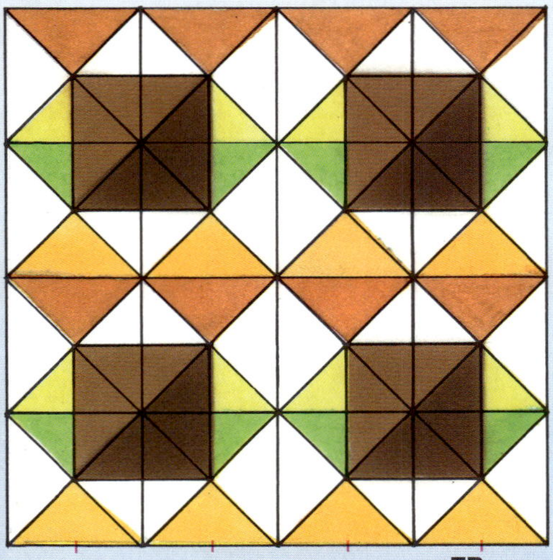

132

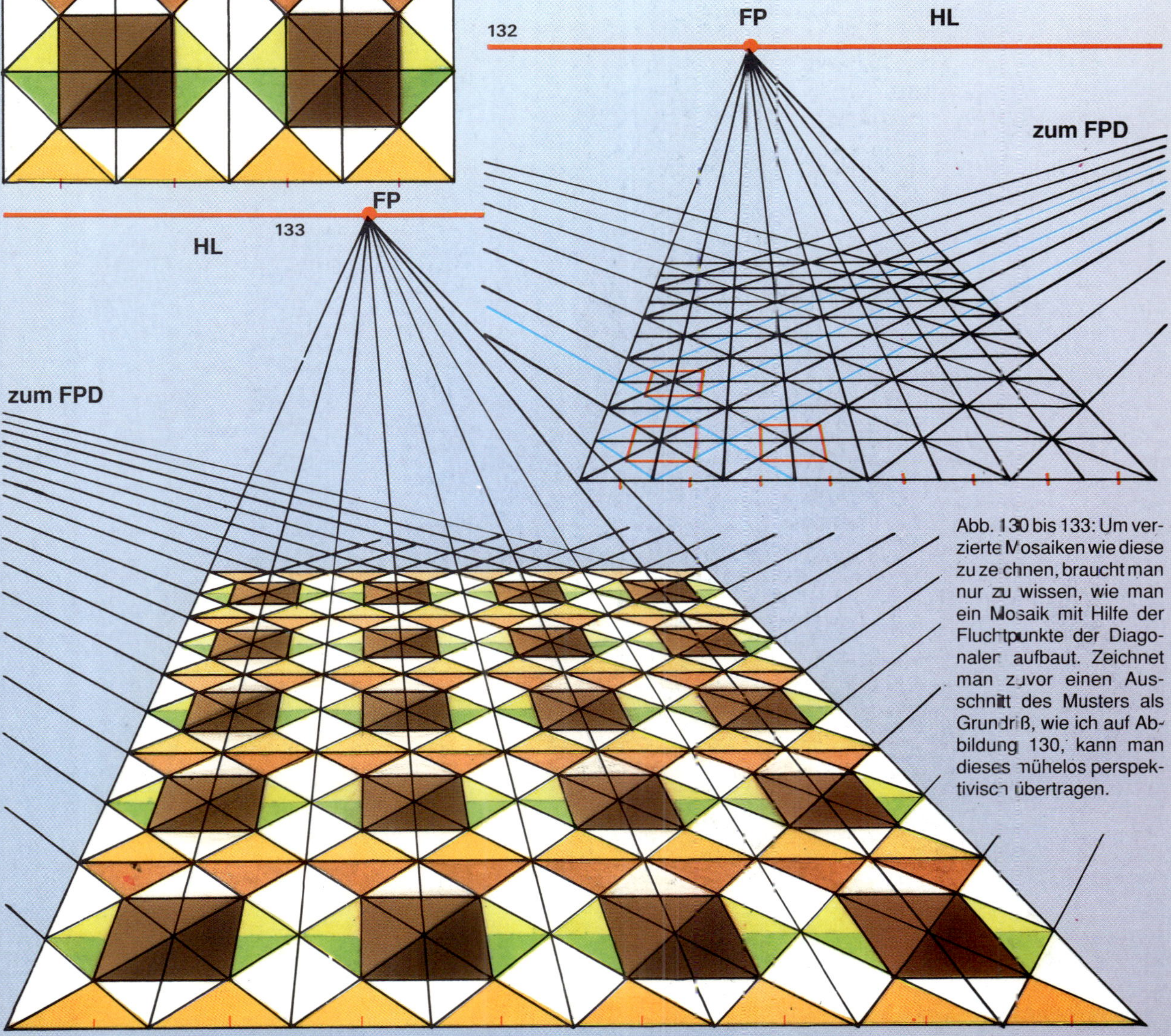


Abb. 130 bis 133: Um verzierte Mosaiken wie diese zu zeichnen, braucht man nur zu wissen, wie man ein Mosaik mit Hilfe der Fluchtpunkte der Diagonalen aufbaut. Zeichnet man zuvor einen Ausschnitt des Musters als Grundriß, wie ich auf Abbildung 130, kann man dieses mühelos perspektivisch übertragen.

# Die Arbeit mit dem perspektivischen Quadratnetz

Ich nehme an, Sie kennen die Übertragung eines Bildes mit Hilfe eines Rasters oder Quadratnetzes. Nach dieser Methode haben zahlreiche Künstler während und nach der Renaissance gearbeitet, so Raffael, Michelangelo und Tintoretto, sämtliche Freskenmaler des 16. Jahrhunderts und auch die Künstler der Moderne wie Degas, Chagall und Dalí. Doch wir wollen hier kein Bild oder großes Wandgemälde mit einem Quadratnetz anfertigen, sondern ein gegebenes Motiv perspektivisch anlegen.
Muß ich noch erklären, wie es geht? Das glaube ich nicht. Hier trotzdem das Verfahren: Fertigen Sie eine lineare Zeichnung des Modells an, und überziehen Sie diese mit einem Raster. Anschließend zeichnen Sie ein weiteres Quadratnetz (wie das Mosaik) in der Parallel- oder Schrägperspektive einschließlich der entsprechenden Horizontallinie – je nachdem, ob Sie eine mehr oder weniger ausgeprägte Perspektive wünschen – und übertragen die Zeichnung Quadrat für Quadrat.
Die Rastermethode empfiehlt sich vor allem für Motive, die in eine Zeichnung, ein Bild oder eine Illustration übernommen werden sollen, bei denen der Künstler ohne ein Modell arbeitet. Wenn er zum Beispiel ein Thema malt, in das er einen verzierten Boden oder eine große Leuchtreklame einfügen möchte. Ich denke zum Beispiel an den Picadilly Circus in London mit seinen riesigen Reklameschildern.

Abb. 134 bis 136: Beispiele für Motive, die mit der Rastermethode perspektivisch übertragen wurden.

Abb. 137, 139 und 141: Um sich das Aufrastern der Bilder zu erleichtern, ist es ratsam, in einem größeren Maßstab zu arbeiten – doppelt oder dreifach, je nach Endprodukt – und von vergrößerten Fotokopien auszugehen.

Abb. 138, 140 und 142: Der Buchstabe A wurde in der Schrägperspektive reproduziert, jedoch von einem so hohen Blickpunkt, daß sich die Perspektive kaum noch auswirkt. In jedem Fall handelt es sich um ein Mosaik in der Schrägperspektive, dessen Aufbau aus Abbildung 138 hervorgeht. Auf den Abbildungen 140 und 142 erfolgt das Aufrastern nach der Methode eines Mosaiks in der Parallelperspektive, bei dem die Diagonalen zum Fluchtpunkt auch eine Rolle spielen, von denen auf der vorigen Seite die Rede war.

134

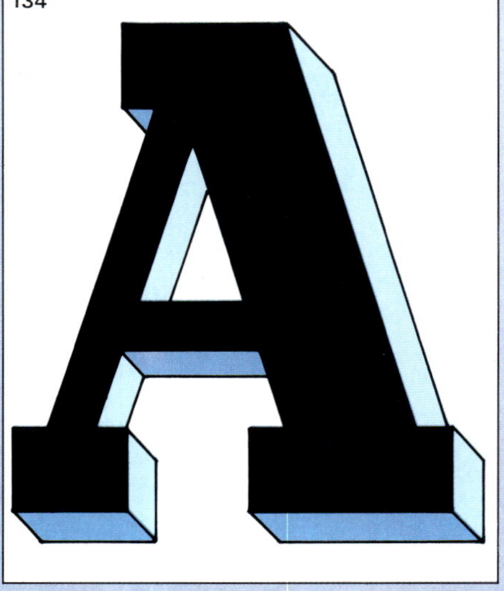

135

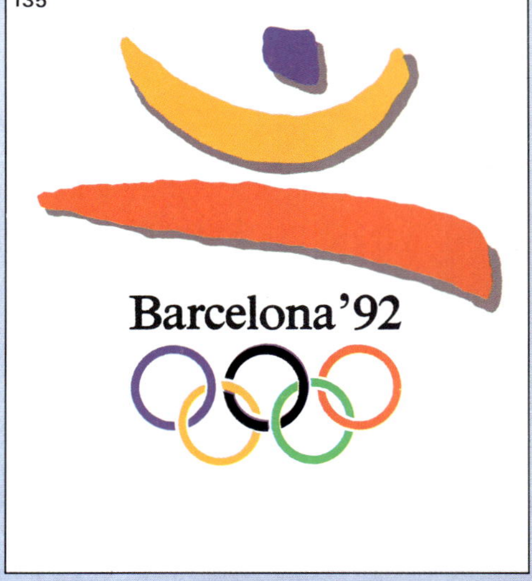


136

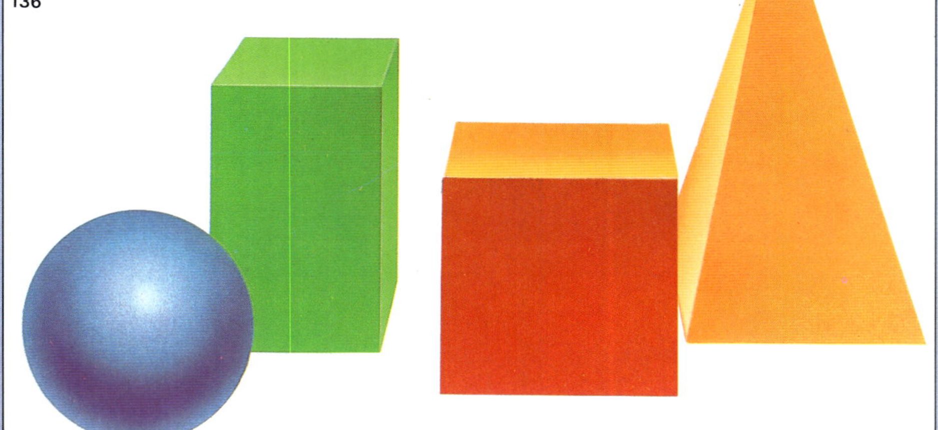

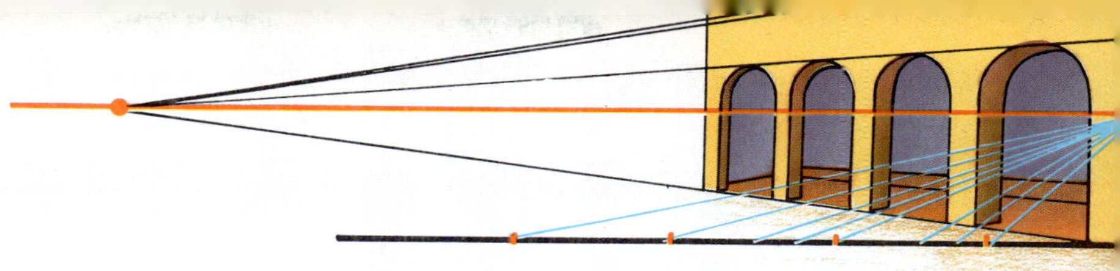

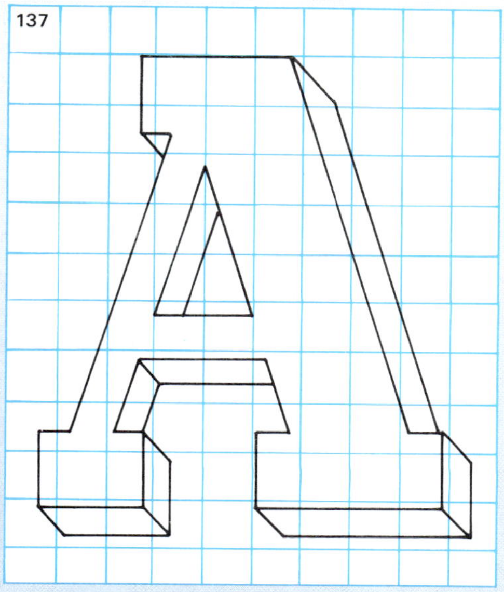

137

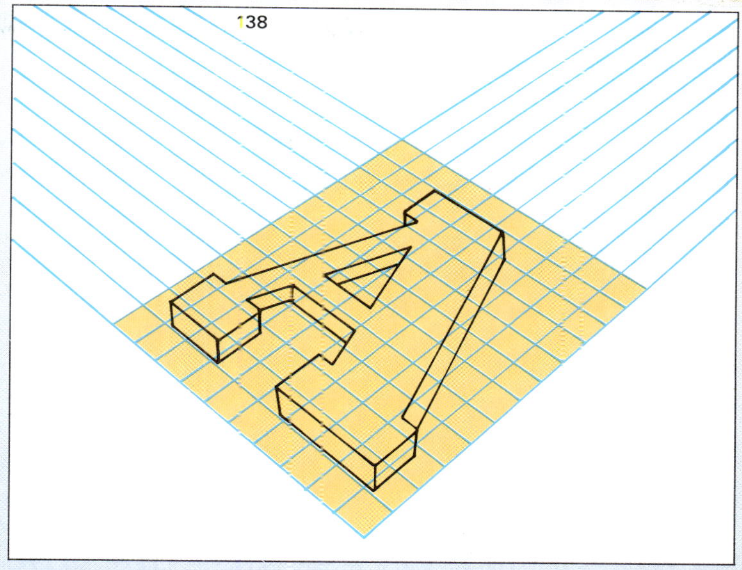

138

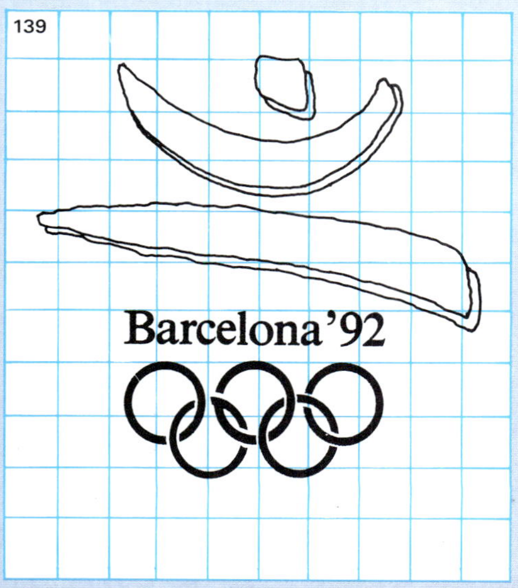


139

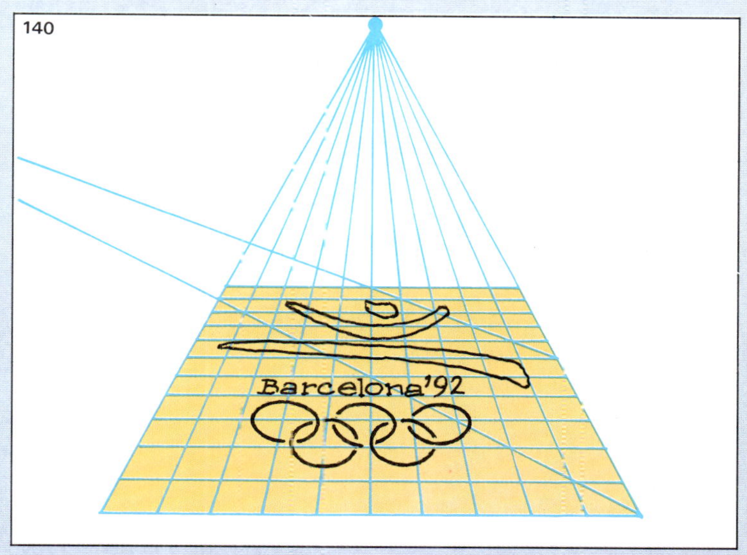


140

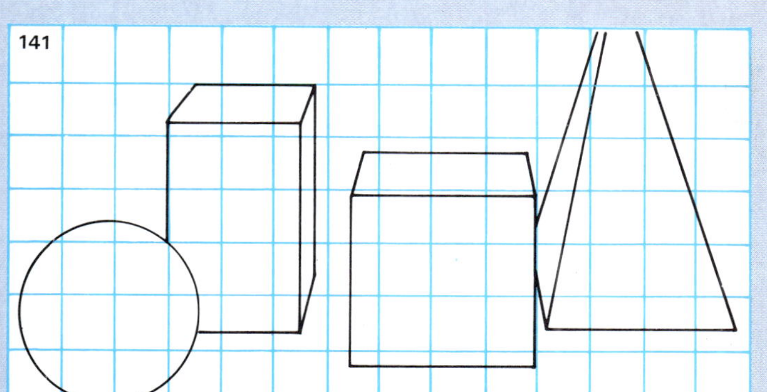

141

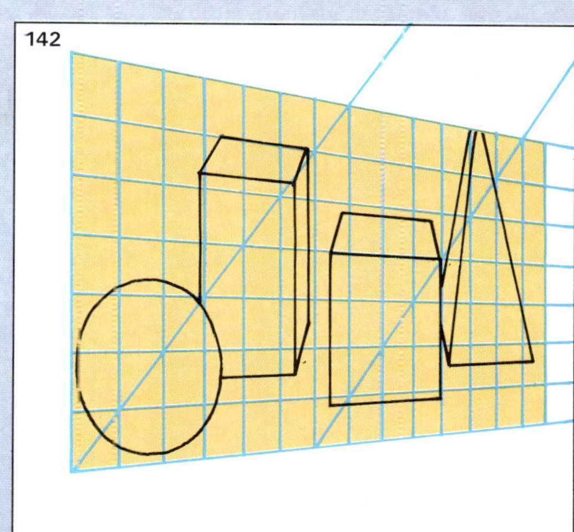

142

# Perspektivische Aufteilung einer Fläche in gleiche Abschnitte

Die Abbildungen 143 und 144 zeigen ein grafisches Beispiel der Aufgabe, die wir jetzt lösen wollen: Es geht darum, sich wiederholende Formen zu zeichnen, die zum Horizont flüchten. Dies erreicht der Künstler mit Hilfe der Fluchtpunkte der Diagonalen.

Später werde ich Ihnen einige korrekte Methoden dafür nennen. Zunächst wollen wir uns jedoch mit einem weniger komplizierten Verfahren beschäftigen.

Stellen Sie sich eine Fläche vor, die unendlich weit flüchtet – zum Beispiel Eisenbahnschwellen, die Sie etwas von oben sehen, damit Sie sie perspektivisch anlegen und trennen können. Dies geschieht folgendermaßen:

**Abbildung 145**: Ermitteln Sie zunächst das Zentrum der nächsten Waagerechten (A), und errichten Sie in diesem Punkt eine Senkrechte zum Fluchtpunkt. Anschließend berechnen Sie den Abstand der ersten Schwelle (B) und ziehen eine waagerechte Teilungslinie. Die Berechnung muß nach Augenmaß erfolgen.

---

- *Nach Augenmaß?*
- *Natürlich! Glücklicherweise erfordert die künstlerische Perspektive keine ständigen mathematischen Berechnungen. Fast immer spielt unsere Fähigkeit eine Rolle, die Maße und Proportionen nach Augenmaß bestimmen zu können.*

---

**Abbildung 146**: Ziehen Sie nun eine Diagonale vom Scheitel D durch den Schnittpunkt E, so daß Sie den Punkt F erhalten.

143

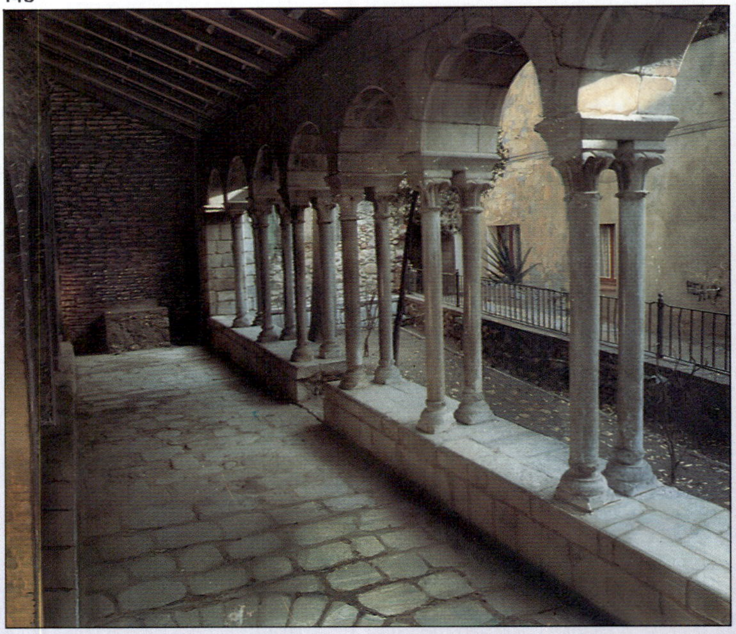

144

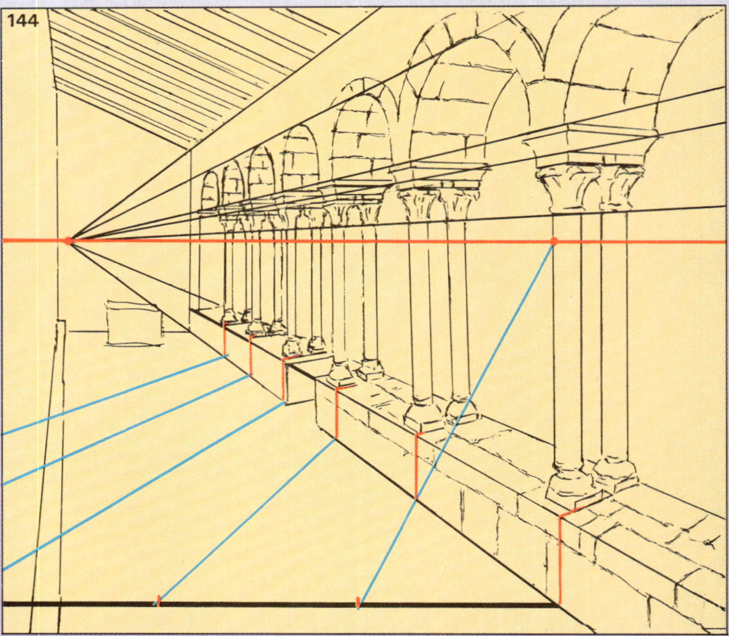

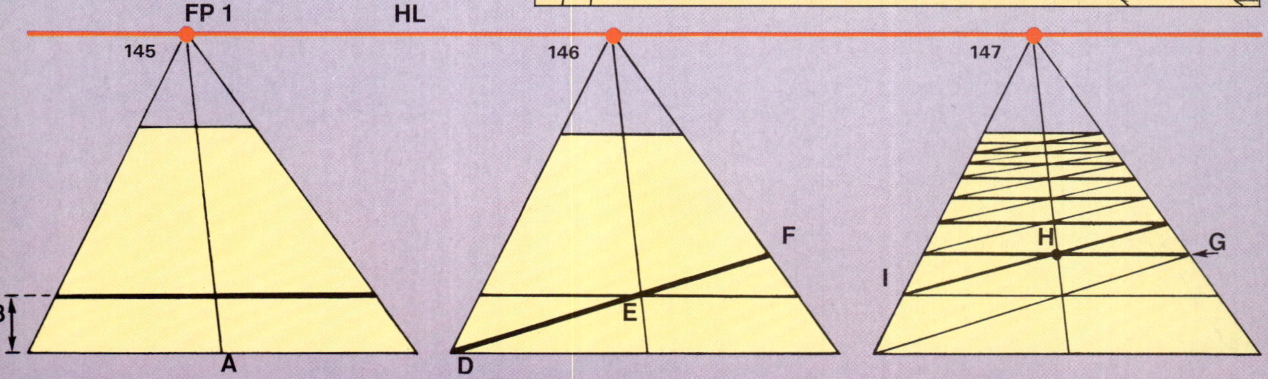

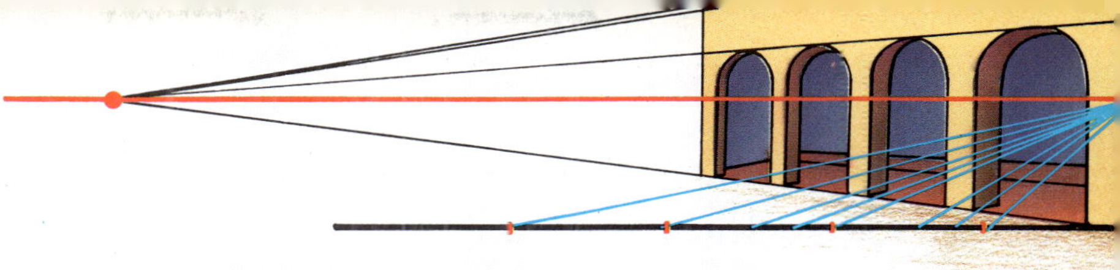

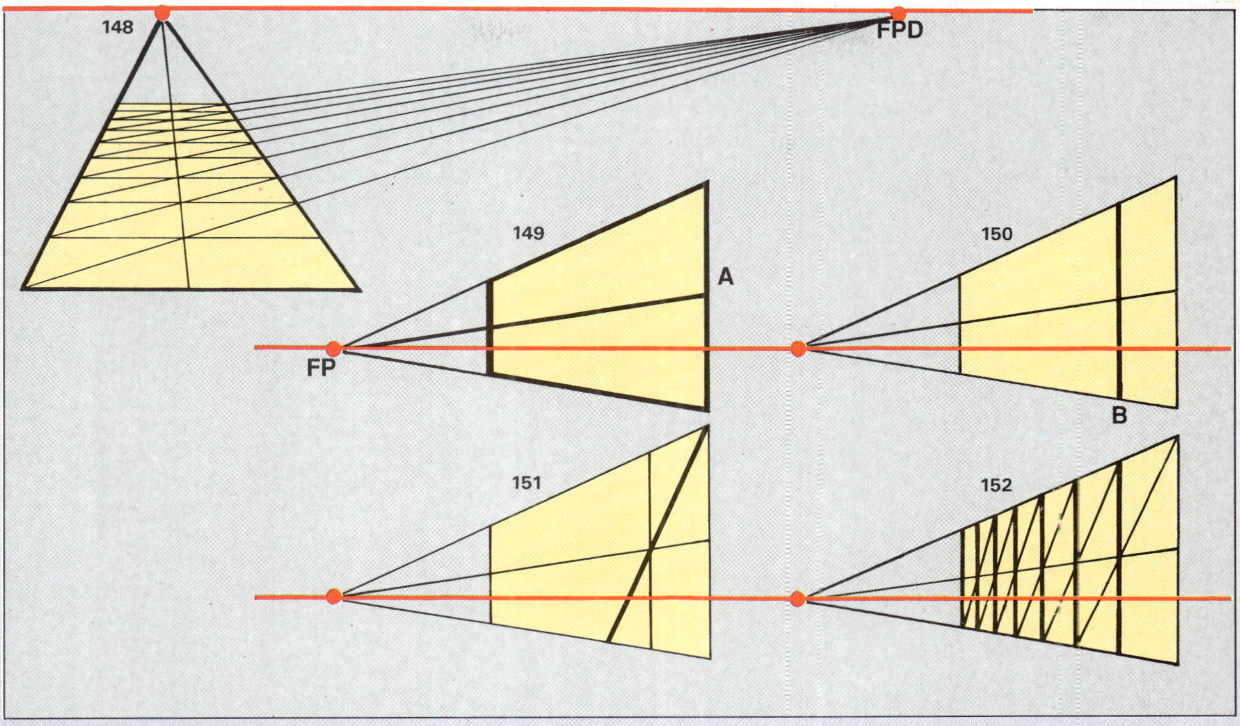


Abb. 143 und 144: Beispiel für ein Modell, dessen Formen sich wiederholen und zum Horizont flüchten. Der Künstler muß die Fläche perspektivisch aufteilen und die proportionale Tiefe der Abschnitte berechnen.

Abb. 145 bis 148: Aufteilung einer waagerechten Fläche in der Tiefe in der Parallelperspektive.

Abb. 149 bis 152: Dasselbe Verfahren wie zuvor, jedoch mit einer senkrechten Fläche.

Abb. 153. Bei der Aufteilung einer senkrechten Fläche benötigt man auch den Fluchtpunkt der Diagonalen, die hier zu einer senkrechten Horizontallinie konvergieren.

**Abbildung 147**: Ziehen Sie ausgehend vom Punkt F die Waagerechte G, schon haben Sie einen weiteren Abstand ermittelt. Diese Gerade liefert Ihnen den Punkt H, durch den Sie wiederum eine Waagerechte ziehen, bis der gesamte Raum perspektivisch in gleiche Abschnitte unterteilt ist.

**Abbildung 148**: Verlängern Sie jetzt alle Diagonalen der vorigen Abbildung, treffen diese im *Fluchtpunkt der Diagonalen* (FPD) auf der Horizontallinie zusammen.

Dieselbe Methode kann man auch für eine senkrechte Fläche verwenden, zum Beispiel für eine Wand oder Mauer. Auch hier berechnet man den ersten Abstand nach Augenmaß (Abb. 149 und 150), zieht die erste Diagonale (Abb. 151) und vervollständigt, ausgehend von ihr, die restliche Fläche (Abb. 152). Der korrekte Aufbau läßt sich mit Hilfe der zum Fluchtpunkt verlängerten Diagonalen nachprüfen – mit dem Unterschied, daß *die Horizontallinie senkrecht verlaufen muß* (Abb. 153).

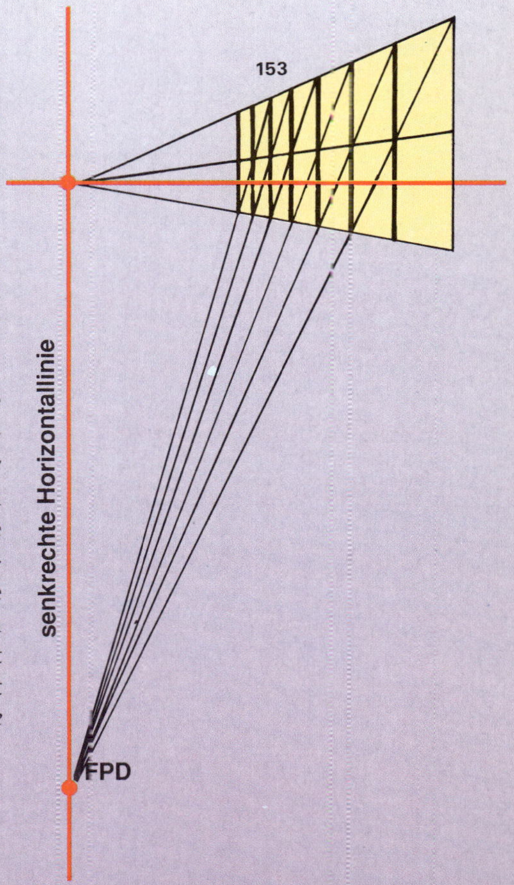

# Perspektivische Aufteilung einer gegebenen Fläche in gegebene gleiche Abschnitte

Stellen Sie sich ein so alltägliches Problem wie dieses vor: Sie sollen eine gegebene Fläche perspektivisch in drei nebeneinanderliegende gleich große Abschnitte aufteilen, zum Beispiel ein Bücherregal in drei Fächer. Dafür ist das auf den vorigen Seiten beschriebene Verfahren nicht präzise genug. Sie begreifen, weshalb? (Abb. 154). Es könnte ein Stück der Fläche fehlen oder übrig bleiben.
Um diesen Fehler zu vermeiden und nicht unablässig verbessern zu müssen, wenden wir ein mathematisches Verfahren an, bei dem wir nichts nach Augenmaß schätzen. Dabei kommt **die Erdlinie (EL)** ins Spiel, die die Funktion einer Meßlinie (ML) übernehmen kann, wie wir anschließend sehen werden.
Abbildung 155 zeigt die Aufgabe: Es handelt sich um eine Fläche, deren Abstand AB wir in fünf gleiche Abschnitte unterteilen müssen. Als erstes legen wir die Erdlinie (EL) an, die im Scheitel C waagerecht beginnt.

Abb. 154: Hier stellt sich das Problem anders. Die auf der vorigen Seite beschriebene Methode ist zur Aufteilung einer Fläche in gleiche vorgegebene Abschnitte nicht geeignet.

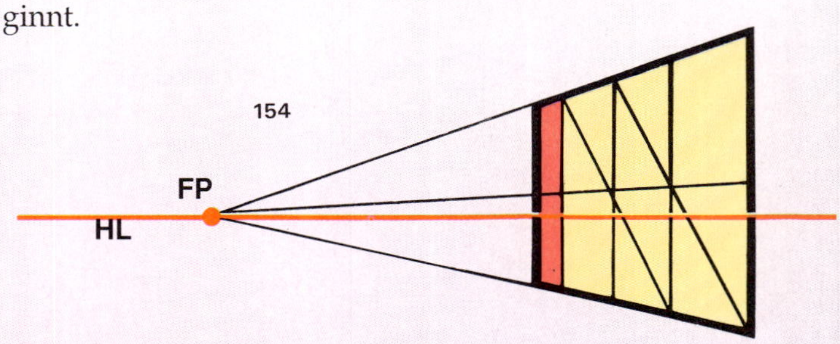


Abb. 155 bis 158: Entnehmen Sie dem Text und den Abbildungen, was man tun muß, um eine gegebene Fläche in gleich große gegebene Abschnitte aufzuteilen. Dazu benötigt man ein neues Element: die Erdlinie (EL), von der aus die perspektivische Einteilung vorgenommen wird.

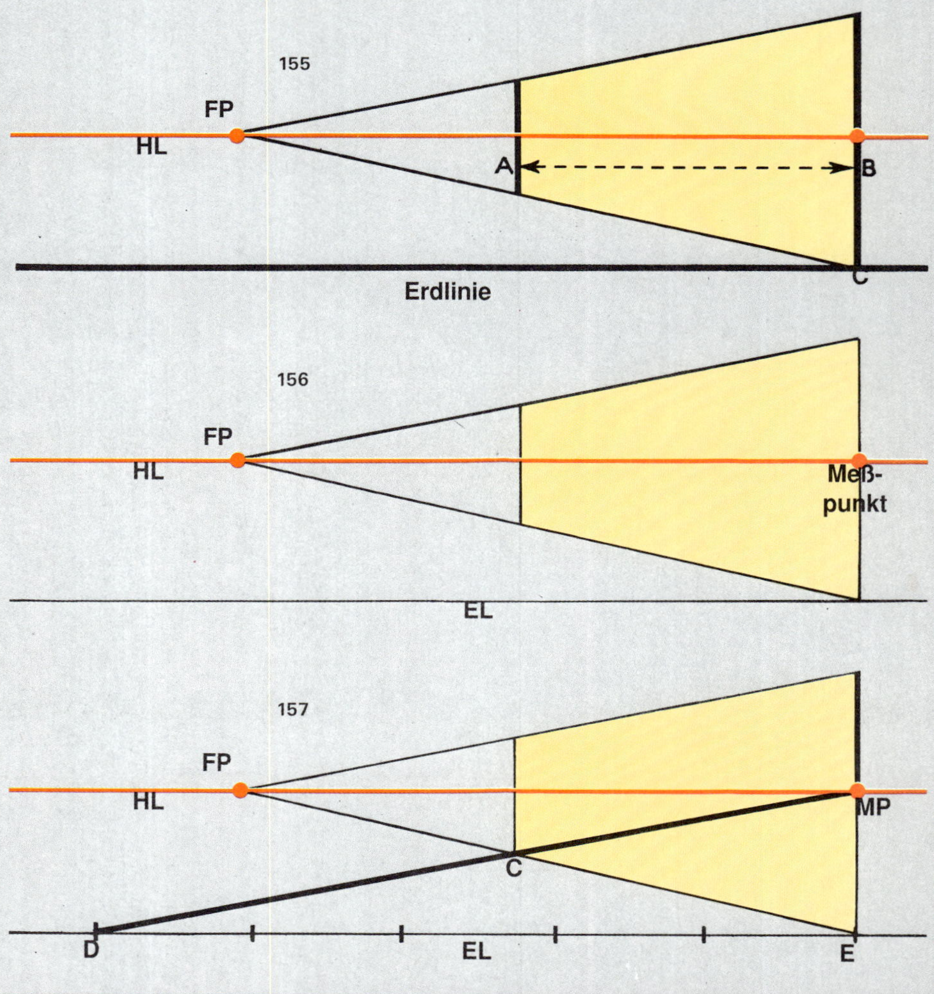

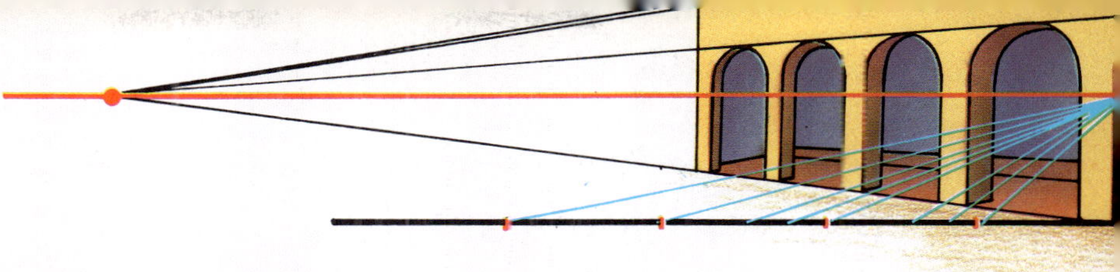

Zweitens ermitteln wir den *Meßpunkt* (MP), der sich im Schnittpunkt der Horizontallinie mit der nächsten Senkrechten befindet (Abb. 156).
Von diesem Meßpunkt ziehen wir eine Diagonale durch den Scheitel C zur Erdlinie. Anschließend unterteilen wir den Abschnitt D-E (Abb. 157) in fünf gleiche Segmente. Jetzt brauchen wir nur noch die Diagonalen von den neuen Teilungspunkten zum Meßpunkt zu ziehen, um die Punkte F, G, H und I zu erhalten, und die Senkrechten in diesen Punkten zu errichten. Damit ist die Fläche perspektivisch korrekt in fünf gleiche Abschnitte unterteilt (Abb. 158). Ist das nicht beinahe genial?

Aus den Abbildungen 159 bis 161 wird klar, daß sich die Meßlinie (ML) auch an den oberen Scheitel J (Abb. 159), an den unteren, entferntesten Scheitel K (Abb. 160) und an den oberen Scheitel L einer nach rechts konvergierenden Fläche anschließen kann.
Zweifellos ist dies eine der korrektesten und nützlichsten Methoden, um eine gegebene Fläche in eine bestimmte Anzahl von gleichen Abschnitten in der Parallel- oder der Schrägperspektive zu unterteilen. Für letztere braucht man das Verfahren nur doppelt auszuführen, wie wir später sehen werden. Bevor wir uns damit befassen, rate ich jedoch, die Methode gründlich zu üben.

Abb. 159 bis 161: Aus den Abbildungen geht hervor, daß der Meßpunkt (MP) im Schnittpunkt der nächsten Kante mit der Horizontallinie liegt. Die Meßlinie (ML) kann sich dagegen an jeden Scheitel J, K, L der Fläche anschließen.

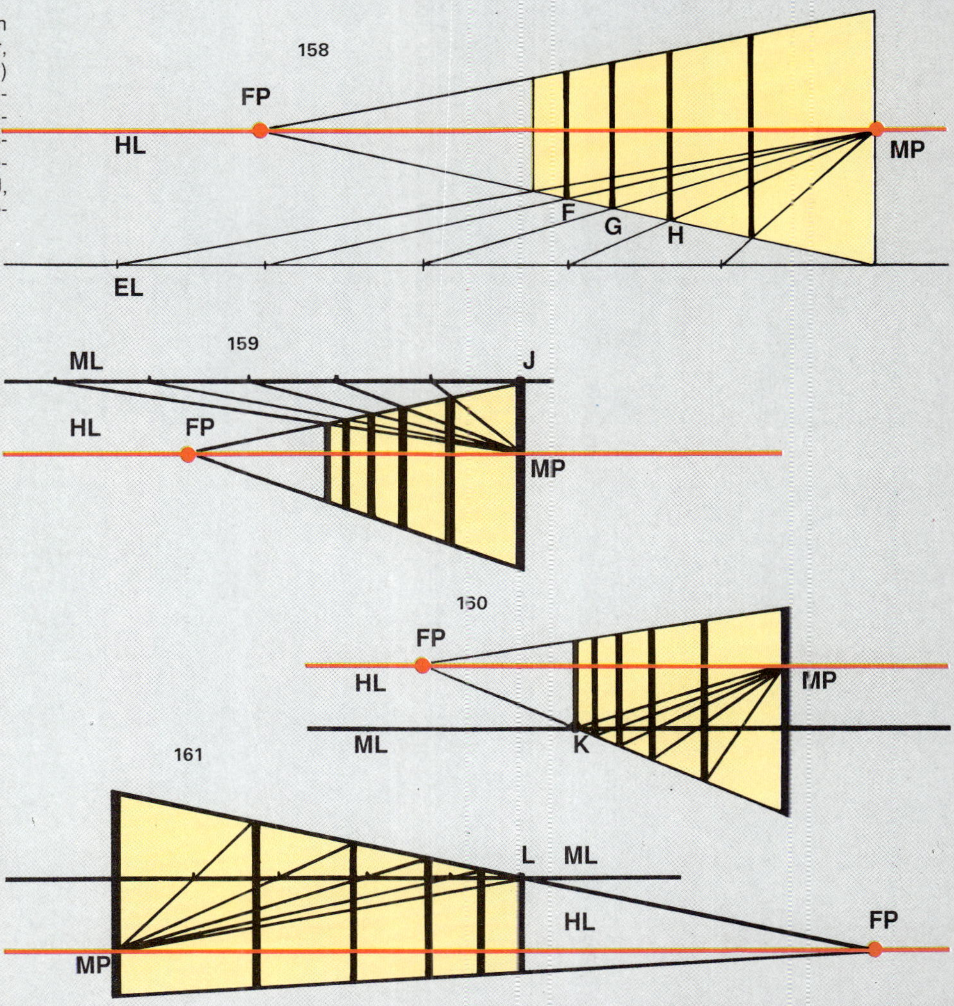

# Aufteilung einer gegebenen Fläche in sich wiederholende Abschnitte

Abb. 162: Hier das Modell, das von einem deutschen Palast des 18. Jahrhunderts inspiriert wurde. Wir werden es in der Parallelperspektive zeichnen und für das Portal, den Balkon und die Fenster die Fläche perspektivisch in der Tiefe aufteilen.

Abb. 163: In großen Zügen geht es um folgendes: Man baut das Haus mit seiner Horizontallinie auf, legt anschließend den Meßpunkt fest und ermittelt die Länge der Meßlinie. Auf dieser Linie berechnet man dann die Maße und Abstände der einzelnen Elemente des Modells. Genaueres geht aus dem Text hervor.

Jetzt geht es um folgendes Problem: Sie sollen eine Gebäudefassade mit Elementen, die sich regelmäßig wiederholen (Türen, Fenster, Vorsprünge, Dachluken, Flächen etc.) in der Parallelperspektive zeichnen (Abb. 162).

Das ist kompliziert, meinen Sie? Nicht nur. Es ist aufwendig und gleichzeitig äußerst vergnüglich. Man arbeitet mit der Meßlinie und legt die Maße und Abstände der Elemente darauf an. Sehen Sie selbst.

**Abbildung 163**: Beginnen Sie den Aufbau, indem Sie die Tiefe des Gebäudes mit den Senkrechten A und B nach Augenmaß bestimmen. Ziehen Sie anschließend die Geraden C und D für das Dach sowie die Gerade E für die Unterkante, die zur Horizontallinie flüchten. Das heißt, Sie müssen praktisch gleichzeitig die Horizontallinie (HL) ermitteln. Sie erinnern sich? „In Höhe eines Menschen." Dann zeichnen Sie die waagerechte Meßlinie (ML) an den Scheitel

162

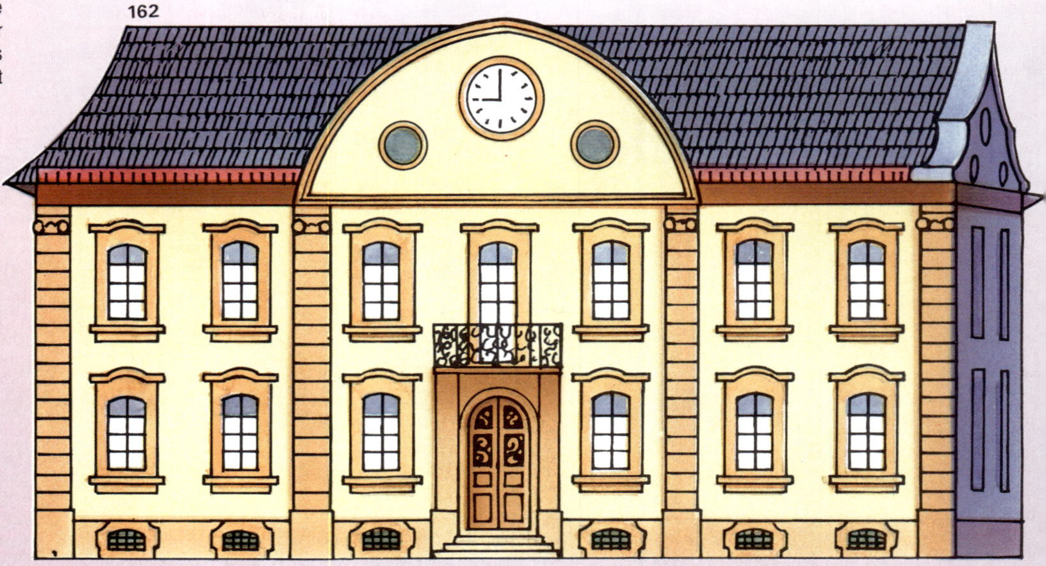

163

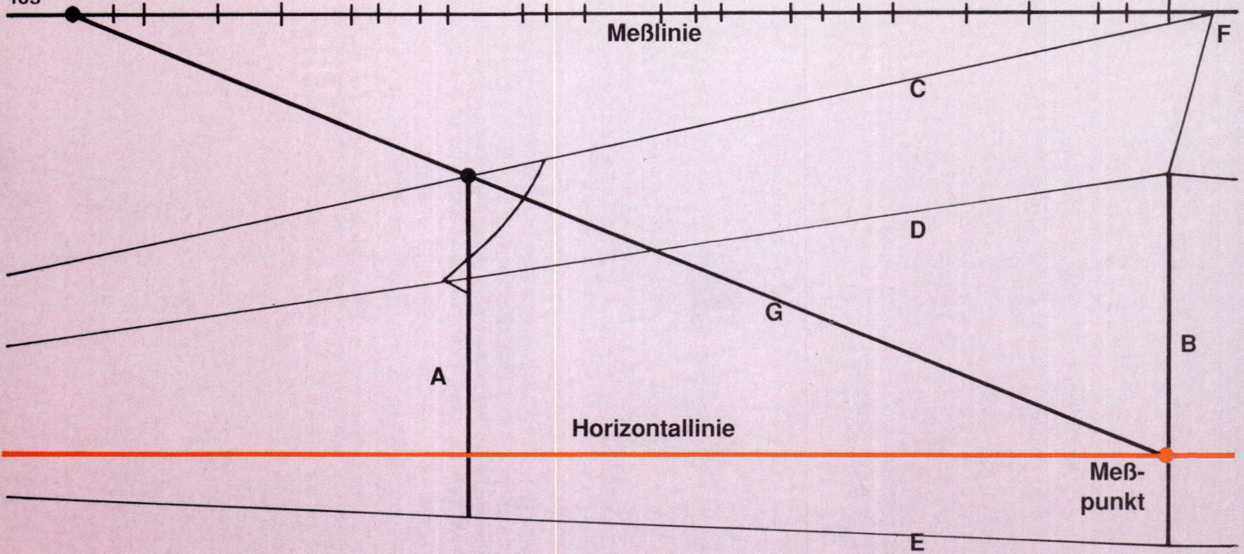

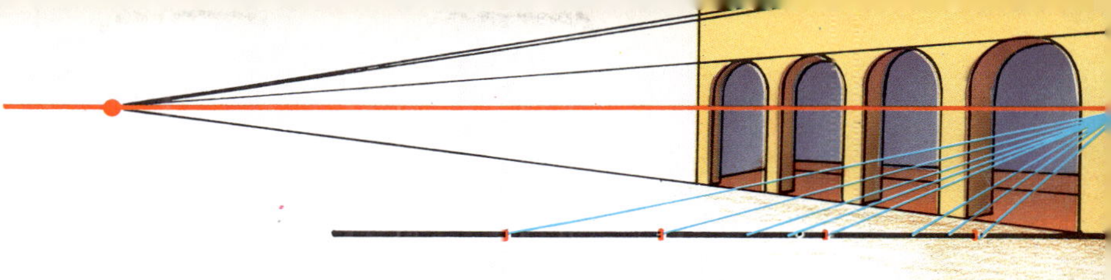

des Daches (F) über die Gesamtlänge des Gebäudes hinaus, und geben Sie den Meßpunkt im Schnittpunkt der Horizontallinie mit der nächsten Senkrechten an (B). Zum Schluß dieses ersten Stadiums brauchen Sie nur noch die Diagonale (G) vom Meßpunkt zur Meßlinie zu ziehen und auf der Meßlinie die Breite der Fenster und deren Abstände zu den übrigen Elementen anzugeben. (Auf S. 74 finden Sie eine Methode zur Bestimmung dieser Maße.)

**Abbildung 164:** Zunächst ziehen Sie die Linien H, I, J, K, L und M, um die Höhe der Elemente des Gebäudes und deren Abstände zu ermitteln. Anschließend müssen Sie eine Serie von Schrägen zeichnen, die vom Meßpunkt zu den Unterteilungspunkten auf der Meßlinie flüchten. Markieren Sie Schnittpunkte dieser Geraden mit der Dachlinie (C). Jetzt können Sie die Zeichnung abschließen.

**Abbildung 165:** Es stimmt. Sie brauchen nur noch die Senkrechten von den zuvor genannten Punkten zur Grundlinie zu fällen, dann erhalten Sie ein Schema mit allen Elementen in der korrekten Perspektive.

Abb. 164: Zeichnen Sie die Parallelen, die zum Horizont flüchten und die Höhe der Elemente bestimmen. Ziehen Sie anschließend die Diagonalen, die die Lage, die Maße und die Abstände zwischen den Elementen angeben.

Abb. 165: Nun brauchen Sie nur noch die Senkrechten zu fällen, dann ist die Übung beendet.

164

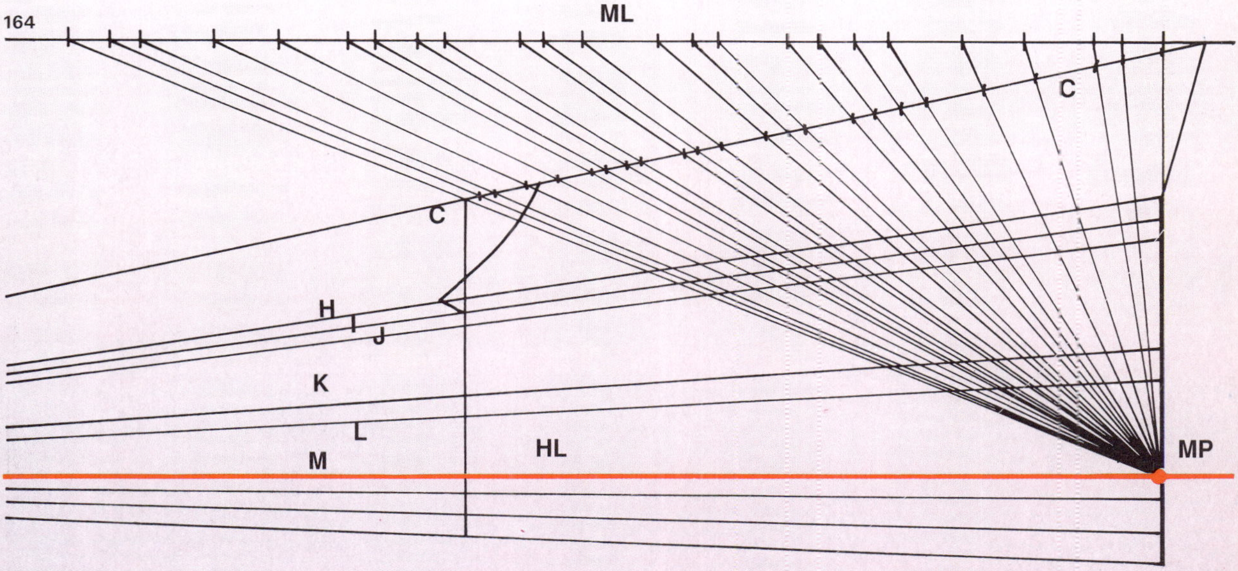


165

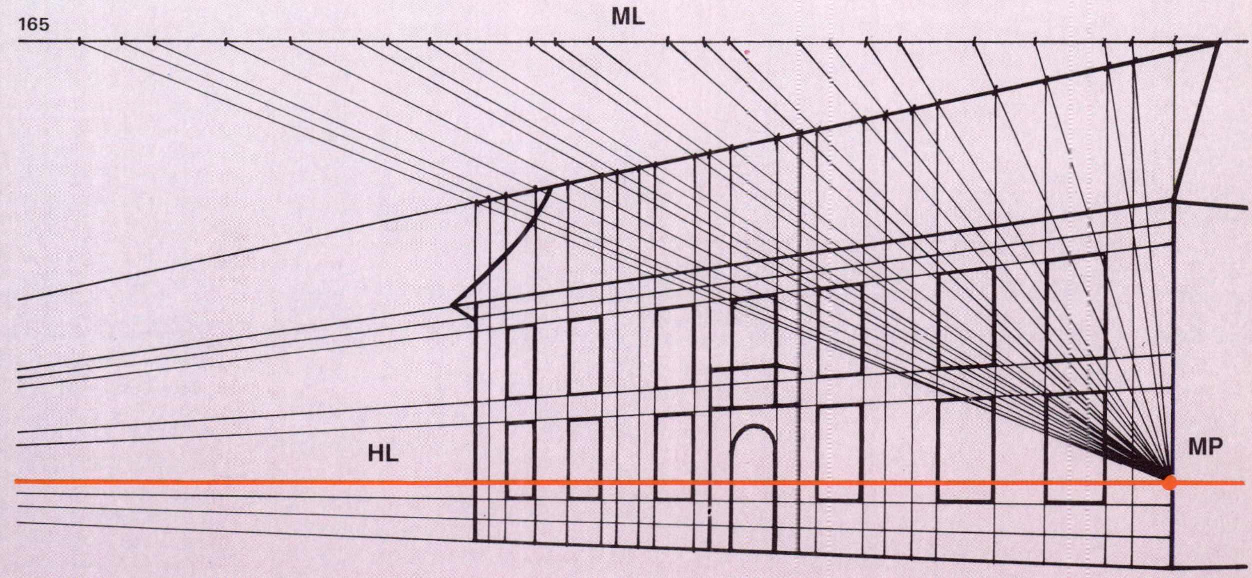

# Aufteilung einer Fläche in der Schrägperspektive

Wie man eine gegebene Fläche, die zum Horizont flüchtet, mit sich wiederholenden Elementen in der Parallelperspektive unterteilt, wissen Sie jetzt, nicht wahr? Sie haben es mehrmals geübt und können notfalls auf die Seiten 68 bis 73 zurückgreifen. Die Beispiele in der Schrägperspektive, die nun folgen, werden so ähnlich gelöst, daß ich meiner Ansicht nach die Erklärung abkürzen kann, um mich nicht ständig wiederholen zu müssen. Sehen Sie selbst. Bei Abbildung 166 ergibt sich eine Aufteilung der Fläche in gleiche Abschnitte wie bei dem Beispiel mit den Eisenbahnschwellen (Abb. 148 bis 153, S. 69), nur daß Sie hier wegen der Schrägperspektive zwei Fluchtpunkte haben und das Verfahren daher erst für die Fläche A und anschließend für die Fläche B durchführen müssen. Im Grunde ist es also genauso dasselbe, nicht wahr? Bei der folgenden Abbildung 168 wiederholt sich das Problem der Auftei-

166

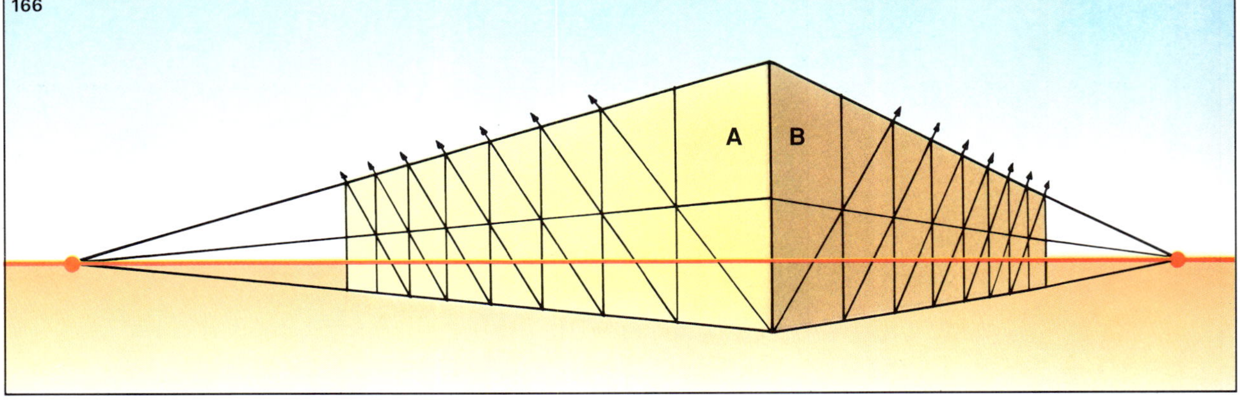


167

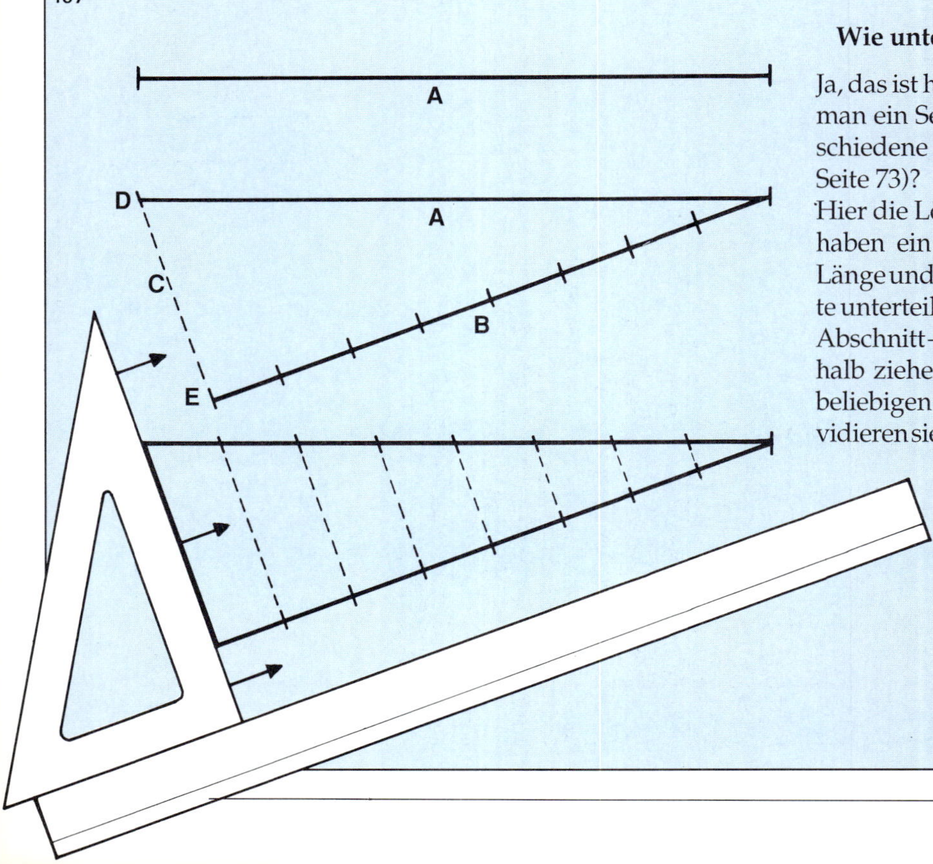


**Wie unterteilt man ein Segment?**

Ja, das ist hier die Frage: Wie unterteilt man ein Segment in gleiche oder verschiedene Abschnitte (siehe Beispiel Seite 73)?
Hier die Lösung. Nehmen wir an, wir haben ein Segment (A) von 85 mm Länge und müssen es in acht Abschnitte unterteilen. Das sind 10,625 mm pro Abschnitt – ein unmögliches Maß. Deshalb ziehen wir die Linie B in einem beliebigen Winkel zur Geraden A, dividieren sie in acht Abschnitte von 1 cm und verbinden die Endpunkte D und E durch eine Gerade. Jetzt brauchen wir nur noch die Parallelen zu dieser Linie zu ziehen (mit Lineal und Rechteck), schon ist das Segment geometrisch aufgeteilt.

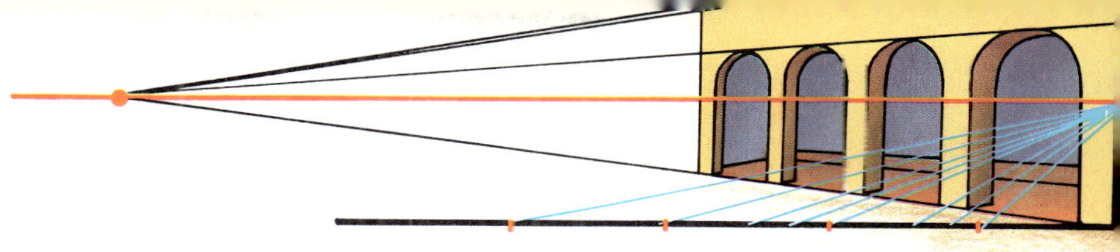

lung einer gegebenen Fläche mit Hilfe der Erdlinie. Dies entspricht dem Beispiel von Abbildung 158 und muß ebenfalls zweimal vorgenommen werden, da in der Schrägperspektive zwei Seiten des Gebäudes zu sehen sind (A und B).

Abbildung 169 zeigt schließlich ein Gebäude, das dem von Seite 72 entspricht. Wir können das Verfahren also als bekannt voraussetzen und mit Ihrer Erlaubnis zum nächsten Punkt übergehen.

Abb. 167 (vorige Seite), 168 und 169: Wie aus dem Text hervorgeht, erfolgt die Aufteilung der Flächen in der Schrägperspektive praktisch auf dieselbe Weise wie bei der Parallelperspektive. Der Unterschied besteht nur darin, daß das Verfahren zweimal vorgenommen werden muß.

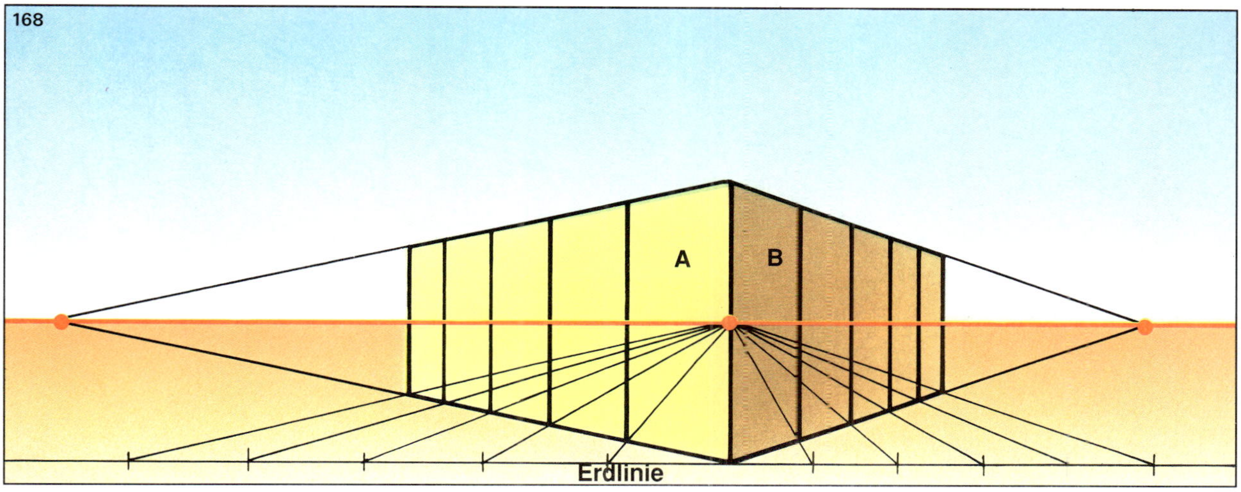


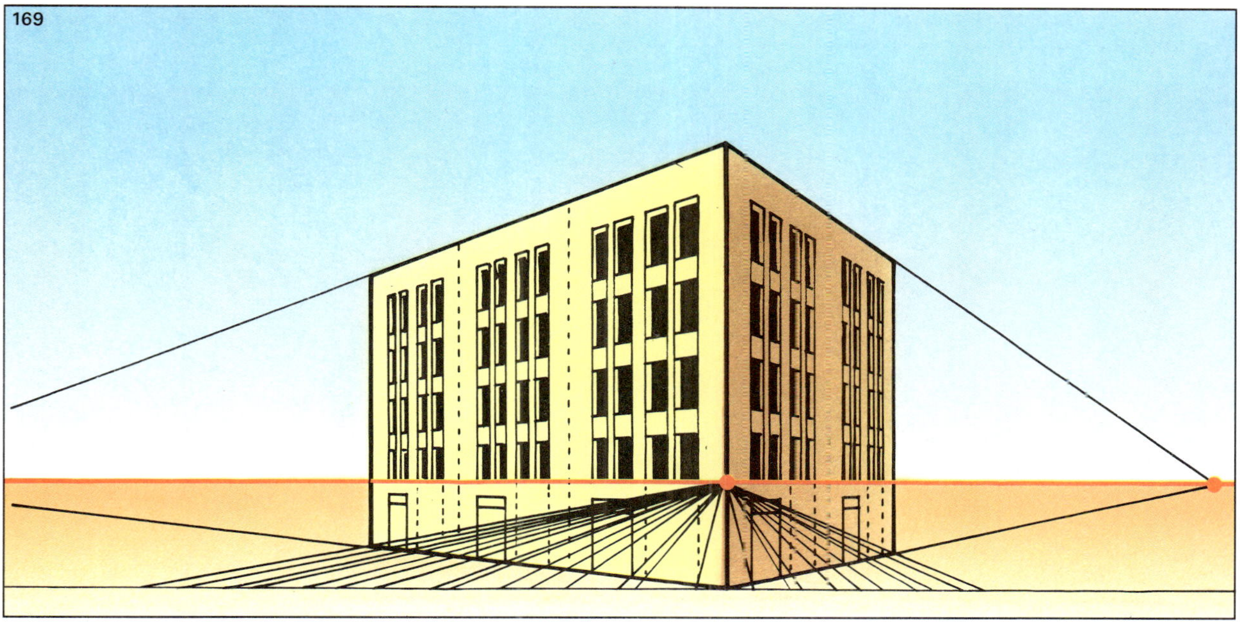

# Wie man ein Mosaik in der Schrägperspektive zeichnet

Spitzen Sie den Bleistift, schärfen Sie Ihren Blick, und lockern Sie dann Ihre Finger. Jetzt kommt die meiner Ansicht nach unterhaltsamste und vielleicht auch mühsamste Übung: ein Mosaik in der Schrägperspektive.

**Abbildung 170**: Zeichnen Sie ein Quadrat oder ein Rechteck in der Schrägperspektive mit seiner Horizontallinie (HL) und seinen beiden Fluchtpunkten (FP1 und FP2). Ziehen Sie anschließend die Erdlinie (EL) waagerecht an den nächsten Scheitel des Quadrats, und ermitteln Sie den Meßpunkt (MP) mit Hilfe einer Senkrechten von dem genannten Scheitel zur Horizontallinie. Zeichnen Sie Gerade A vom Meßpunkt (MP) durch den Scheitel A', die die Länge der Erdlinie festlegt. Unterteilen Sie die Erdlinie in zehn gleiche Abschnitte. Benutzen Sie dazu, falls nötig, die Methode mit der Hilfslinie, die wir auf Seite 74 erklärt haben. Errichten Sie von den Schnittpunkten auf der Erdlinie die Geraden B, C, D, E etc. zum

Abb. 170 bis 173: Hier benötigen wir die Senkrechte, mit der wir den Meßpunkt (MP) erhalten, die Diagonale der Erdlinie (EL), auf der wir die Anzahl der Platten angeben (Abb. 170), sowie die Linien zum FP1 (Abb. 171). Hinzu kommt die Gerade zum Fluchtpunkt der Diagonalen (Abb. 172), mit deren Hilfe wir das Mosaik in der Schrägperspektive abschließen (Abb. 173).

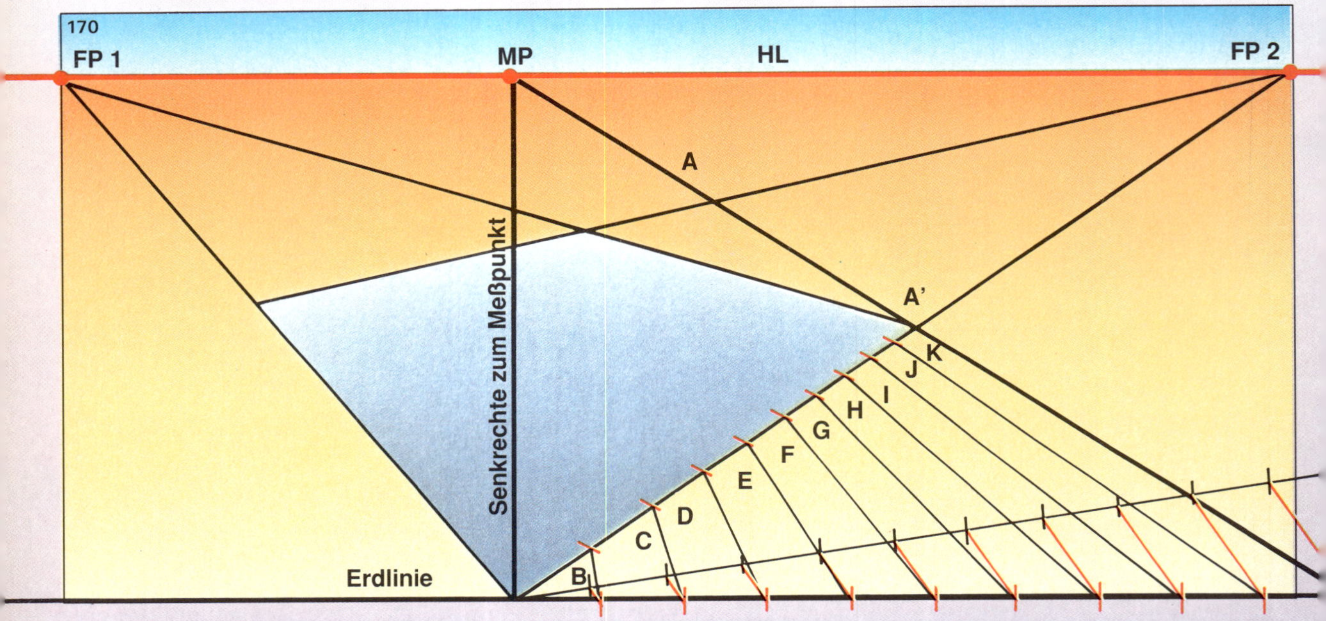


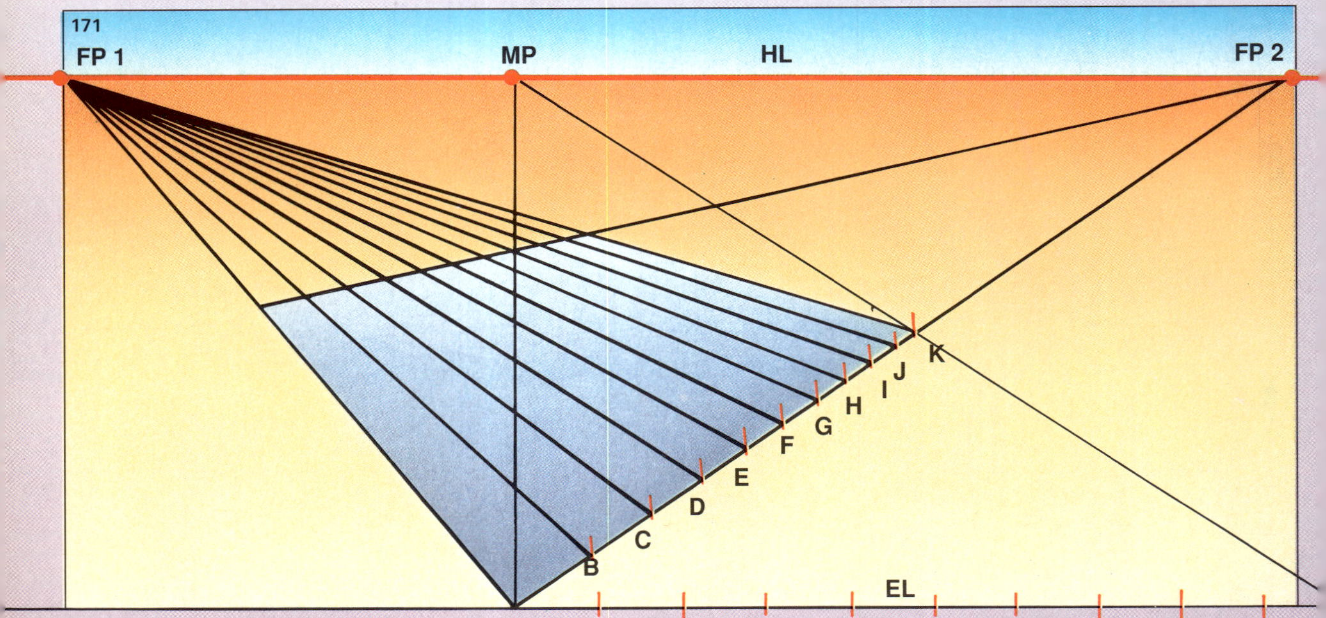

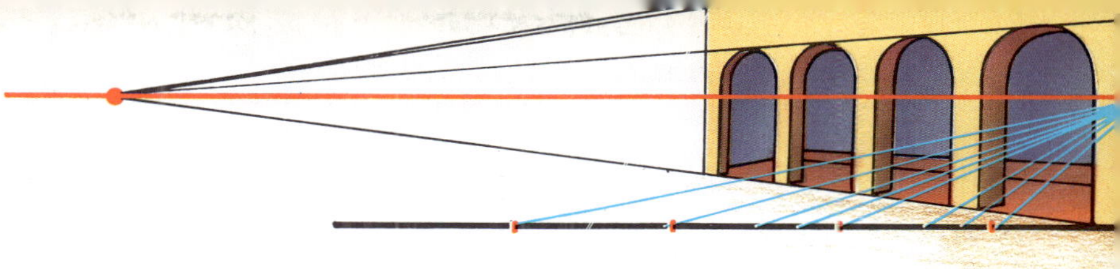

Meßpunkt. (Sie brauchen nicht durchgezogen zu werden, sondern können an der rechten Seite des Quadrats brechen. Damit erhalten Sie eine Reihe von Punkten (rot), die die Abstände B, C, D, E etc. angeben.)

**Abbildung 171**: Ziehen Sie von den roten Punkten B, C, D, E etc. auf der uns am nächsten liegenden Seite des Quadrats je eine Gerade zum Fluchtpunkt 1 (FP1).

**Abbildung 172:** Ziehen Sie nun vom nächsten Scheitel des Quadrats (F) eine Diagonale durch den entferntesten Scheitel (G) zur Horizontallinie, erhalten Sie den Fluchtpunkt der Diagonalen (FPD). Die Schnittpunkte dieser Diagonalen mit den Geraden zum Fluchtpunkt 1 (FP1) ergeben die Punkte H, I, J, K etc.

**Abbildung 173**: Durch diese Punkte ziehen wir nun je eine Gerade zum Fluchtpunkt 2 (FP2), die die Platten schließen und das Mosaik in der Schrägperspektive vervollständigen.

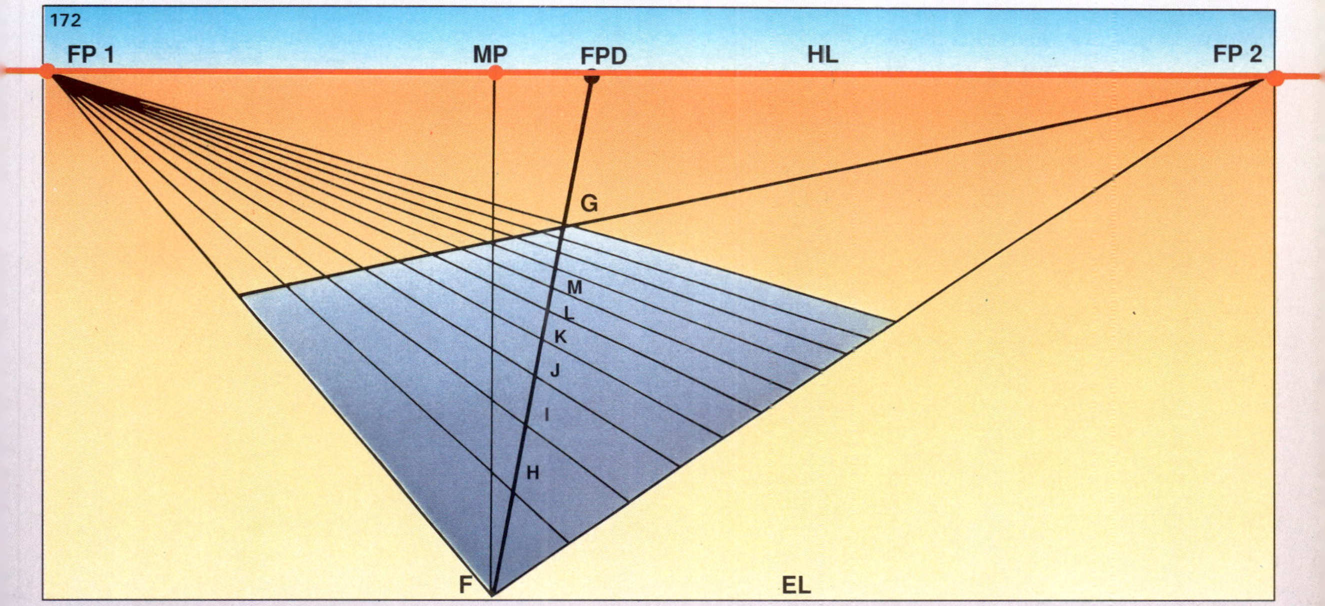


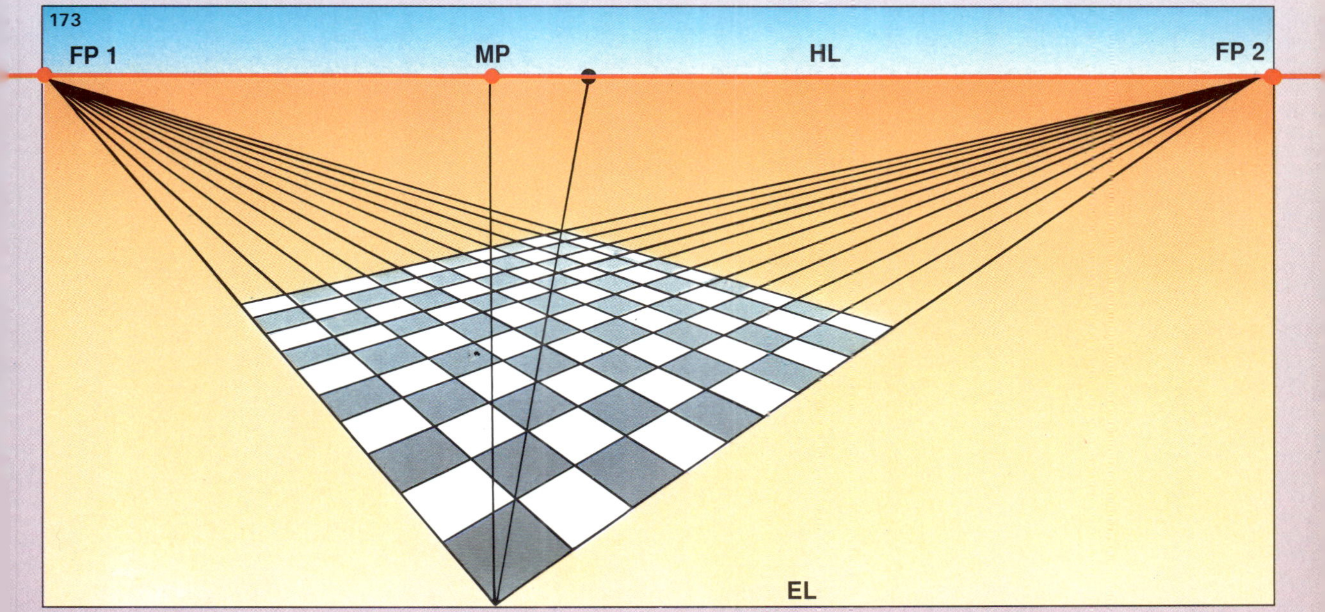

# Aufteilung einer Fläche in der Luftperspektive

Trotz der drei Fluchtpunkte leitet sich die Einteilung einer Fläche aus der Luftperspektive ebenfalls von den bereits erklärten Regeln der Schrägperspektive ab. Handelt es sich um eine waagerechte Fläche, zum Beispiel die rote Dachterrasse dieses Gebäudes (Abb. 174 A), zeichnet man sie mit den beiden Fluchtpunkten der Schrägperspektive (FP1 und FP2). Haben wir dagegen senkrechte Flächen wie die Wände des Gebäudes (B), ist zu berücksichtigen, daß alle Senkrechten zu dem bewußten dritten Fluchtpunkt flüchten (FP3). Das ist schon alles. Allerdings gibt es einen Unterschied, den wir näher behandeln wollen. Soll eine dieser Flächen in der Luftperspektive in gegebene Abschnitte aufgeteilt werden, muß also die festliegende Breite einer Hauswand für eine bestimmte Anzahl von Fenstern unterteilt werden, benötigen wir eine Meßlinie mit einer etwas ausgefallenen Lage. Auf Abbildung 174 (rote Waagerechte) wurde sie durch den nächsten oberen Winkel (C) des Gebäudes gezogen. Von ihr ziehen wir je eine Schräge durch die Scheitel D, E und F zum Meßpunkt (MP) auf der Horizontallinie (HL). Auf der Abbildung ist die Meßlinie bereits in die benötigten Abschnitte für die Fenster unterteilt. Auf Abbildung 175 sehen Sie die Linien, die von der Meßlinie (rot) zum Meßpunkt flüchten. Vom Schnittpunkt mit der Oberkante des Gebäudes ziehen wir die Fluchtlinien zum FP3 und erhalten die Struktur, mit der wir die Fenster aus der Luftperspektive einzeichnen können (Abb. 176).

Abb. 174 bis 176: Ein Gebäude wie dieses zu zeichnen, ist nicht so kompliziert, wie es auf den ersten Blick aussehen mag. In der Praxis beruht alles weitgehend auf der Meßlinie (rot) im nächsten Scheitel C (Abb. 174) und den Geraden D, E und F, die zum Meßpunkt (MP) flüchten. Der Rest ist eine Frage der geduldigen Arbeit und Präzision.

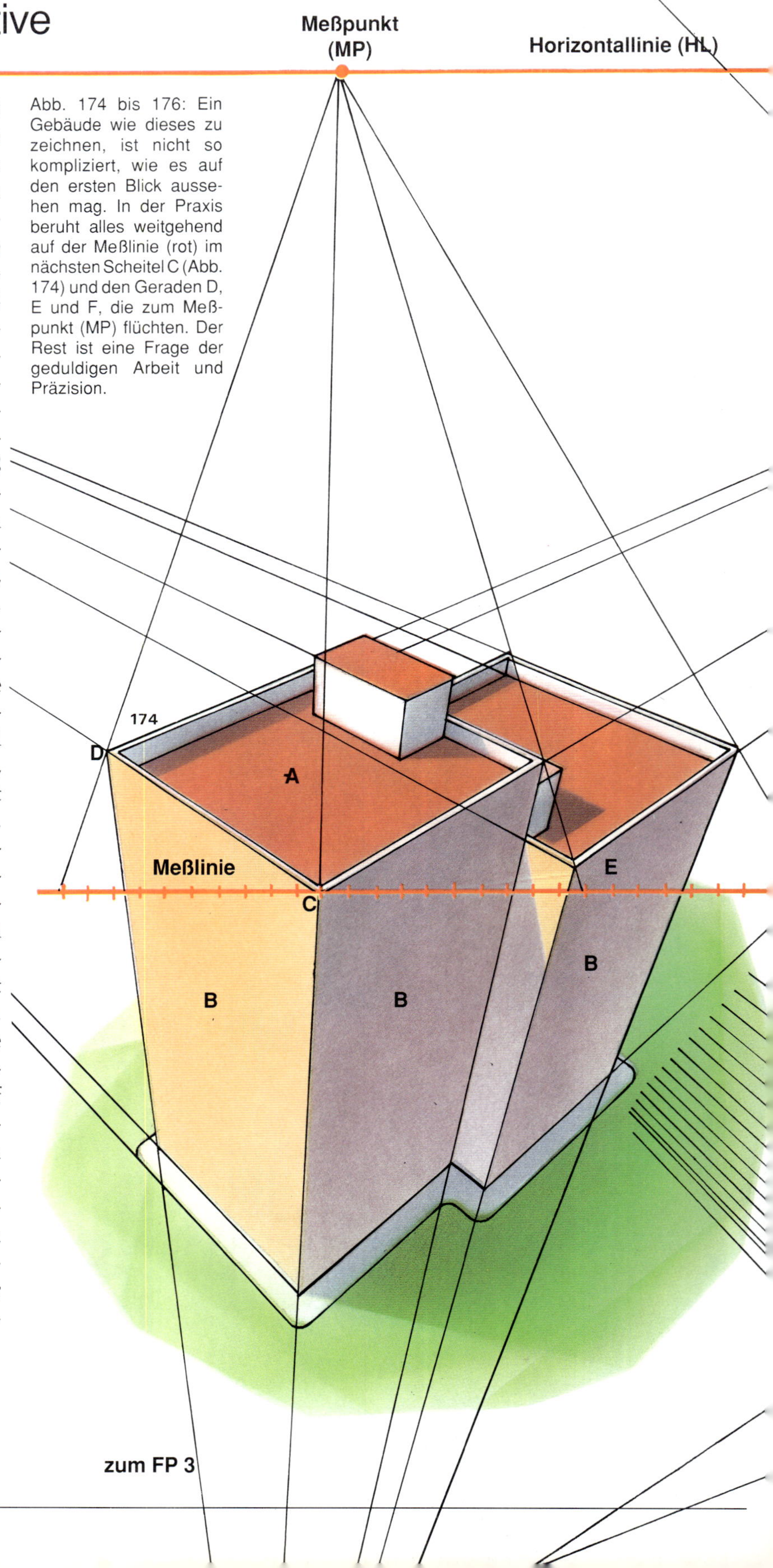

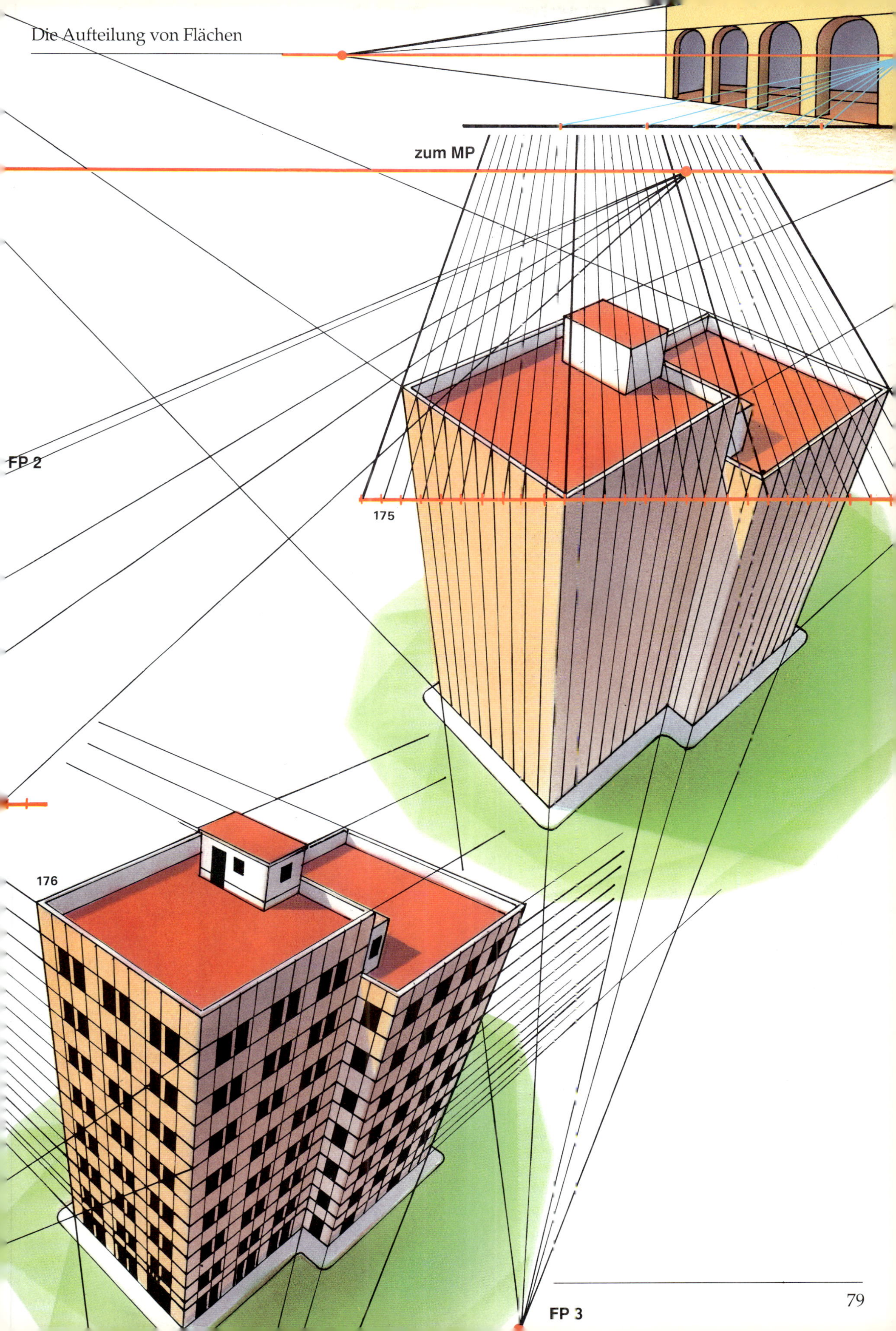
zum MP
FP 2
175
176
FP 3

Der Titel des folgenden Hauptkapitels könnte den Verdacht erwecken, es sei alles hineingesteckt worden, was sonst nicht untergebracht werden konnte. Doch bei aller Vielfalt haben die Themen eines gemeinsam: ihre Komplexität. Die Zeichnung mit schrägen Ebenen erfordert ein oder zwei zusätzliche Fluchtpunkte sowie eine senkrechte Horizontallinie; Spiegelungen ergeben eine Verdoppelung des Modells, und das Zeichnen von Zimmern mit Möbeln gleicht einer Art Abschlußexamen.

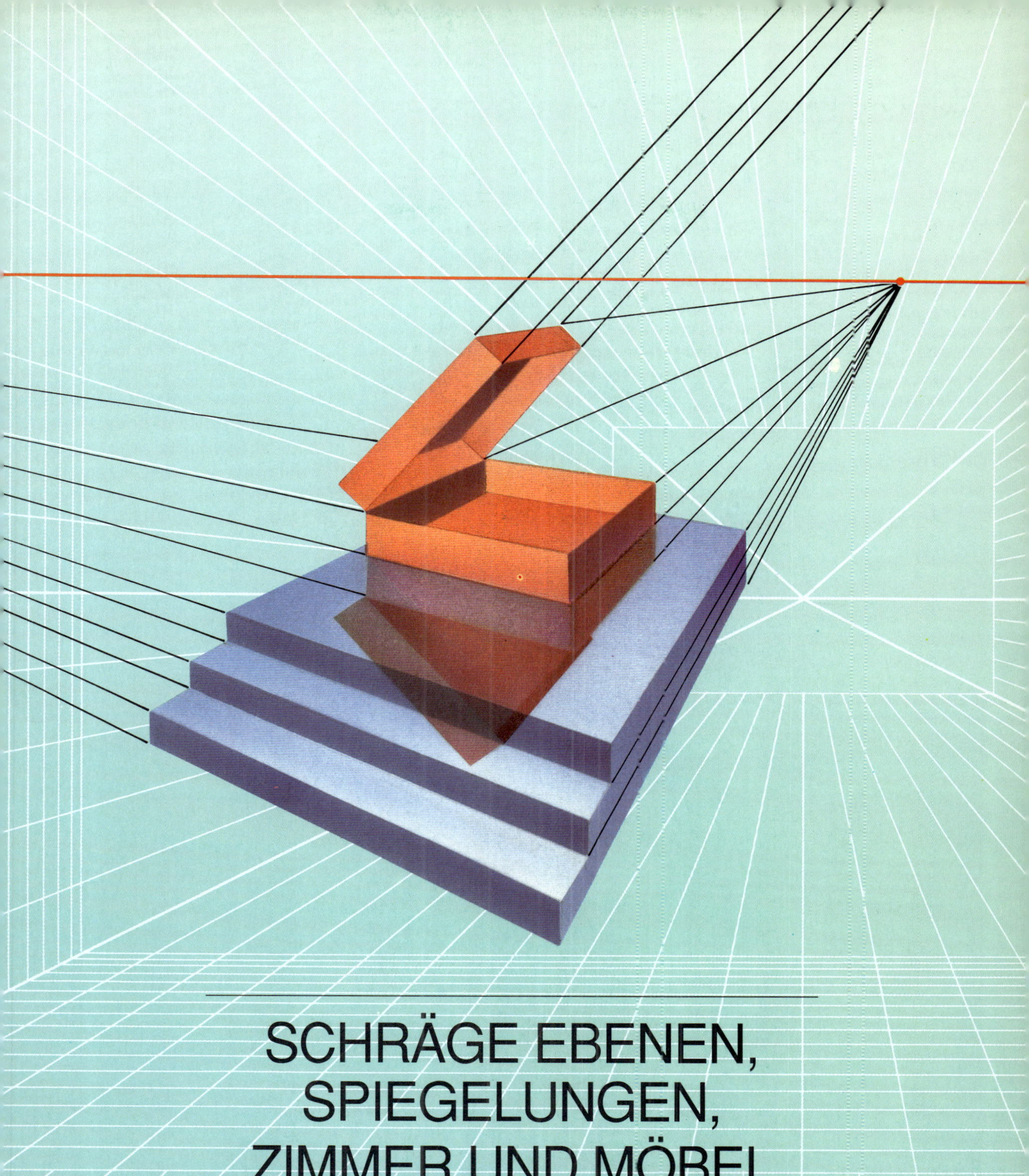

# SCHRÄGE EBENEN, SPIEGELUNGEN, ZIMMER UND MÖBEL

# Schräge Ebenen in der Perspektive

Abb. 177 bis 179: Bei der Parallelperspektive benötigt man für schräge Ebenen neben der normalen Horizontallinie ein oder mehrere zusätzliche Linien und in manchen Fällen, so bei Abbildung 179, eine senkrechte Horizontallinie. Diese Linie verläuft immer oberhalb des normalen Fluchtpunkts.

Die Abbildungen auf dieser Seite zeigen nur einige Beispiele für Themen oder Körper, zu denen schräge Ebenen gehören. Deren Darstellung erfordert einen oder mehrere zusätzliche Fluchtpunkte. Man arbeitet also mit mehr als einer Horizontallinie, nämlich der normalen für die waagerechten Linien, die zum Horizont flüchten, und einer weiteren waagerechten oder senkrechten für die Linien der schrägen Ebenen. Abbildung 177 zeigt eine Straße in der Parallelperspektive, die aufgrund ihres Gefälles zwei Fluchtpunkte erfordert: den normalen FP1 für die Fluchtlinien der Türen, Fenster und Dächer sowie den FP2, zu dem die Fluchtlinien der schrägen Gehsteige und der Fahrbahn konvergieren.

Abbildung 178 zeigt einen Kasten mit halb geöffnetem Deckel in der Parallelperspektive mit dem normalen Fluchtpunkt des Kastens (FP1) auf der Horizontallinie darüber sowie einem zusätzlichen Fluchtpunkt (FP2) für die Parallelen A und B des Deckels.

Um die vier aneinandergereihten Werkshallen von Abbildung 179 in der Parallelperspektive zu zeichnen, habe ich mit drei Fluchtpunkten gearbeitet: einem normalen und zwei zusätzlichen für die Konvergenz der beiden schrägen Seiten der Dächer. Darüber hinaus habe ich zwei Horizontallinien angelegt, eine waagerechte

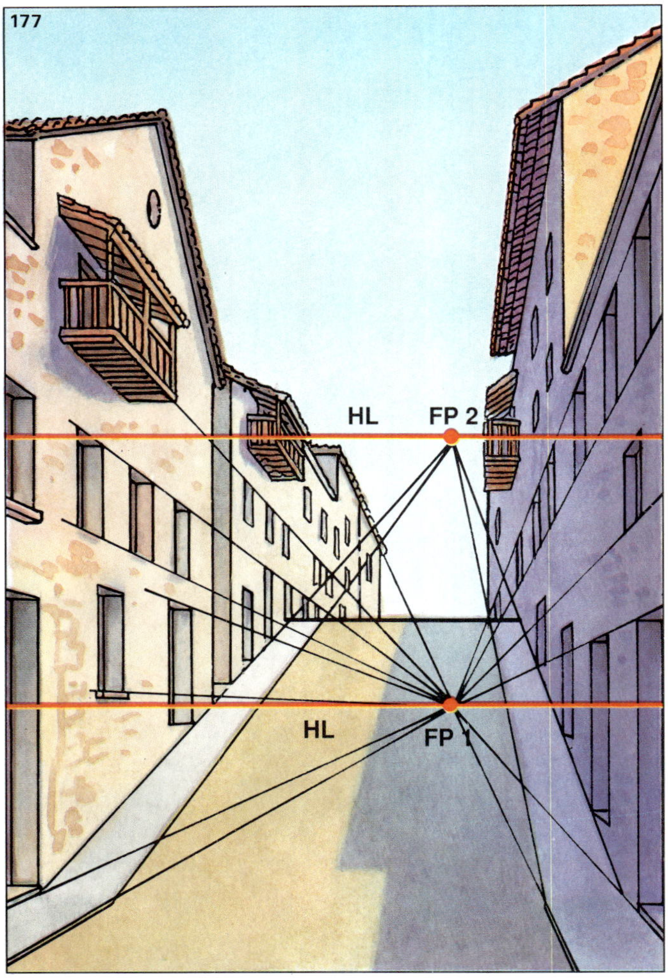


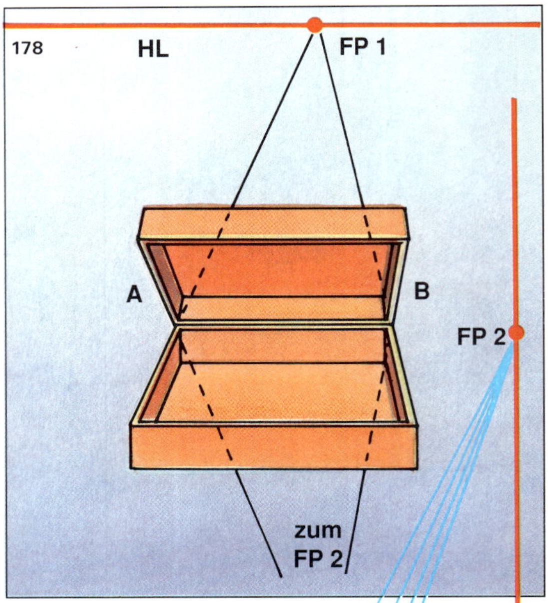


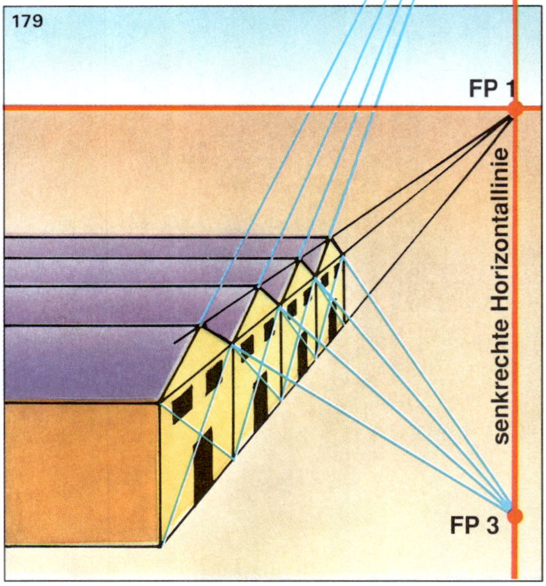

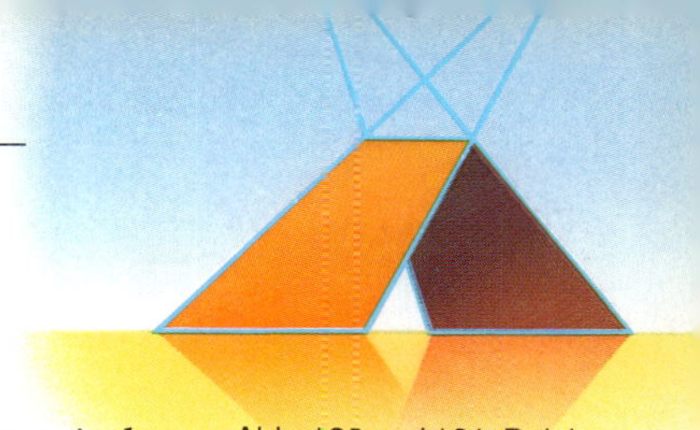

und eine senkrechte. Auf letzterer vereinen sich die Fluchtlinien der Dächer, die zum FP2 (oben) und FP3 (unten) konvergieren. Die Abbildungen auf dieser Seite zeigen den Kasten und die Werkshallen in der Schrägperspektive. Der Kasten (Abb. 180) wurde mit drei Fluchtpunkten angelegt: den beiden normalen (FP1 und FP2) und einem zusätzlichen (FP3) für den Deckel. Für die Werkshallen benötigte ich sogar vier Fluchtpunkte und zwei Horizontallinien. Das ist zwar arbeitsaufwendiger, aber nicht schwieriger. Sehen Sie selbst: Die eigentlichen Werkshallen werden mit den normalen Fluchtpunkten gezeichnet: dem FP1 links und dem FP2 rechts auf der normalen Horizontallinie. Die Dächer ergeben zwei Serien von Fluchtlinien, die zum FP3 (oben) bzw. zum FP4 (unten) auf der senkrechten Horizontallinie konvergieren. Mehr brauche ich nicht zu sagen. Sie können jetzt problemlos alle schrägen Flächen perspektivisch anlegen.

Abb. 180 und 181: Bei der Schrägperspektive flüchten die Linien der geneigten Ebenen immer zu Fluchtpunkten auf senkrechten Horizontallinien, die oberhalb oder unterhalb der normalen Fluchtpunkte 1 oder 2 liegen können, je nachdem, ob die schrägen Ebenen nach links oder nach rechts flüchten, wie bei den Werkshallen auf Abbildung 181.

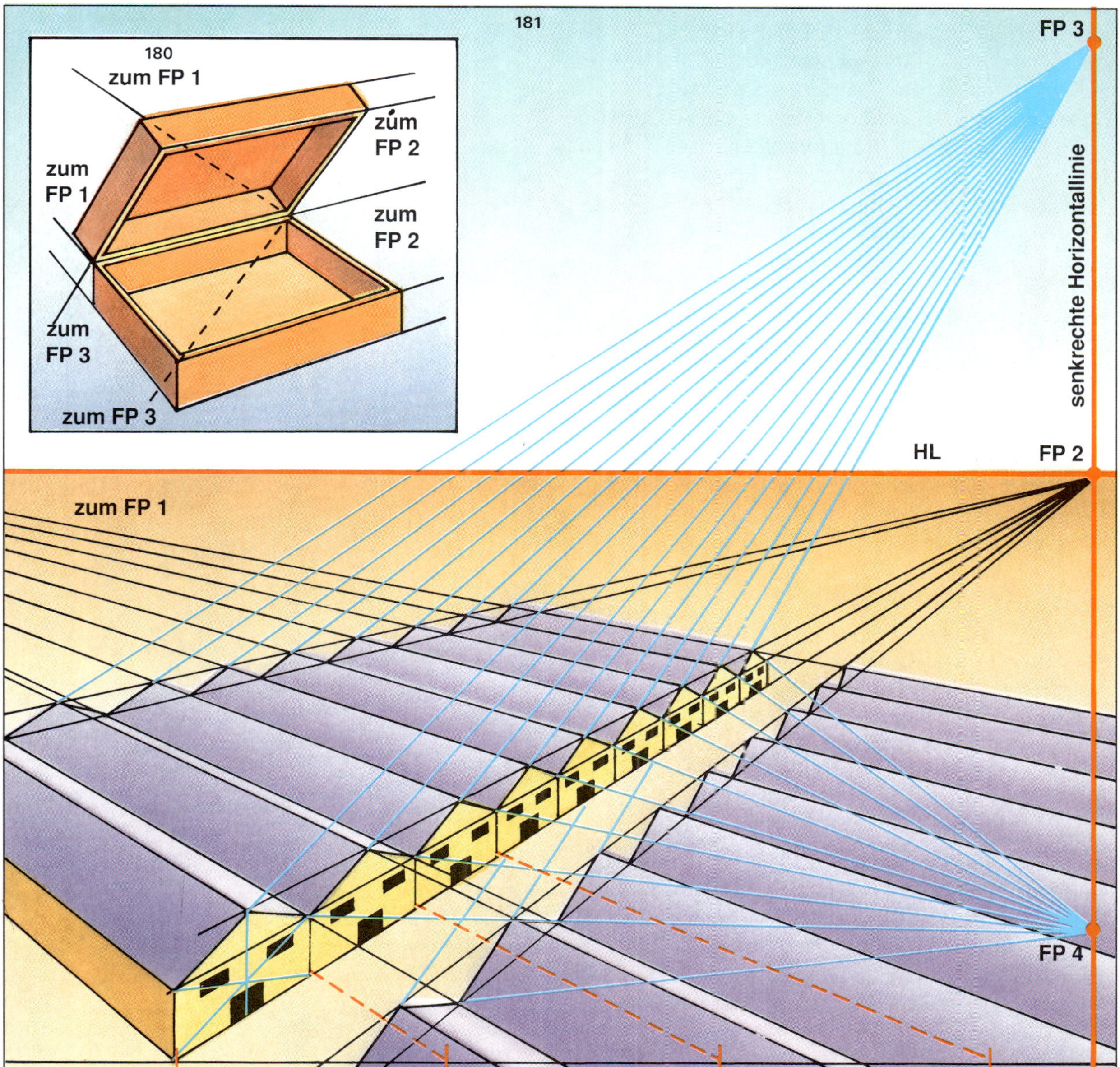

# Treppen in der Perspektive

Gleichgültig, ob sich Ihr Modell in der Parallel- oder in der Schrägperspektive befindet, zunächst müssen Sie den Blickpunkt ermitteln. Ich habe diesen BP in Sichthöhe angelegt (Abb. 182), dort die Horizontallinie gezogen und den beinahe zentralen FP1 hinzugefügt. Anschließend habe ich die Höhe der Stufen berechnet und die beiden Senkrechten auf der Grundlinie errichtet, wo die Treppe beginnt (Punkte A und B). Mit einem Lineal habe ich diese in die sechs Stufen unterteilt, die die Treppe bekommen soll. Jetzt brauche ich nur noch die senkrechte Horizontallinie durch den normalen Fluchtpunkt (FP1) zu ziehen und die Höhe des zweiten Fluchtpunkts (FP2) zu ermitteln, der die Tiefe der einzelnen Stufen bestimmt. Sehen Sie selbst: Die beiden Diagonalen (rote Linien), die an den Punkten C und D der ersten Stufe beginnen, ergeben auf der zweiten Fluchtlinie in CE deren Tiefe. Damit ist schon fast alles gesagt. Bleiben noch einige Details (Abb. 183). Die zweite rote Diagonale bestimmt im Schnittpunkt mit der oberen Fluchtlinie (Punkt E) die gesamte Tiefe der Treppe. Mit Hilfe dieses Punktes und der beiden Diagonalen können wir also bereits die Seitenrisse anlegen. Von diesen beiden Seitenrissen brauchen Sie nur noch die Waagerechten zu ziehen, die die Treppe in der Parallelperspektive vervollständigen (Abb. 184).
In der Schrägperspektive (Seite gegenüber) arbeiten wir nach demselben Verfahren, benötigen jedoch drei Fluchtpunkte, wobei der dritte Fluchtpunkt je nach Blick auf die Treppe oberhalb des FP1 oder des FP 2 auf der senkrechten Horizontallinie liegt. In jedem Fall wird die Höhe der einzelnen Stufen auf einer einzigen Senkrechten ermittelt, die im Scheitel der Fluchtlinien beginnt (Abb. 185).
Wagen Sie es, mit Hilfe der Abbildung 186 und 187 allein weiterzuarbeiten? Ich bin sicher, daß Sie es können.

182

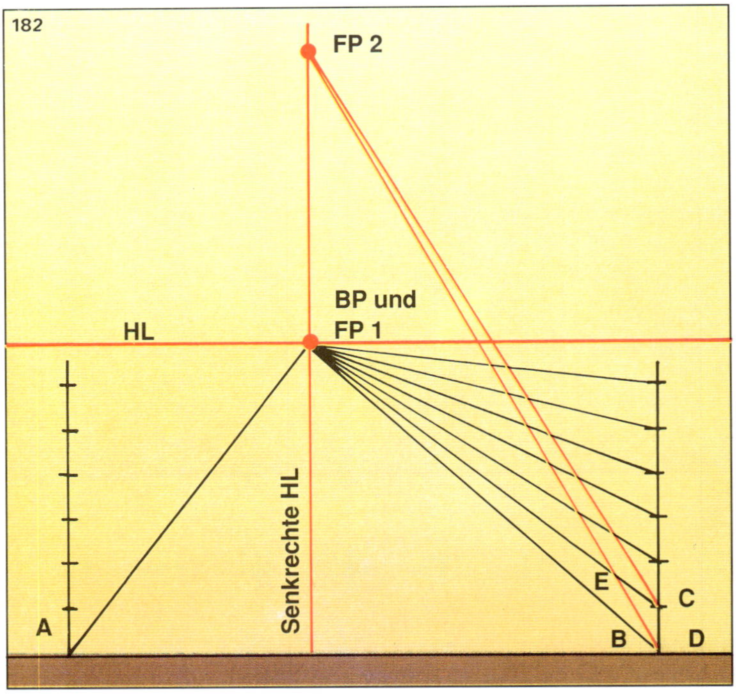


183

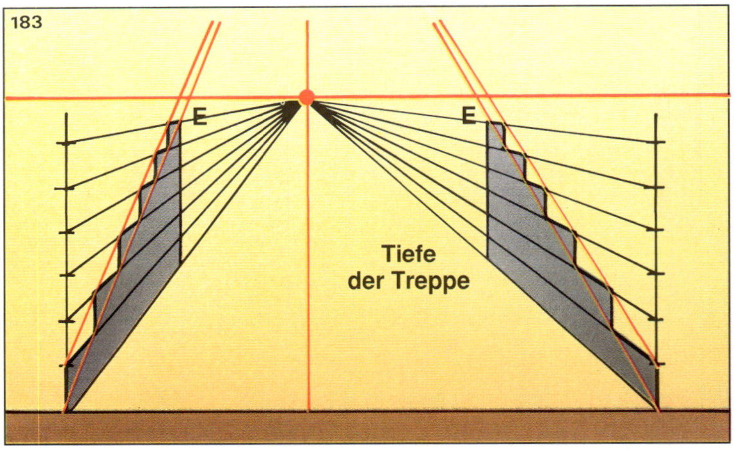


184

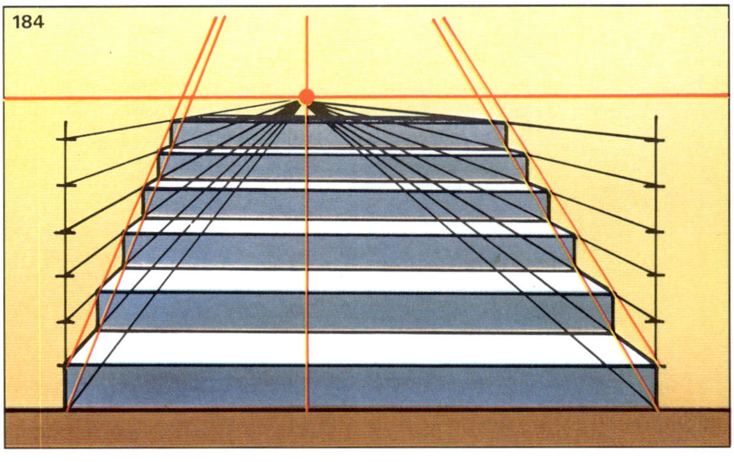

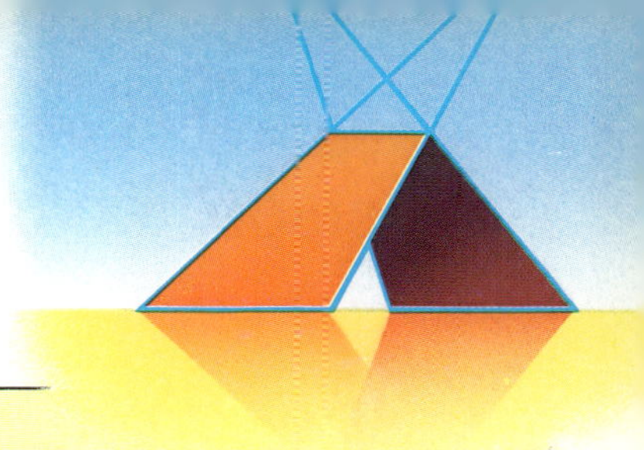

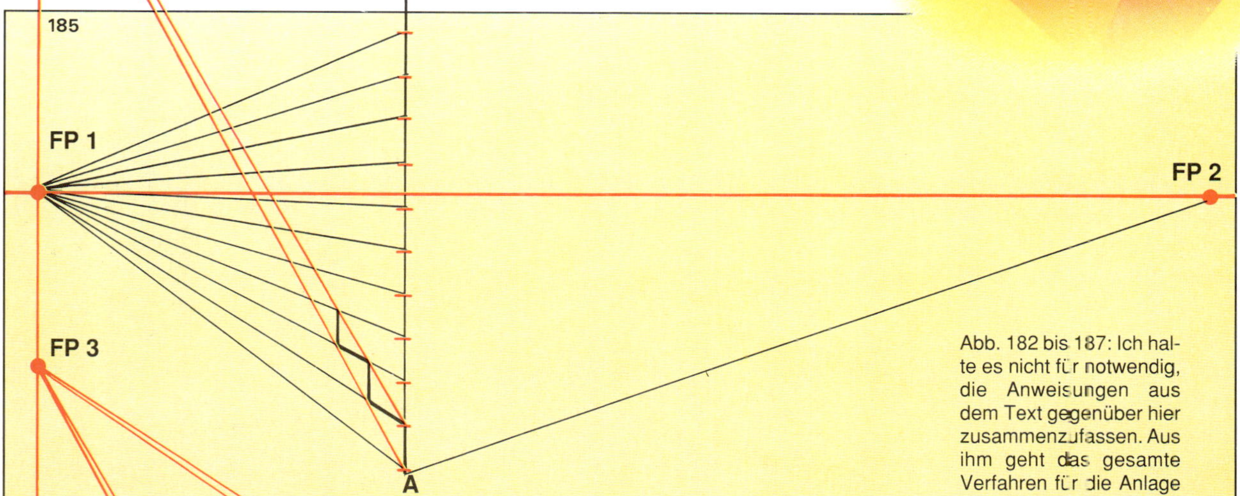


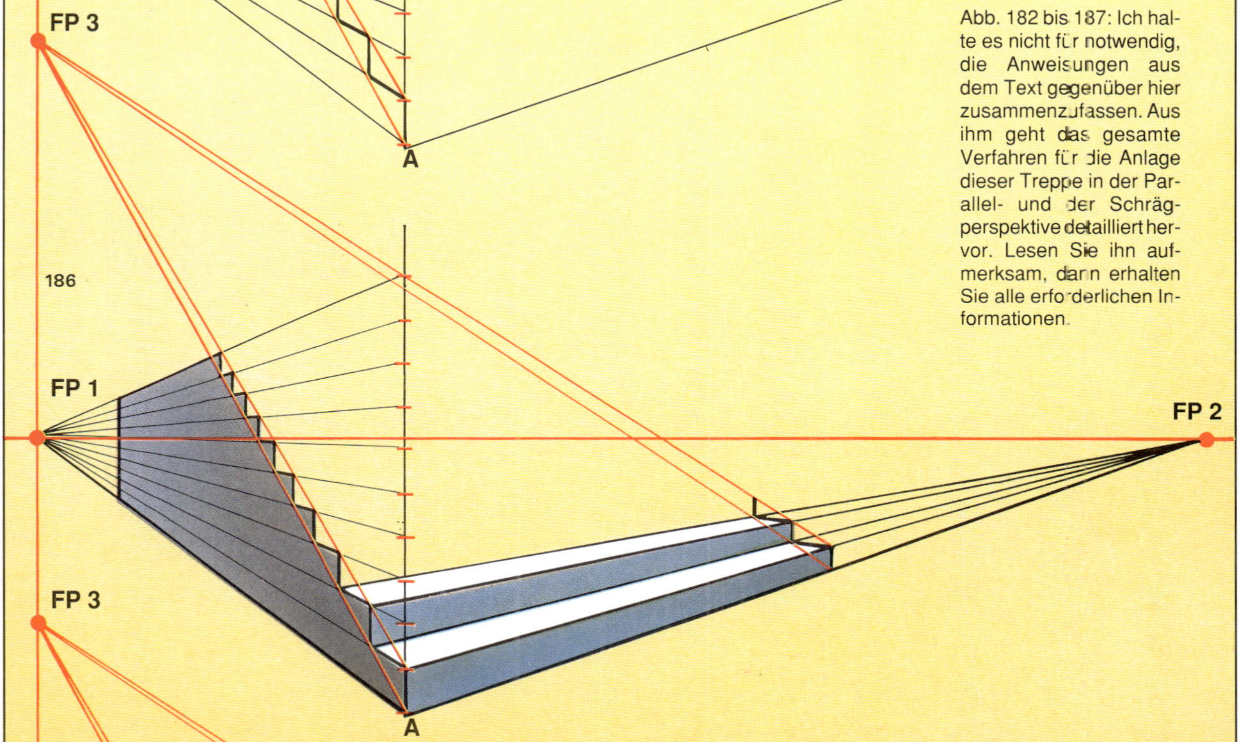


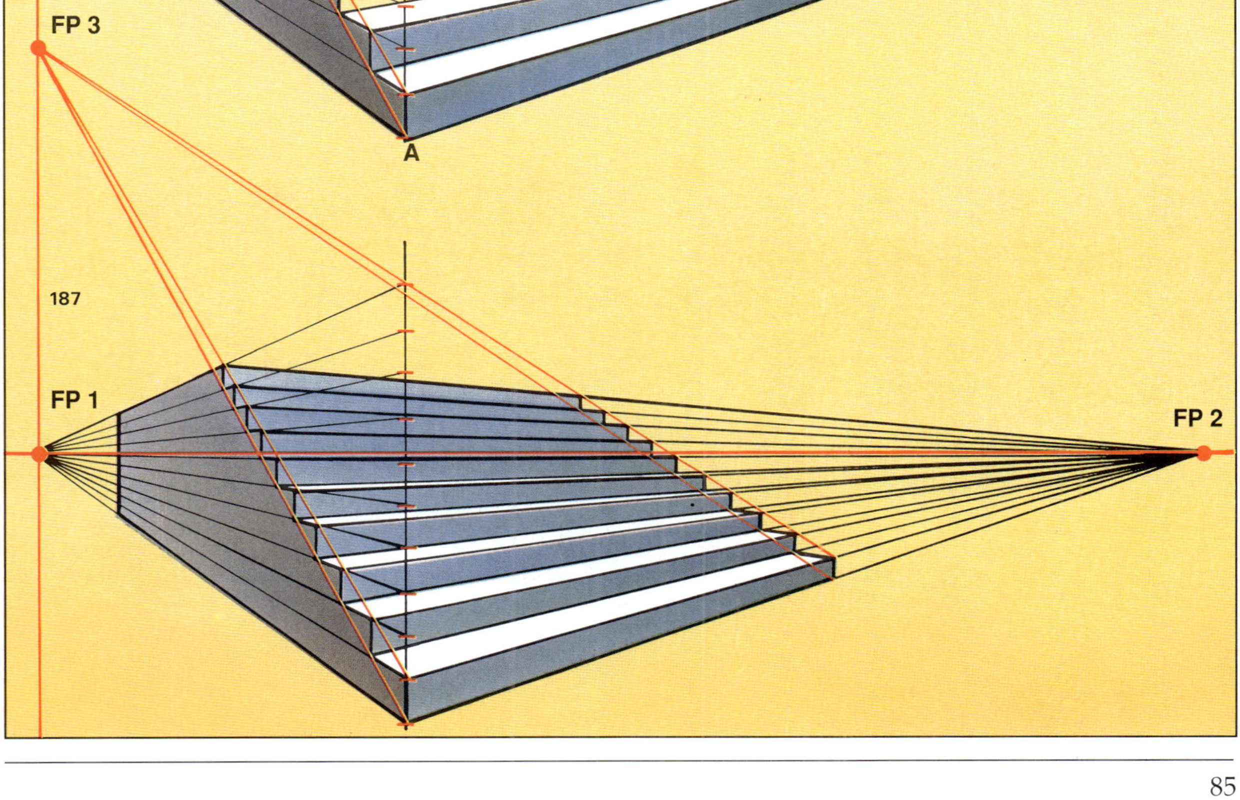


Abb. 182 bis 187: Ich halte es nicht für notwendig, die Anweisungen aus dem Text gegenüber hier zusammenzufassen. Aus ihm geht das gesamte Verfahren für die Anlage dieser Treppe in der Parallel- und der Schrägperspektive detailliert hervor. Lesen Sie ihn aufmerksam, dann erhalten Sie alle erforderlichen Informationen.

# Die Perspektive der Spiegelungen

Befindet sich ein Körper oberhalb einer spiegelnden Fläche, verdoppelt sich sein Bild im umgekehrten Sinn. Das ist so, weil *der Einfallswinkel identisch mit dem Ausfallswinkel ist* (Abb. 189). Anders ausgedrückt, man muß das Modell mit denselben Formen in derselben Perspektive mit derselben Horizontallinie und denselben Fluchtpunkten „auf dem Kopf" wiederholen. Sie erkennen dies am Beispiel der Farbnotiz vom Kai in Barcelona und dem Stilleben unten auf dieser Seite (Abb. 188 und 190).

Die Abbildung auf der Seite gegenüber – ein Zimmer mit einem Wandspiegel (Abb. 193) – bestätigt das Gesagte. Hier benötigt man jedoch zusätzlich die Fluchtpunkte der Diagonalen, um die korrekte Perspektive der beiden Wandgemälde, der Möbel und der Tür rechts im Modell sowie deren Spiegelungen zu gewährleisten. Das Verfahren sieht folgendermaßen aus: Auf Abbildung 191 werden die vier Wände mit dem Fluchtpunkt (FP1) angelegt. Mit Hilfe des Spiegels und der Diagonalen vom Scheitel A durch den Scheitel B wird der Fluchtpunkt der Diagonalen (FPD) ermittelt.

188

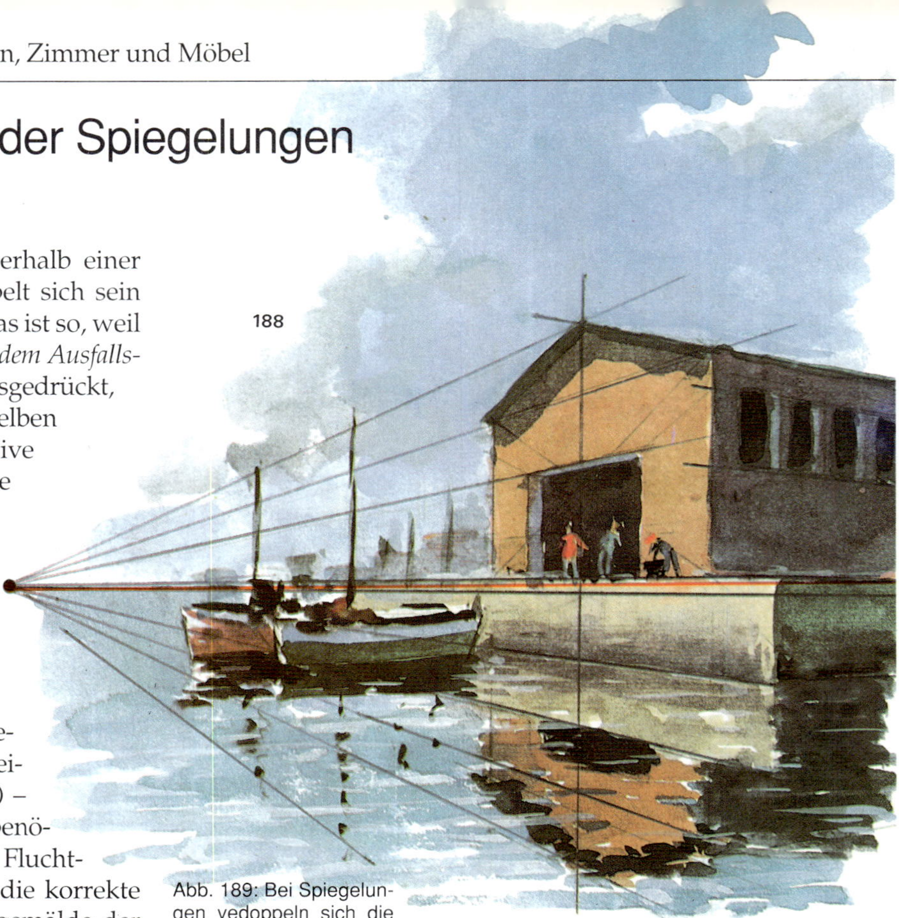

Abb. 189: Bei Spiegelungen vedoppeln sich die Formen, da der Eingangswinkel immer mit dem Ausgangswinkel identisch ist.

189

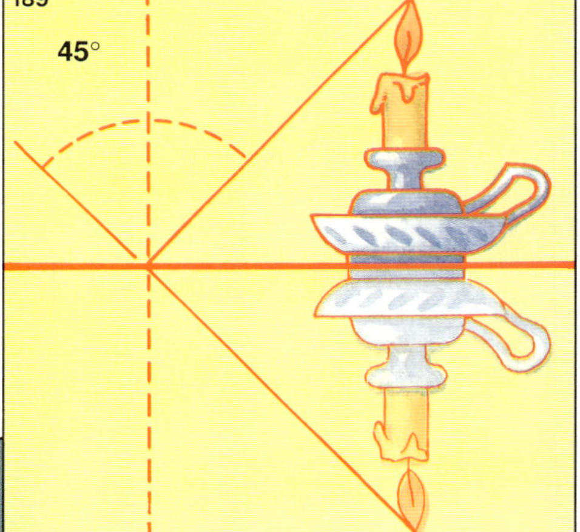


190

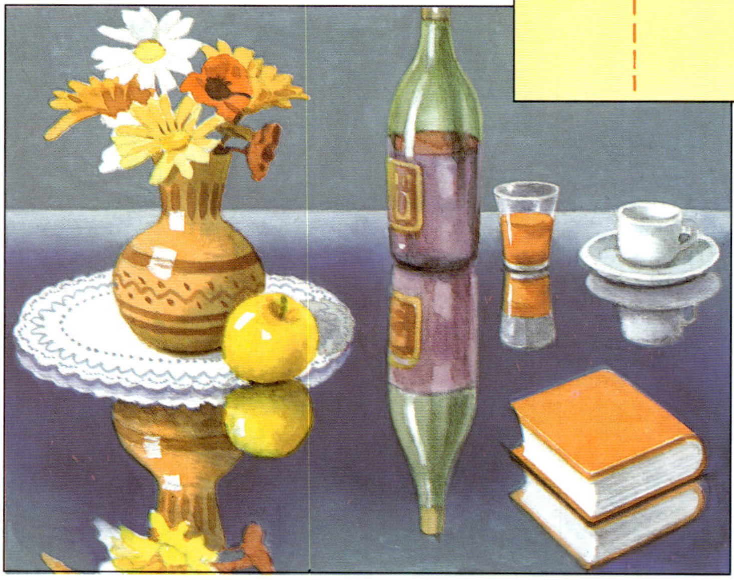

Abb. 188 bis 190: Ein Modell wird im Wasser, im Spiegel oder in einer polierten Fläche entgegengesetzt reflektiert. Folglich besitzen die Spiegelbilder dieselbe Horizontallinie und dieselben Fluchtpunkte wie das Original.

191

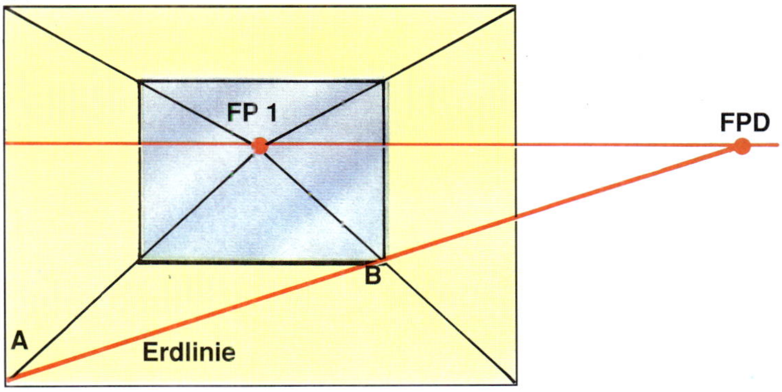


Auf Abbildung 192 bestimmen wir mit der Linie C zum FPD die Tiefe des im Spiegel reflektierten Zimmers. Mit den Punkten D und E auf der Erdlinie und den Diagonalen F und G ermitteln wir die Lage und die Breite der Tür.

Auf Abbildung 193 wiederholen wir dieses Verfahren für die rechte gespiegelte Tür. Wir markieren die Punkte H, I, J und K auf der Erdlinie und legen mit Hilfe der Diagonalen L, M, N, O etc. die Bilder und Möbel zur Linken an. Dies wiederholen wir im Spiegel, um die Spiegelungen der Bilder und Möbel zu erhalten.

192

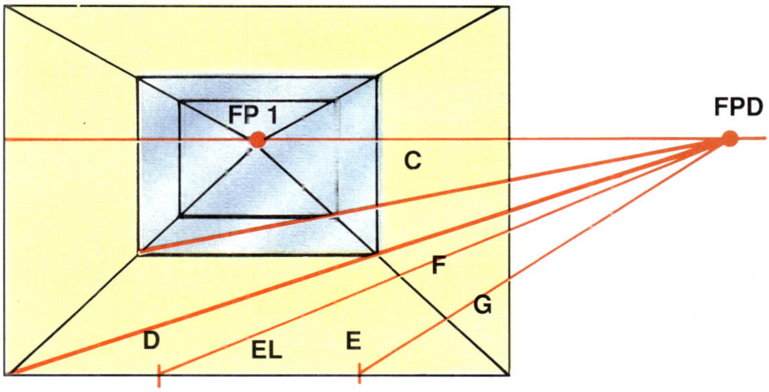


Abb. 191 bis 193: Aus dem Text und den Abbildungen geht detailliert hervor, wie man dieses Zimmer mit seiner Spiegelwand zeichnet.

193

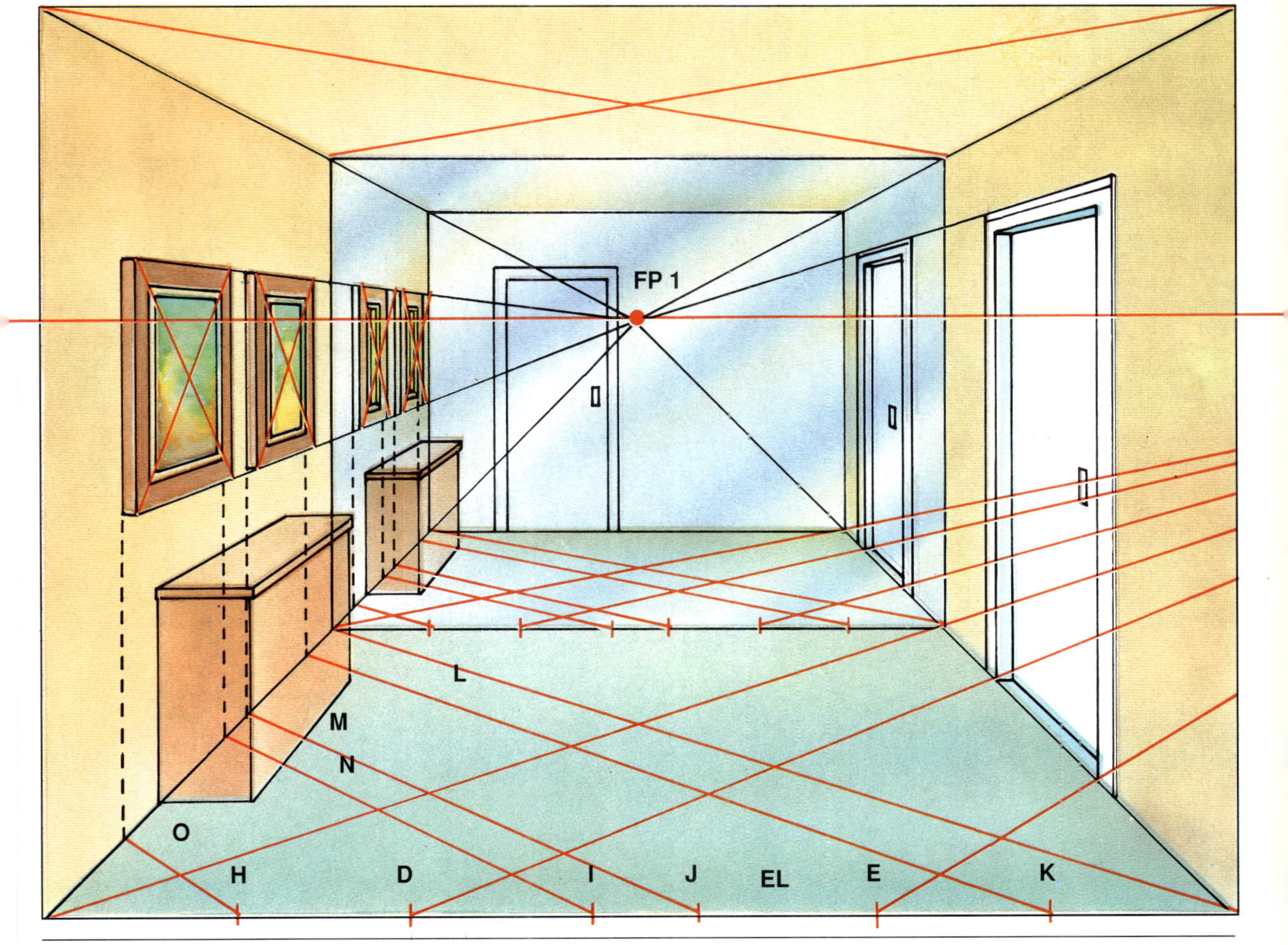

# Ein Wohnzimmer in der Parallelperspektive

194

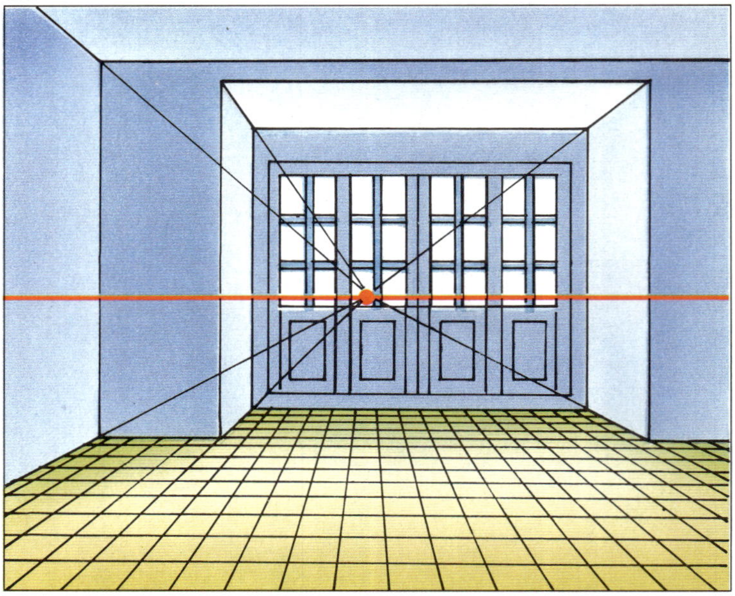

195

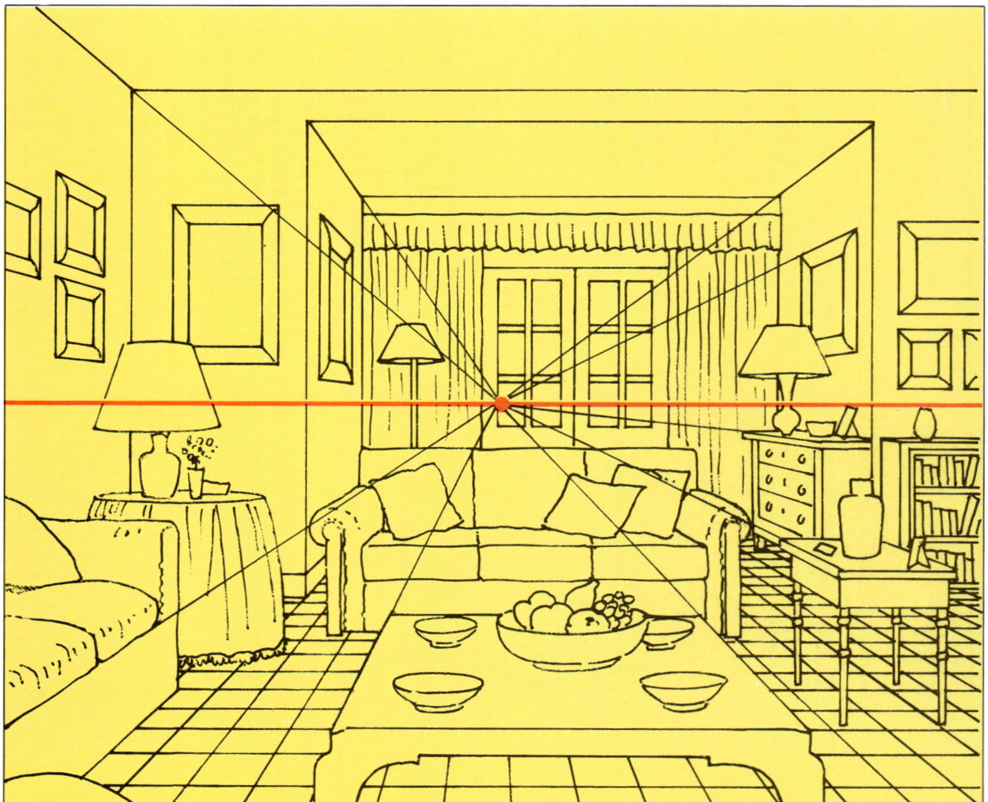

Abb. 194 bis 196: Hier eine Übung in der Parallelperspektive. Bitte, führen Sie diese zum Abschluß als Zusammenfassung dessen, was Sie in diesem Buch bisher gelesen und gelernt haben, ebenfalls durch. Ich rate Ihnen, dazu Ihr Wohn- oder Eßzimmer zu wählen, also nach einem Modell zu zeichnen. Natürlich kann es sich auch um das Zimmer eines Freundes oder eines Familienangehörigen handeln. Falls Sie kein geeignetes Modell mit den genannten Merkmalen finden, können Sie Abbildung 196 als Anhaltspunkt benutzen. Lassen Sie einfach einige Dinge fort und fügen Sie andere hinzu, die Ihnen zur Erreichung des genannten Ziels erforderlich erscheinen.

Auf dieser und der folgenden Doppelseite schlage ich Ihnen eine komplette Übung in der Parallel- und der Schrägperspektive vor.
Sie sollen ein Zimmer Ihres Hauses zeichnen – und malen, falls Sie es möchten –, das eine gewisse Ähnlichkeit mit diesem aufweist. Mit dieser Ähnlichkeit meine ich nicht, daß es wie aus einer englischen Einrichtungszeitschrift aussehen muß, was bei meinem Bild vielleicht der Fall ist. Es sollten vielmehr Tische, Sessel, Bilder, Bücherregale, Türen, Fenster oder eine Balkontür, Vorhänge etc. vorhanden sein, also genügend Elemente und Strukturen, anhand derer Sie alle Grundformen der Perspektive anwenden können.

Sollte Ihr Zimmer nicht ganz so dekorativ sein, macht es auch nichts. Wichtig ist, daß Sie es nach der Natur in der Parallelperspektive zeichnen und mit den Eingangsschwierigkeiten des Aufbaus der Wände mit den Fenstern oder Balkontüren, der Bodenplatten etc. beginnen. Dies habe ich getan, wie Abbildung 194 zeigt, und ich rate Ihnen ebenfalls dazu. Zeichnen Sie zunächst das leere Zimmer einschließlich seines Bodens. Damit erhalten Sie ein Quadratnetz, in das Sie – wie es Alberti und Piero della Francesca taten – die Möbel perspektivisch korrekt einzeichnen und anschließend alles hinzufügen können, was Sie vor Augen haben oder was Sie sich vorstellen; auch das gehört zu dieser Übung.

196

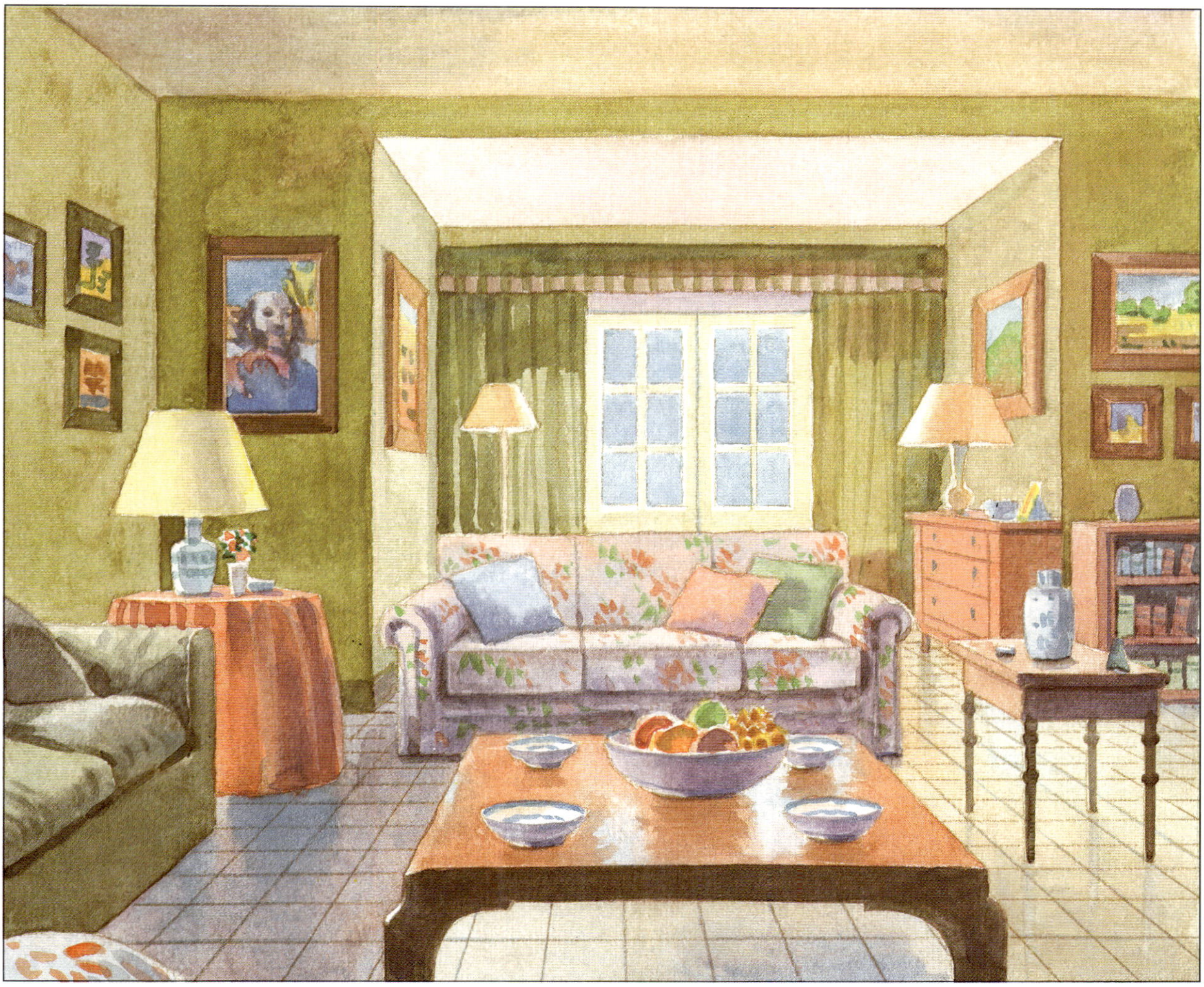

# Eine Küche in der Schrägperspektive

197

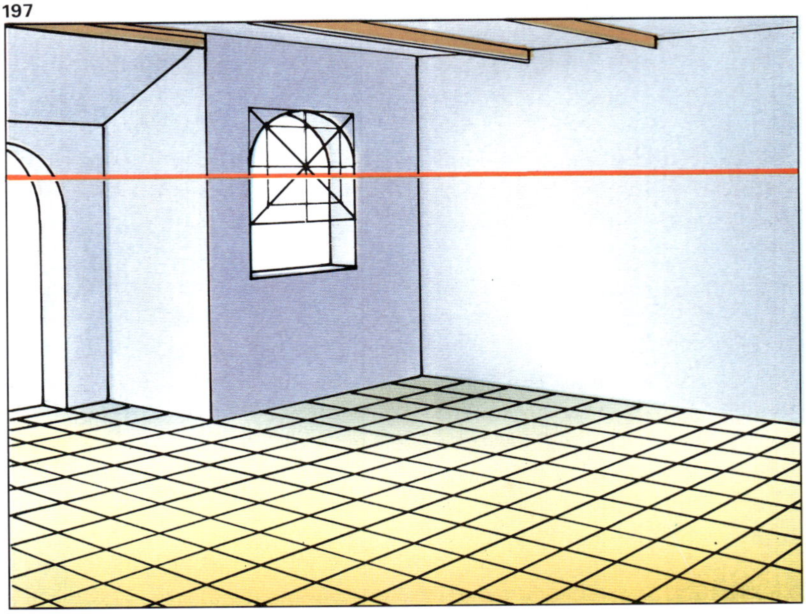

198

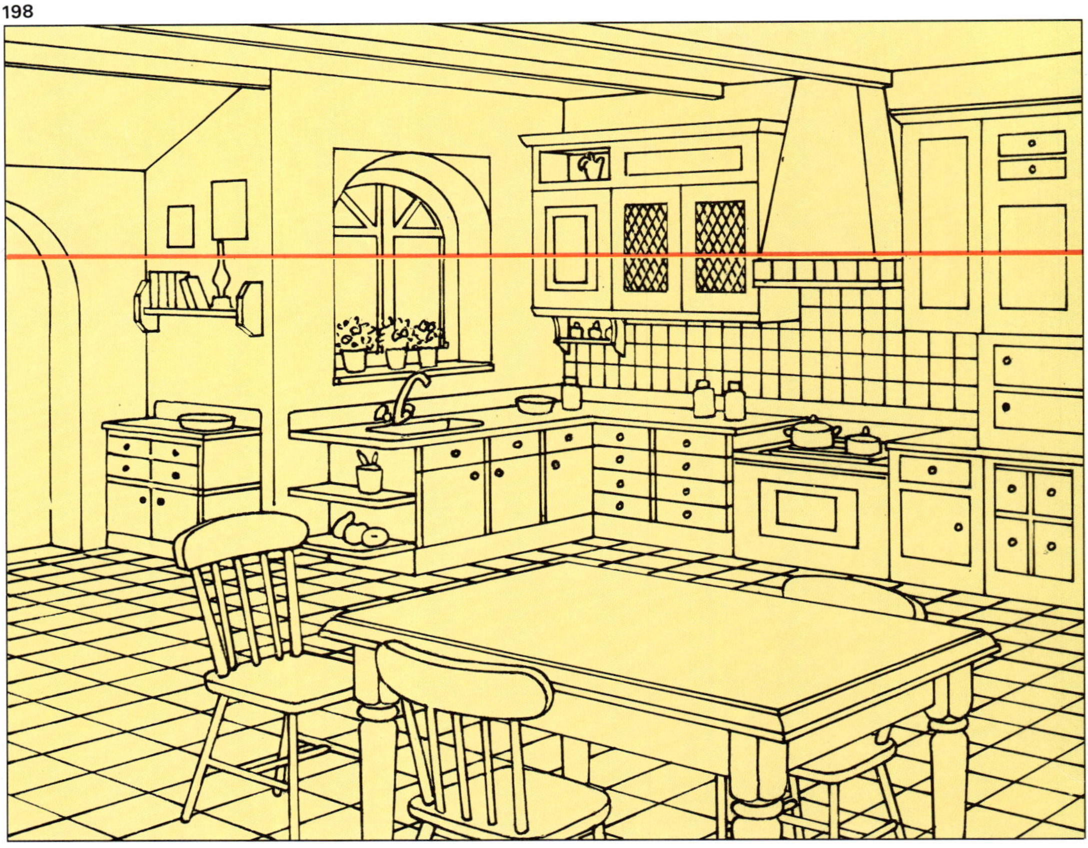

Sie meinen, das wäre noch schwieriger? Ja und nein. Sollten Sie eine Küche wie diese haben oder jemanden kennen, der eine ähnliche besitzt, können Sie sie nach dem Modell zeichnen und die Formen verändern oder anpassen, wie wir es vorher bei dem Wohnzimmer vorgeschlagen haben.

Ist Ihnen das zu kompliziert, können Sie auch einfach *Ihre* Küche zeichnen und dazu Abbildung 199 als Anhaltspunkt benutzen. Als Schema kann Ihnen das leere Zimmer von Abbildung 197 dienen. Stellen Sie sich eine nicht ganz so rustikale Küche mit weißen Möbeln, glatten Türen und weniger Schubladen vor.

Gefällt Ihnen die zweite Möglichkeit ebenfalls nicht, können Sie die Küche von Abbildung 199 einfach kopieren. Auch das ist eine interessante praktische Übung, da Sie die Maße und Proportionen berechnen und die Perspektive wie nach einem Modell aufbauen müssen.

In jedem Fall stellt sich bei dieser Übung das Problem, daß sich die Fluchtpunkte außerhalb des Bildes befinden. Davon wird auf der folgenden Seite die Rede sein.

Welche Küche Sie auch zeichnen, ich rate Ihnen, in einem größeren Maßstab zu arbeiten, zum Beispiel im eineinhalbfachen: 24 x 19,5 cm.

Ich versichere Ihnen, daß die Übung nicht schwierig ist, da sich die Grundstruktur aller Elemente auf Quadrate und Würfel in der Perspektive stützt.

Abb. 197 bis 199: Wenn Sie den Stil der Möbel beim Kopieren dieser Küche verändern, erhalten Sie eine ausgezeichnete Übung für die Schrägperspektive. Sie ist nicht schwierig, weil es sich im Grunde immer um das Problem der Würfel oder Prismen in der Schrägperspektive handelt. Und dieses beherrschen Sie inzwischen perfekt.

199

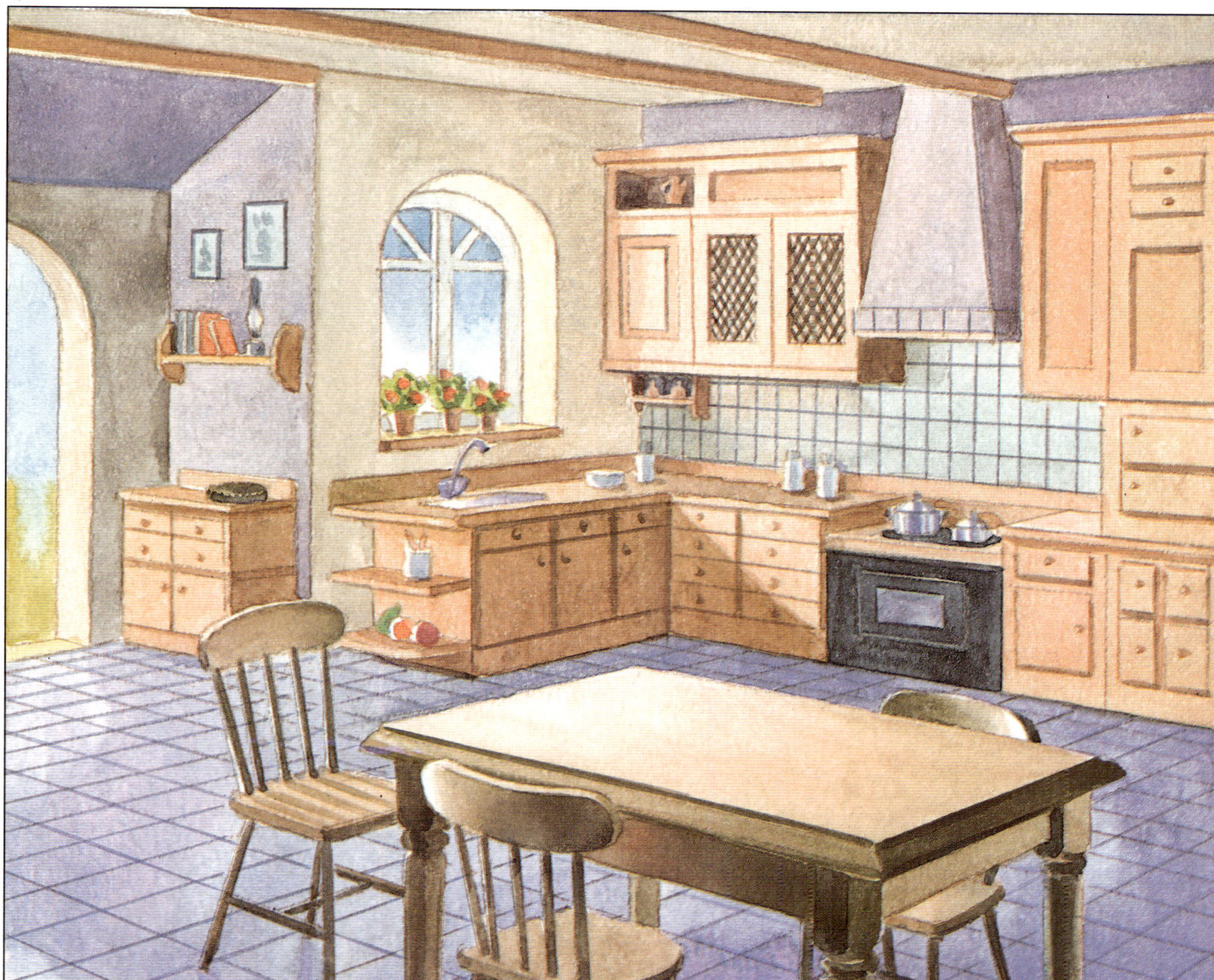

# Wenn die Fluchtpunkte außerhalb des Bildes liegen

Das ist der Fall, wenn Sie die beiden Übungen auf den vorigen Seiten durchführen oder eine Stadtszene mit Ihrer kleinformatigen Zeichenmappe als Unterlage auf dem Schoß zeichnen. Wie ermittelt man dann die perspektivisch korrekte Neigung der Linien, die die Möbel, Wände, Türen und Fenster aufweisen? Anders ausgedrückt: Was kann man tun, wenn die Fluchtpunkte außerhalb des Bildes liegen?

Die Lösung ist einfach. Nehmen wir an, Sie haben den Aufbau bereits gelöst, also die Maße und Proportionen Ihres Modells nach Augenmaß ermittelt, und müssen nur noch die Konvergenz der Linien und Formen präzisieren, die für die korrekte Perspektive des Themas sorgen. (Der erfahrene Künstler ist übrigens in der Lage, sämtliche perspektivischen Probleme nach Augenmaß zu lösen. Aber fahren wir fort.)

Da wir in der Parallelperspektive arbeiten (Abb. 200), müssen wir zunächst die Fluchtlinien zeichnen, die die Gesamtform des Modells am oberen und unteren Rand begrenzen (Abb. 201, A und B), und die dem Betrachter nächste senkrechte Kante auswählen (C). Anschließend zeichnen wir eine zweite Senkrechte außerhalb des Bildes (D), und unterteilen diese und die vorige in gleiche Segmente. In unserem Fall sind es neun. Jetzt brauchen wir nur noch die Schnittpunkte auf den beiden Senkrechten zu verbinden und erhalten ein Hilfsgerüst, mit dem wir alle perspektivischen Neigungen der Linien und Formen erstaunlich genau einzeichnen können, obwohl der eigentliche Fluchtpunkt außerhalb des Bildes liegt (Abb. 202).

200

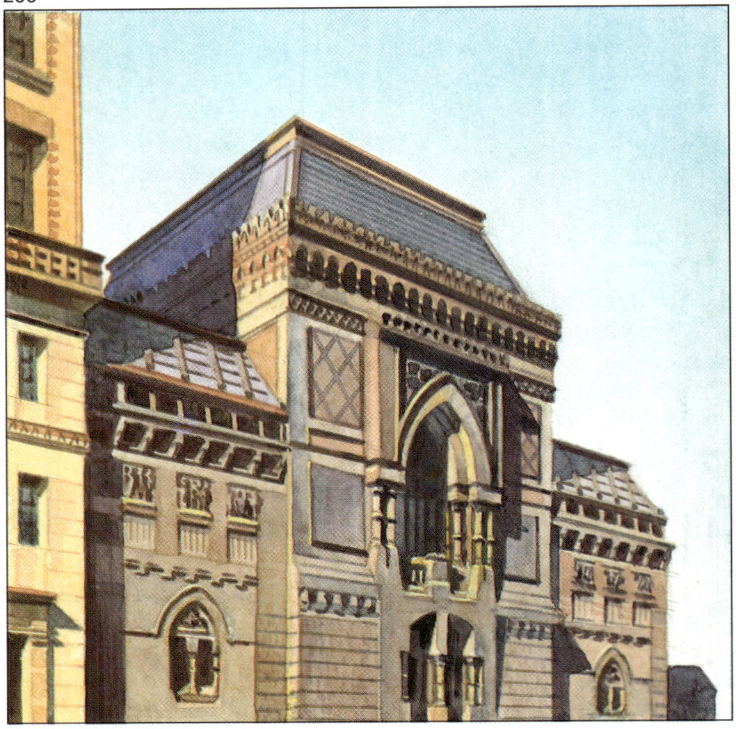

201

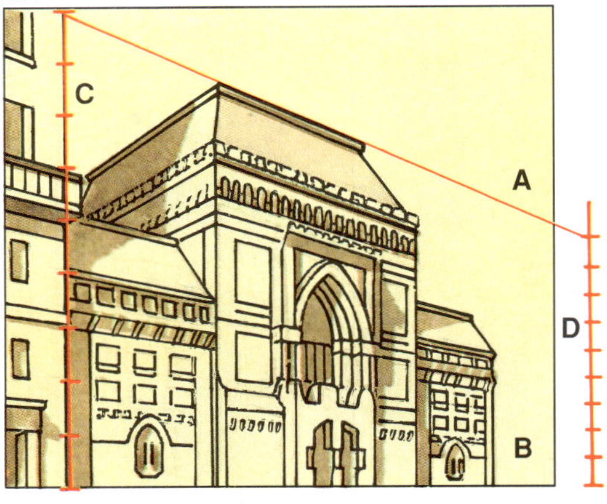


202

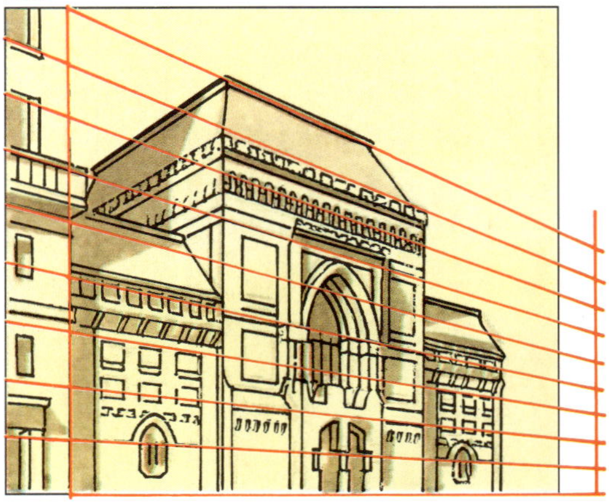

Abb. 200 Frank Furnes, *Akademie der schönen Künste*, Philadelphia. Eines der berühmtesten Gebäude des 19. Jahrhunderts in den USA.

Abb. 201 und 202: Bei der Parallelperspektive zeichnen Sie die beiden Fluchtlinien A und B, fällen Sie die Senkrechten C und D zu beiden Seiten des Bildes (Abb. 201) und unterteilen diese in die erforderlichen Abschnitte. Dadurch erhalten Sie ein Hilfsgerüst (Abb. 202).

203

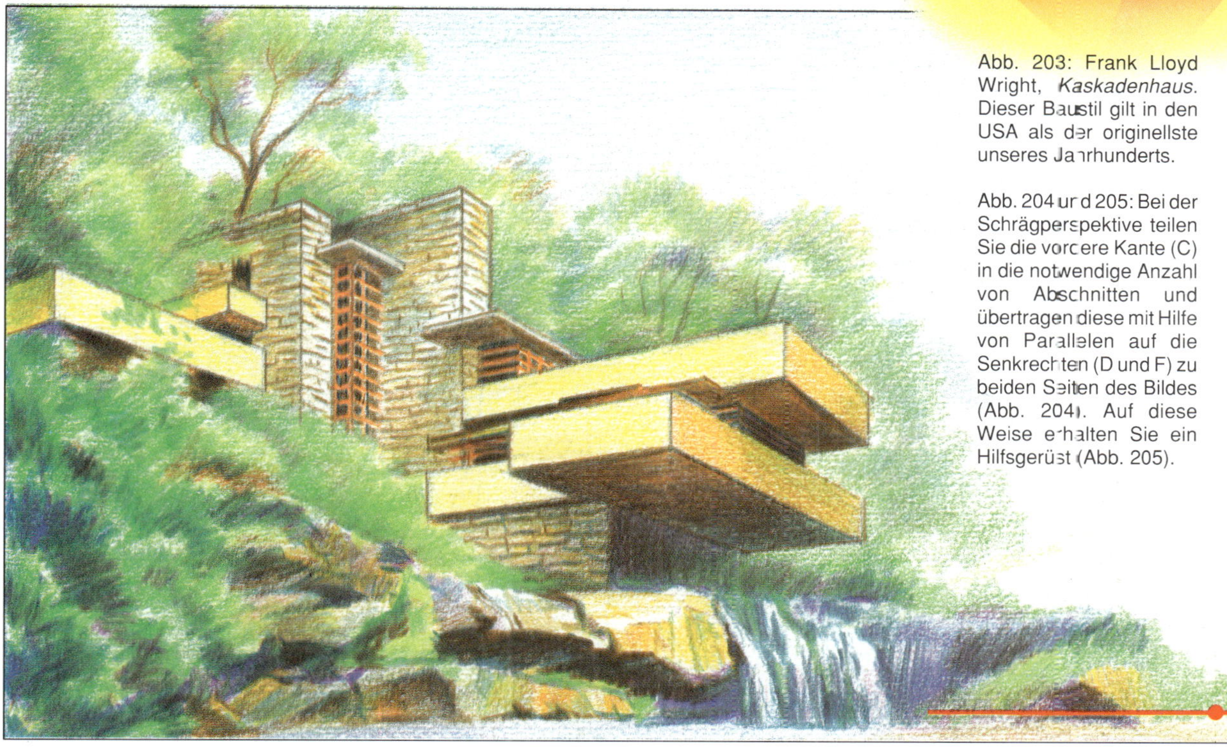

Abb. 203: Frank Lloyd Wright, *Kaskadenhaus*. Dieser Baustil gilt in den USA als der originellste unseres Jahrhunderts.

Abb. 204 und 205: Bei der Schrägperspektive teilen Sie die vordere Kante (C) in die notwendige Anzahl von Abschnitten und übertragen diese mit Hilfe von Parallelen auf die Senkrechten (D und F) zu beiden Seiten des Bildes (Abb. 204). Auf diese Weise erhalten Sie ein Hilfsgerüst (Abb. 205).

204

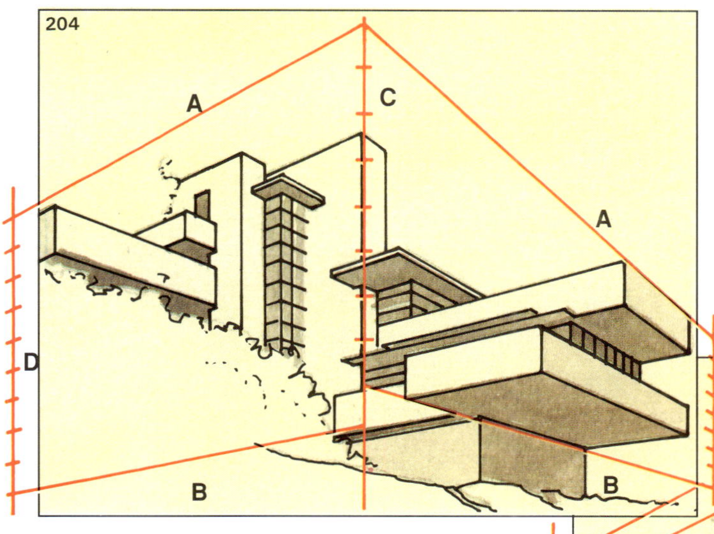


205

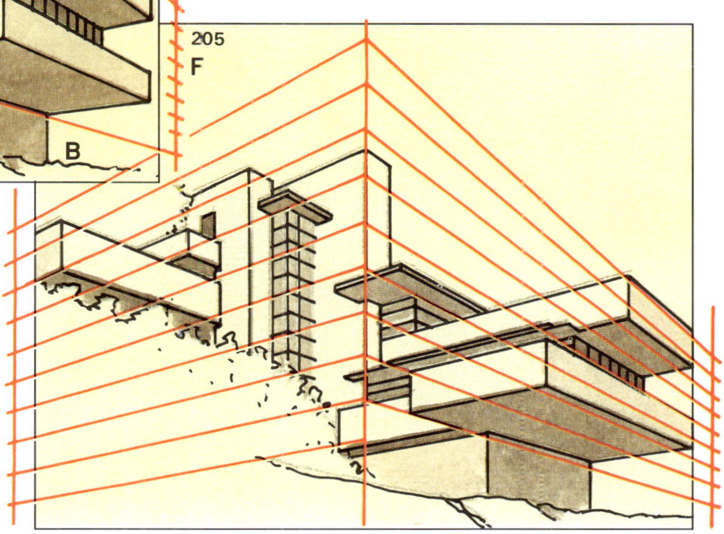

Das Hilfsgerüst für ein Bild in der Schrägperspektive (Abb. 203) wird genauso angelegt. Nur müssen Sie das Verfahren verdoppeln und die Fluchtlinien, die das Modell unten und oben begrenzen (Abb. 204, A und B) zu beiden Seiten vom nächsten (oberen oder unteren) Scheitel C ziehen. Anschließend unterteilen Sie die Vorderkante in eine gewisse Anzahl von Segmenten, zeichnen diesmal je eine Senkrechte zu beiden Seiten außerhalb des Bildrands und unterteilen diese in dieselbe Anzahl von Abschnitten, hier ebenfalls 9 (Abb. 204). Wie zuvor beenden Sie die Arbeit, indem Sie die Schnittpunkte miteinander verbinden, und erhalten ein ausgezeichnetes Hilfsgerüst zum Zeichnen in der korrekten Schrägperspektive (Abb. 205).

Bleibt noch das letzte Kapitel mit zwei ausgesprochen wichtigen Themen. Beim ersten geht es um die menschliche Gestalt in der Perspektive, die sich aus der zylindrischen Form seines Körpers bzw. seiner Anatomie ergibt. Das zweite Thema behandelt die Perspektive der Schatten mit ihren unterschiedlichen Projektionsformen, je nachdem, ob wir bei Tages- oder bei Kunstlicht arbeiten. Hier benötigen wir zwei spezielle Fluchtpunkte: den des Lichts und den der Schatten, die gemeinsam mit den normalen Fluchtpunkten die perspektivische Form der Schatten bestimmen.

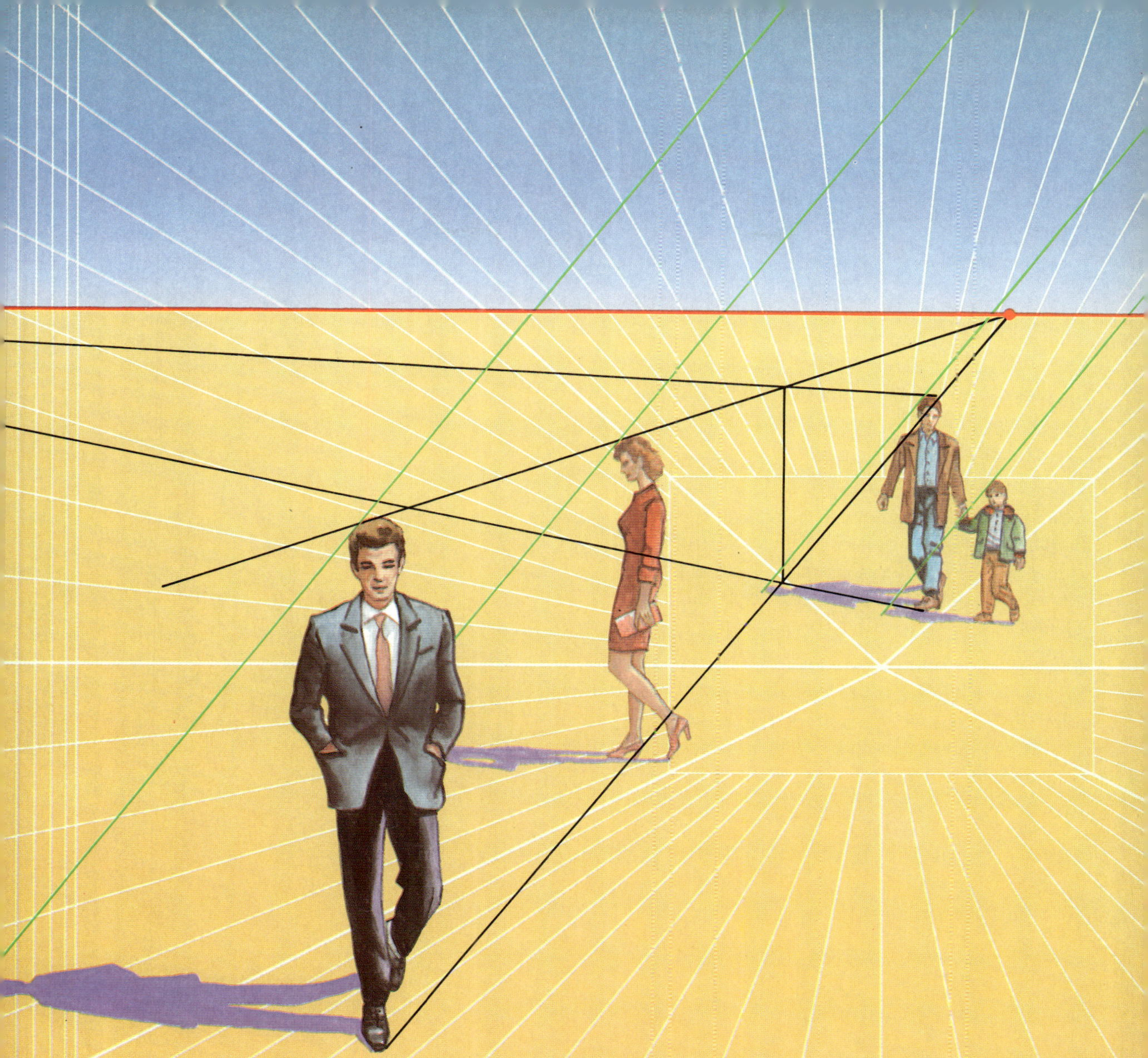

# DIE MENSCHLICHE GESTALT UND DIE PERSPEKTIVE DER SCHATTEN

206

206 A

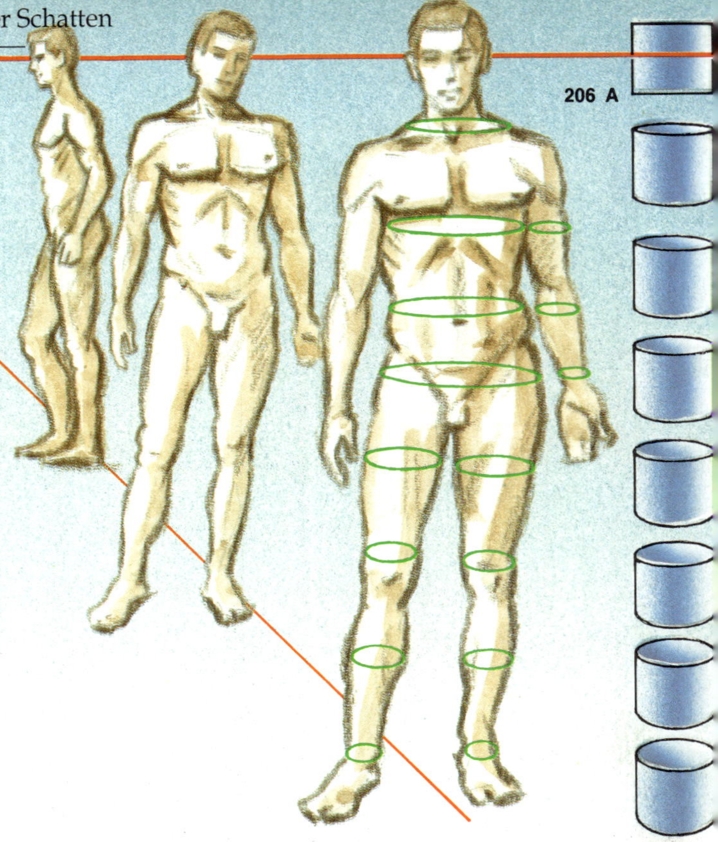

Um eine menschliche Gestalt in eine Zeichnung oder ein Gemälde aufzunehmen – zum Beispiel in eine Stadtszene, eine Szene mit Menschen oder eine Illustration wie einen Comic –, muß man wissen, wie man einen Menschen perspektivisch darstellt. Dieses Wissen läßt sich in vier Faktoren zusammenfassen:

*A) Die zylindrische Form des menschlichen Körpers (Abb. 206 und 206 A):* Der Kopf, der Oberkörper, die Arme, die Schenkel, die Beine, ja der gesamte Körper besteht aus zylindrischen Formen, die je nach Abstand von der Horizontallinie mehr oder weniger der Perspektive unterliegen.

*B) Die Horizontallinie bestimmt die Größe der Gestalt:* Je nach Lage im Vorder-, Mittel- oder Hintergrund – also nahe oder fern – ist sie größer oder kleiner. *Immer* befindet sich

207

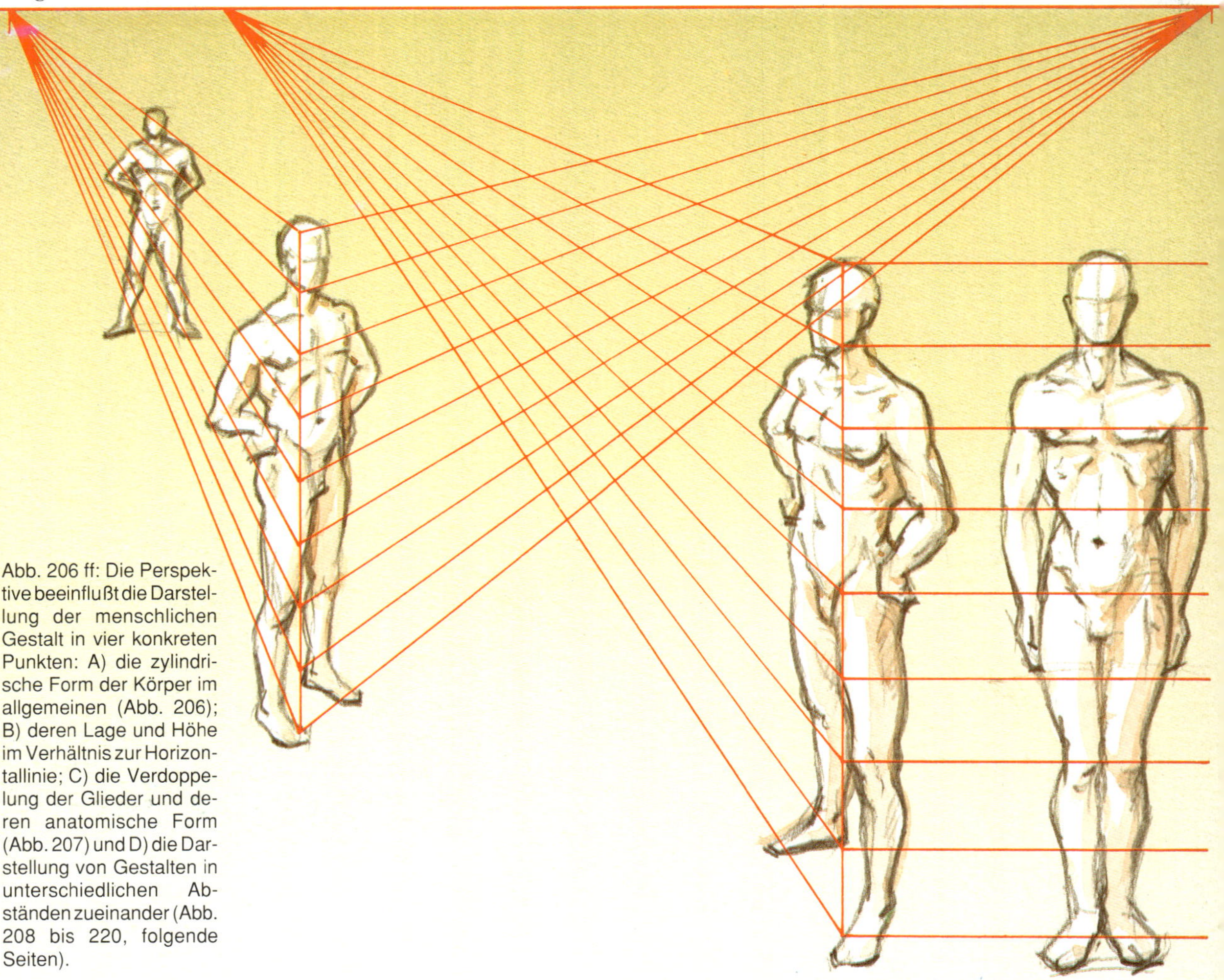

Abb. 206 ff: Die Perspektive beeinflußt die Darstellung der menschlichen Gestalt in vier konkreten Punkten: A) die zylindrische Form der Körper im allgemeinen (Abb. 206); B) deren Lage und Höhe im Verhältnis zur Horizontallinie; C) die Verdoppelung der Glieder und deren anatomische Form (Abb. 207) und D) die Darstellung von Gestalten in unterschiedlichen Abständen zueinander (Abb. 208 bis 220, folgende Seiten).

# Eine menschliche Gestalt in der Perspektive

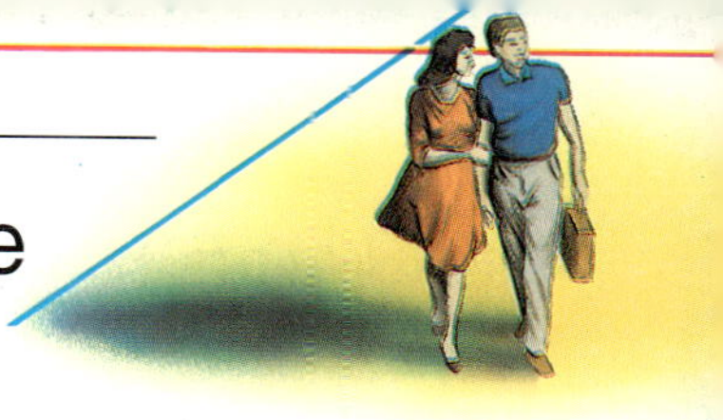

208

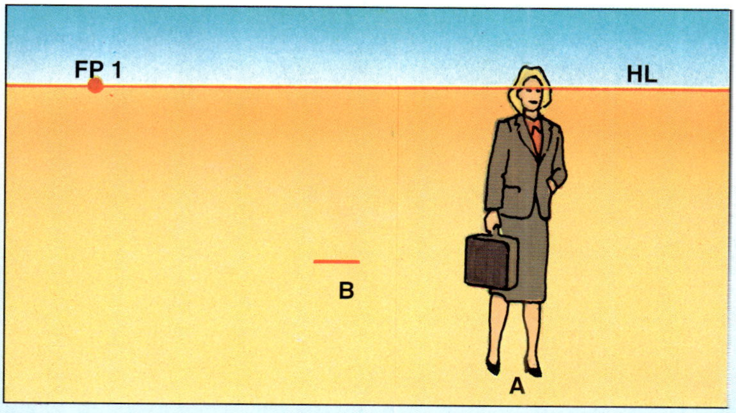


209

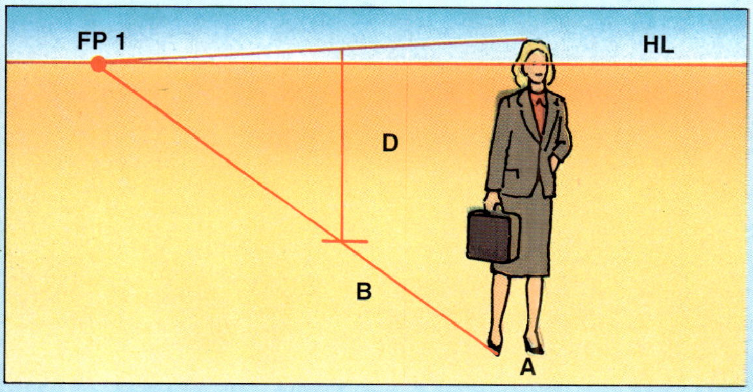


210

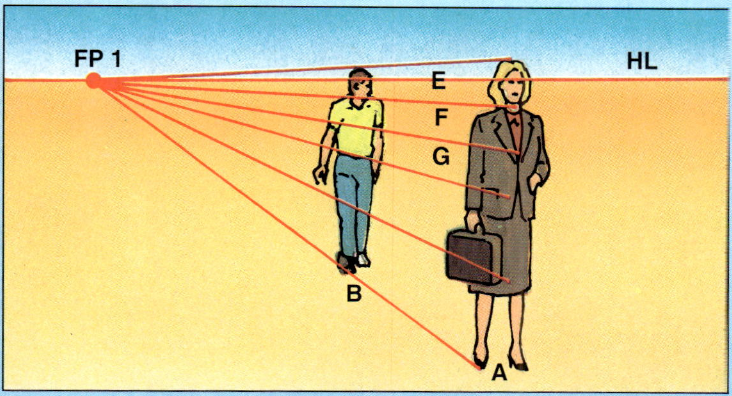


211

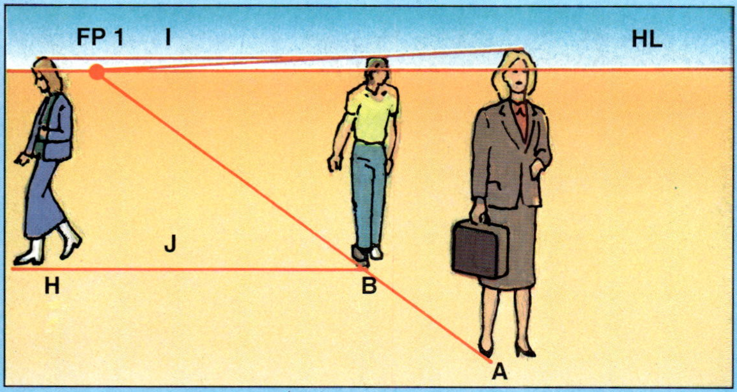


der Kopf jedoch in Höhe der Horizontallinie (Abb. 206). Das ist klar, nicht wahr? Denn die Horizontallinie verläuft *in Höhe des nach vorn gerichteten Blicks.*

C) *Die anatomische Form des Körpers und seine Perspektive (Abb. 207):* Sieht man die Gestalt optisch verkürzt, kann sich eine andere Ausrichtung der Schultern, des Brustkorbs, der Ellbogen, der Hüften, der Knie und der Füße etc. ergeben.

D) *Die Darstellung von Gestalten in unterschiedlicher Entfernung (Abb. 208 bis 211):* Dazu gibt es eine Reihe von Regeln, die ihre mathematisch exakte Darstellung ermöglichen.

Von diesen Regeln wird jetzt die Rede sein. Wir werden mehrere Gestalten Schritt für Schritt an verschiedenen Stellen des Bildes einfügen und dabei die proportionalen Beziehungen und die Perspektive der Formen berücksichtigen.

**Abbildung 208**: Zeichnen Sie zunächst die Horizontallinie (HL) und den Fluchtpunkt (FP1), und legen Sie die erste Gestalt in den Vordergrund. Markieren Sie anschließend die Stelle für die zweite Gestalt mit dem Buchstaben B.

**Abbildung 209**: Ziehen Sie eine Gerade vom A durch B zum Fluchtpunkt 1 und eine weitere vom Kopf der ersten Gestalt zum FP 1. Errichten Sie zum Abschluß die Senkrechte D im Punkt B.

**Abbildung 210**: Die Senkrechte D liefert Ihnen die Höhe der zweiten Gestalt, deren Proportionen von den Fluchtlinien E, F, G etc. bestimmt werden, die mit dem Hals, den Brüsten, der Taille etc. der Gestalt A übereinstimmen.

**Abbildung 211**: Sie können noch eine weitere Gestalt im Punkt H in Höhe der Gestalt B einsetzen. Dafür benötigen Sie nur die Waagerechten I und J, die die Größe und die Proportionen dieser dritten Gestalt angeben.

# Eine menschliche Gestalt in der Perspektive

**Abbildung 212**: Wir wollen nun eine vierte Gestalt in E zeichnen, also praktisch in derselben Höhe wie A, aber etwas weiter nach vorn gerückt. Welche Größe und welche Proportionen muß sie im Vergleich zu den übrigen besitzen? Sehen Sie selbst: Zeichnen Sie eine Diagonale von E zu einem beliebigen Punkt auf der Horizontallinie, in diesem Fall zum FP2 auf der rechten Seite.

212

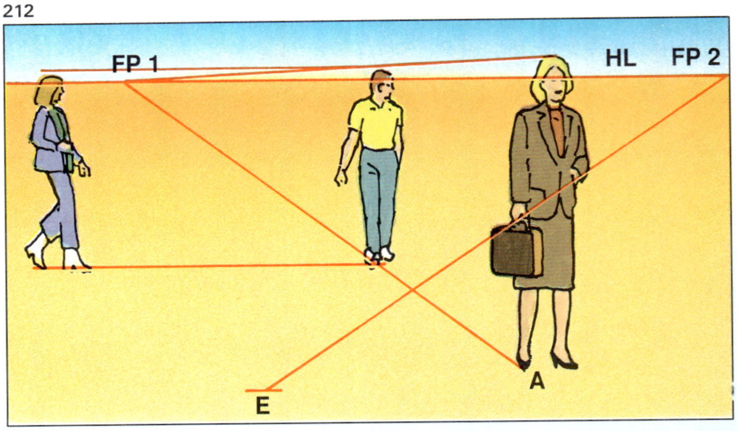


**Abbildung 213**: Diese Diagonale, die wir hier mit K bezeichnet haben, liefert Ihnen im Schnittpunkt mit der Geraden von A nach FP1 den Punkt L. In diesem errichten Sie eine Senkrechte, die Ihnen das Maß M sowie den Punkt N angibt.

213

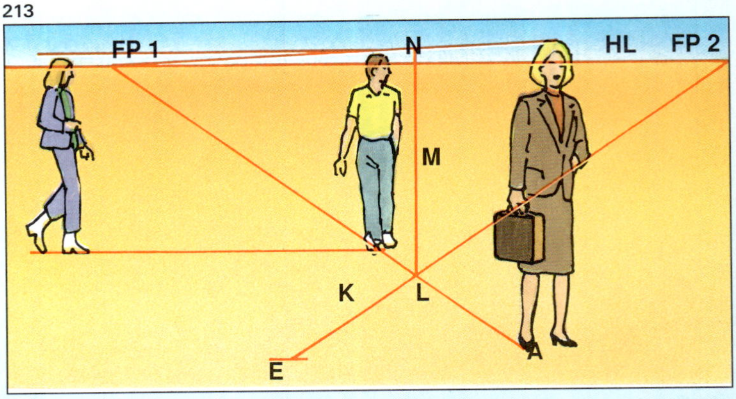


**Abbildung 214**: Verbinden Sie jetzt den FP2 mit N, und verlängern Sie die Gerade bis O, erhalten Sie die gesuchte Höhe P. Um die Proportionen der letzten Gestalt zu ermitteln, brauchen Sie nur die der Gestalt A darauf zu übertragen.

214

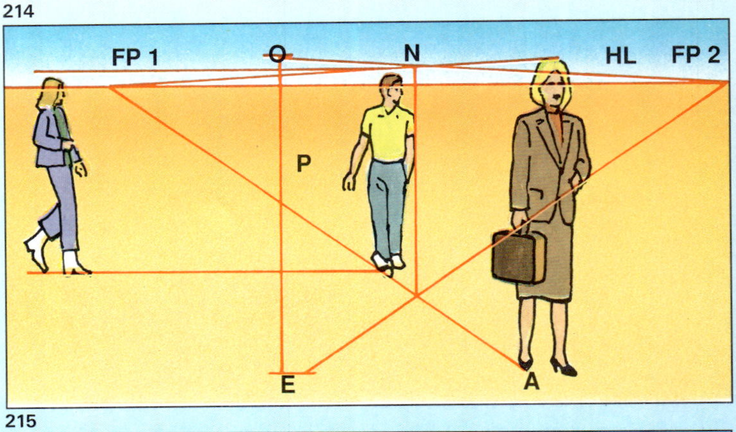


**Abbildungen 215 bis 217**: Das Problem ist gelöst. Die Abbildungen 216 und 217 zeigen dasselbe perspektivische Verfahren bei einem Bild mit einem niedrigen bzw. einem hohen Horizont.

215

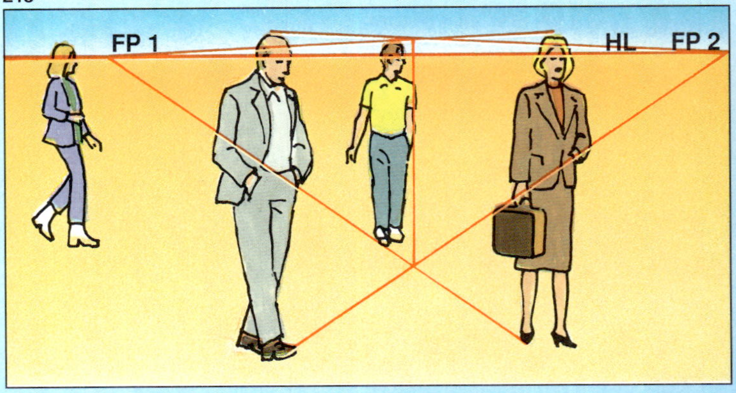

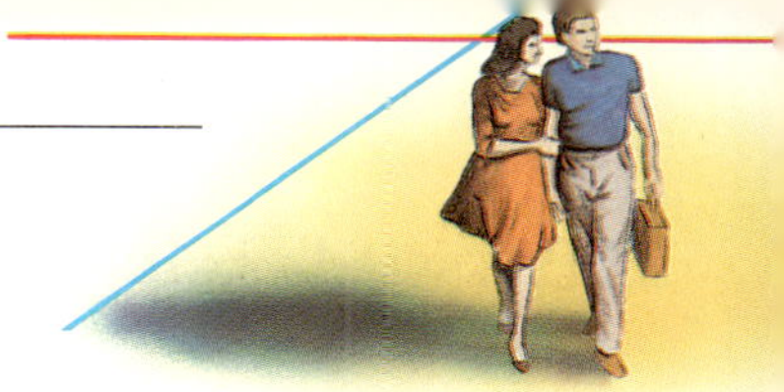

216

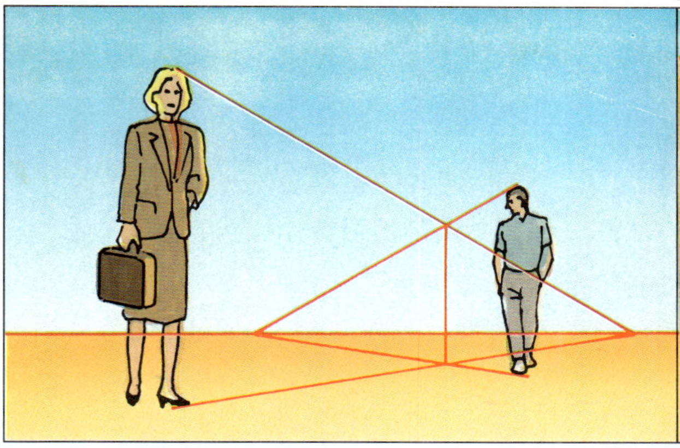

217

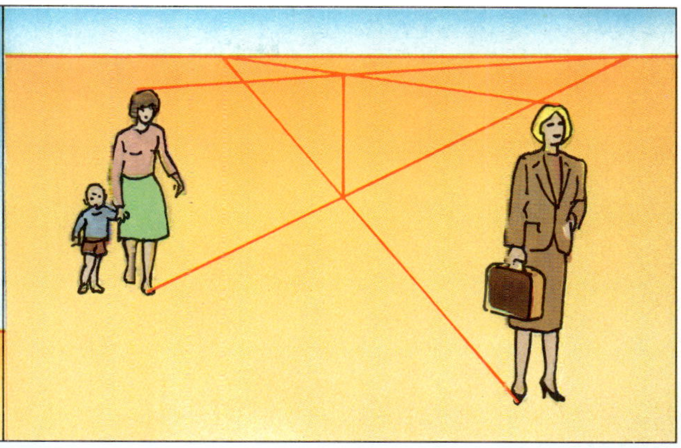

218

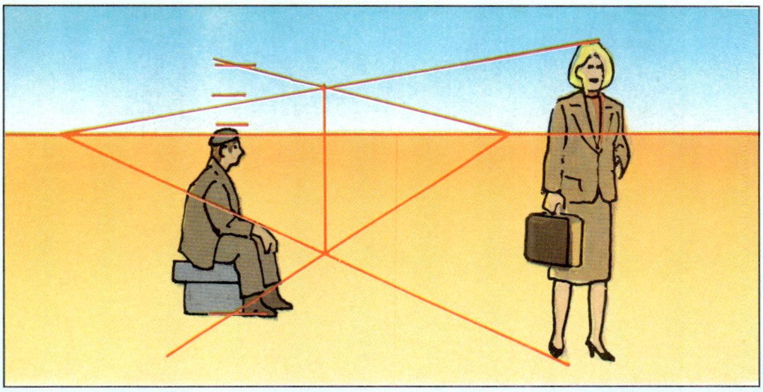

Abbildung 218: Um diesen Mann oder eine andere sitzende Person zu zeichnen, unterteilen Sie die normale Höhe der Gestalt in acht gleiche Abschnitte – entsprechend dem Kanon des idealen menschlichen Körpers –, und nehmen sechs davon für die sitzende Gestalt. Für die Größe des Kindes benötigt man je nach Alter vier bis sechs Abschnitte.

219

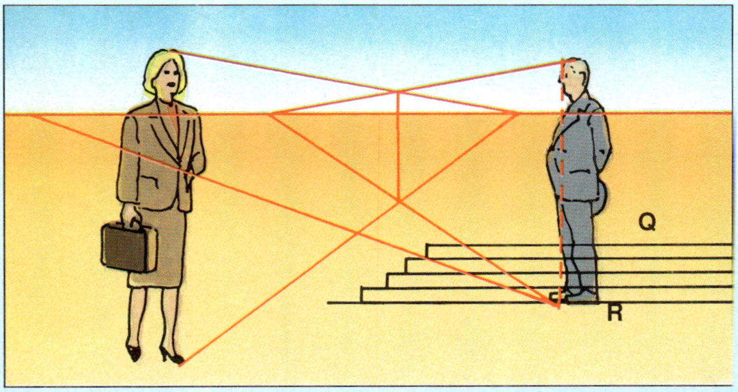


Abbildung 219: Befindet sich die Gestalt auf einer erhöhten Ebene Q, stellen Sie sich diese zunächst auf derselben Höhe wie die erste vor (R), also auf dem normalen Boden, und projizieren sie perspektivisch mit dem bei den vorigen Beispielen erklärten Verfahren.

220

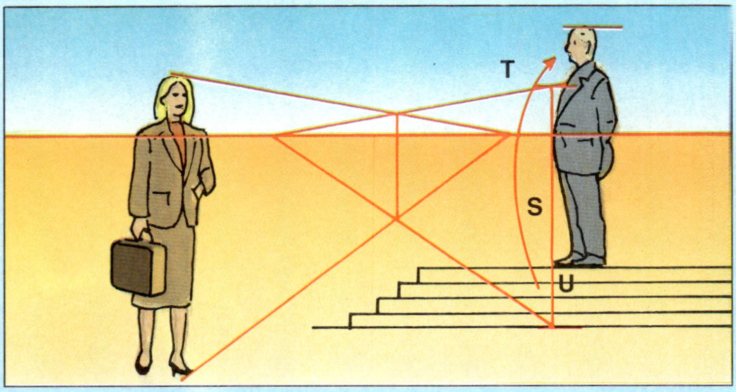


Abbildung 220: Dadurch erhalten Sie die Senkrechte S. Fügen Sie zu diesem Segment am Endpunkt T den Abstand U hinzu, haben Sie die Höhe der Gestalt, gleichgültig, ob es sich um eine Frau, einen Mann oder ein kleines bzw. großes Kind handelt. Man holt die Gestalt also sozusagen zunächst von ihrem Podest herunter, berechnet ihre Größe, und hebt sie anschließend in der korrekten Perspektive an die gewünschte Stelle.

# Die Perspektive der Schatten bei Tageslicht

221

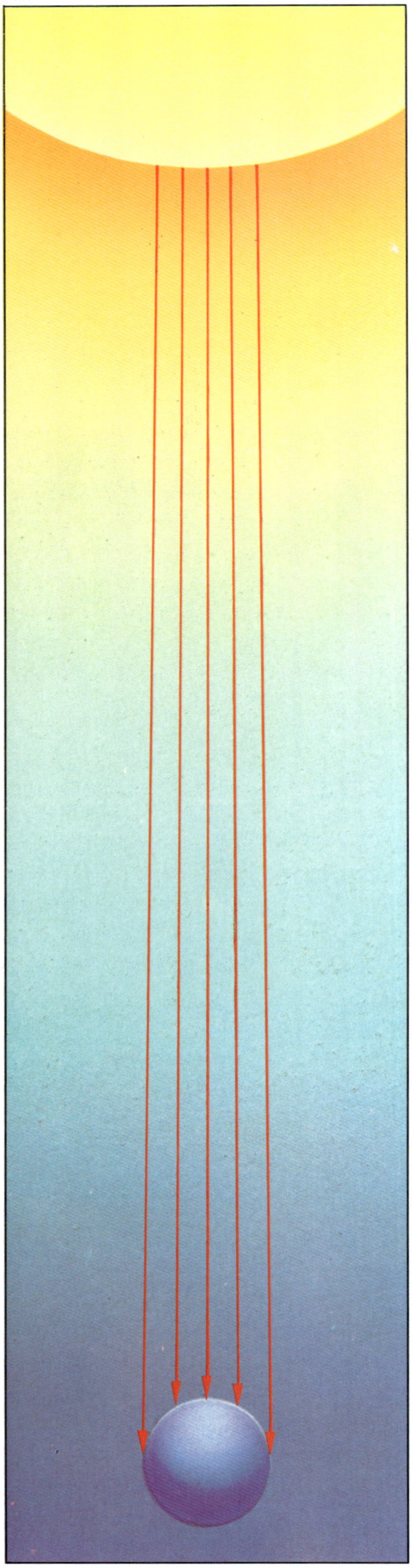

222

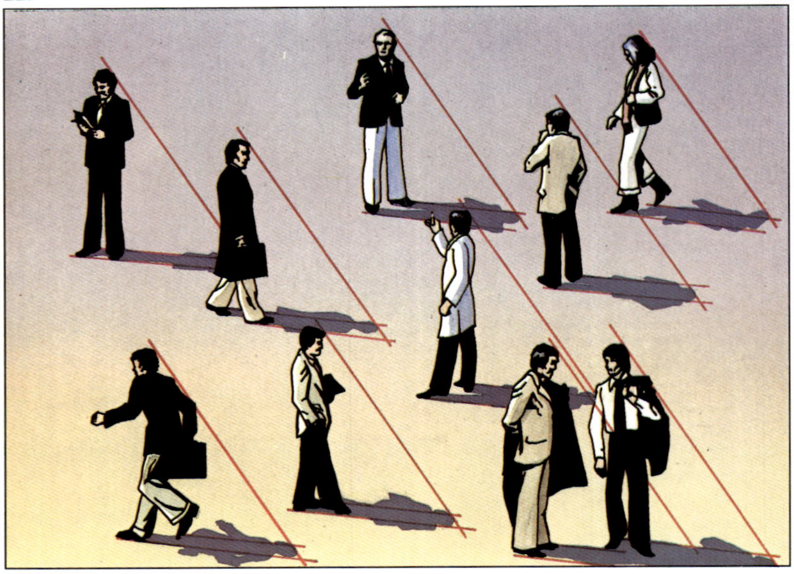

Wie Ihnen bekannt, verbreitet sich das Tageslicht gerade und strahlenförmig. Die Sonne ist jedoch unendlich viel größer als die Erde und steht Millionen von Kilometern entfernt. Diese ungewöhnliche Größe und die gewaltige Entfernung heben die strahlenförmige Verbreitung des Lichts praktisch auf. Deshalb können wir sagen:

**Tageslicht verbreitet sich mit parallelen Strahlen.**

Dieses Verhalten von Tageslicht führt zu folgender Konsequenz (Abb. 221):

**Die Wurfschatten von Tageslicht besitzen praktisch keine Perspektive (Abb. 222).**

Das ist logisch, nicht wahr? Der Schatten zeichnet sich nur als Fleck auf der Ebene ab, auf die er fällt, und besitzt kein Volumen (Abb. 221).
Der Wurfschatten durch natürliches Sonnenlicht kann zur Seite, nach vorn oder nach hinten fallen. Er kann kurz oder lang sein oder praktisch verschwinden, je nachdem, wo die Sonne steht und ob es Tagesanbruch oder zwölf Uhr mittags ist. Die Abbildungen auf der Seite gegenüber zeigen die verschiedenen Richtungen und Maße, die ein Wurfschatten natürlichen Lichts aufweisen kann.

Abb. 221 und 222: Aufgrund der gewaltigen Entfernung von der Erde zur Sonne verbreiten sich die Sonnenstrahlen parallel. Betrachten wir einen Körper von einem erhöhten Standpunkt, fallen die Schatten parallel zueinander.

# Tageslicht: Verbreitung in Parallelstrahlen

Abb. 223 bis 228: Die Strahlen des natürlichen Lichts verbreiten sich parallel. Je nach Sonnenstand fallen die Schatten jedoch mehr oder weniger lang aus.

223

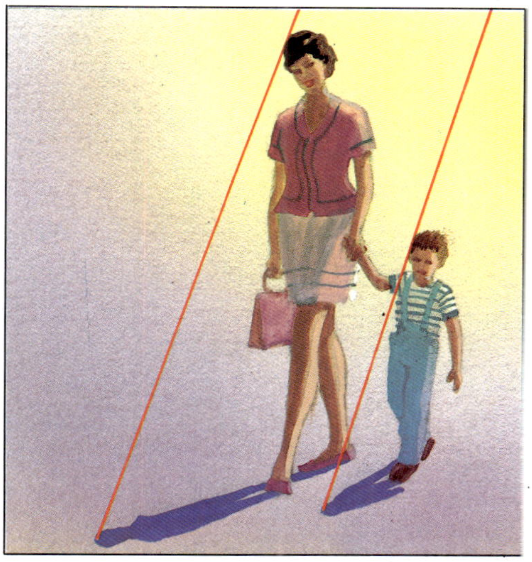

224

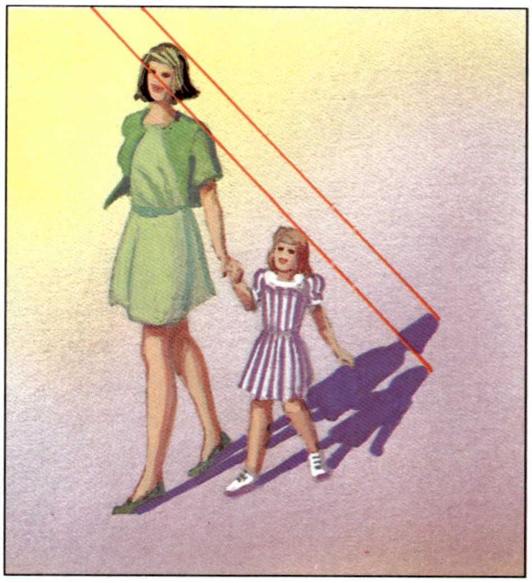

225

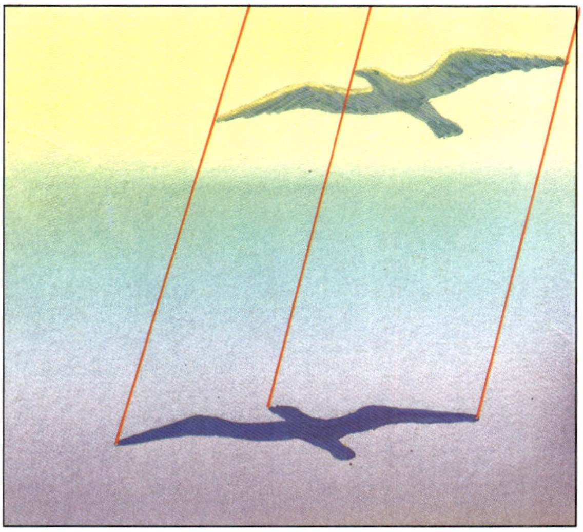

226

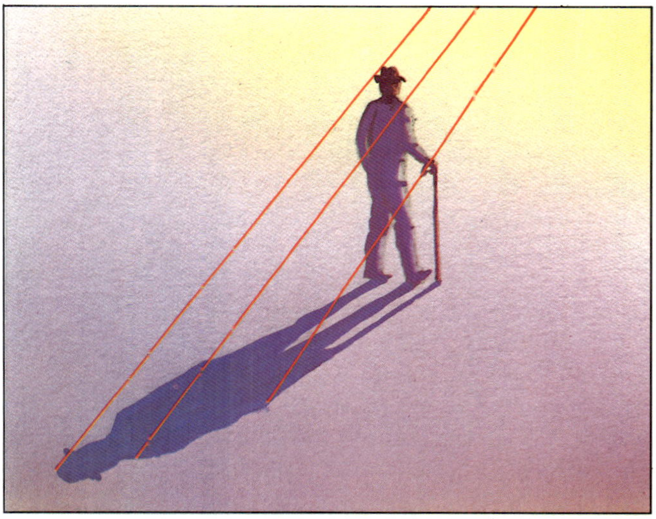

227

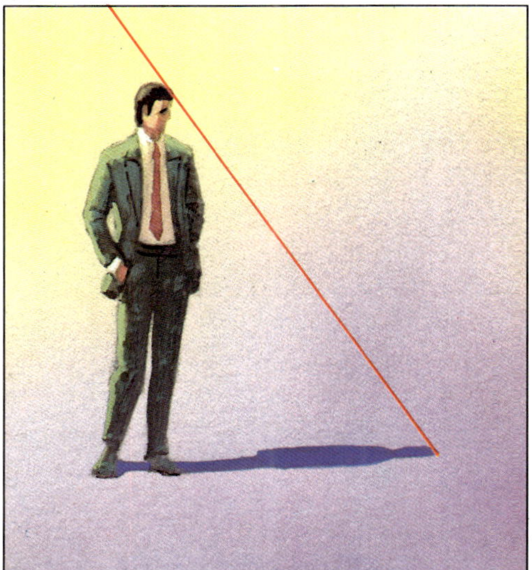

228

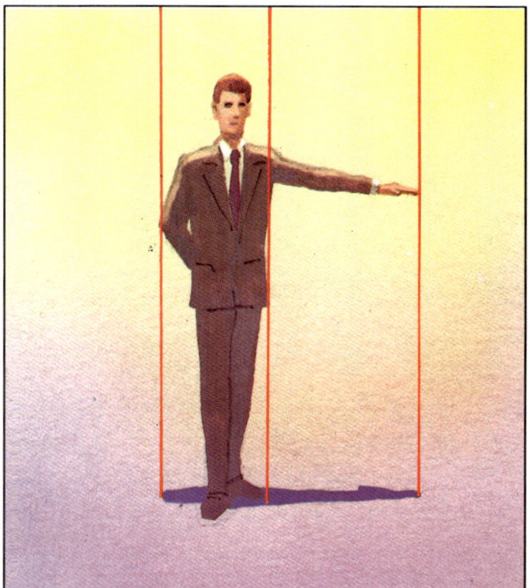

# Der Fluchtpunkt der Schatten (FPS) und . . .

229

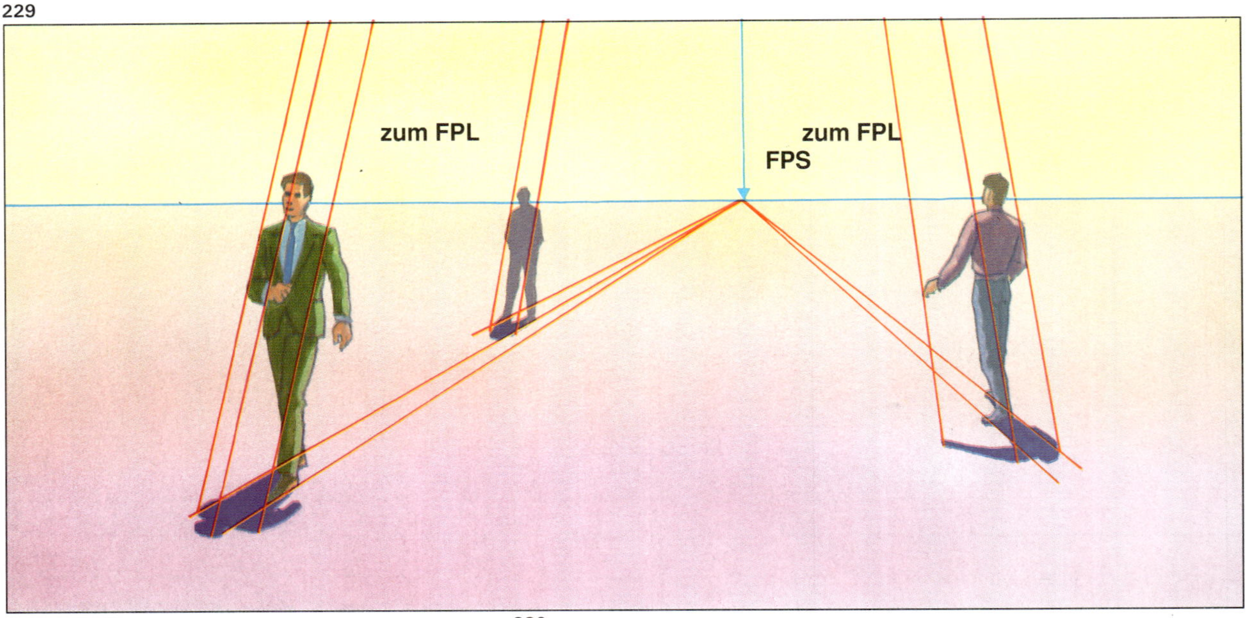


230

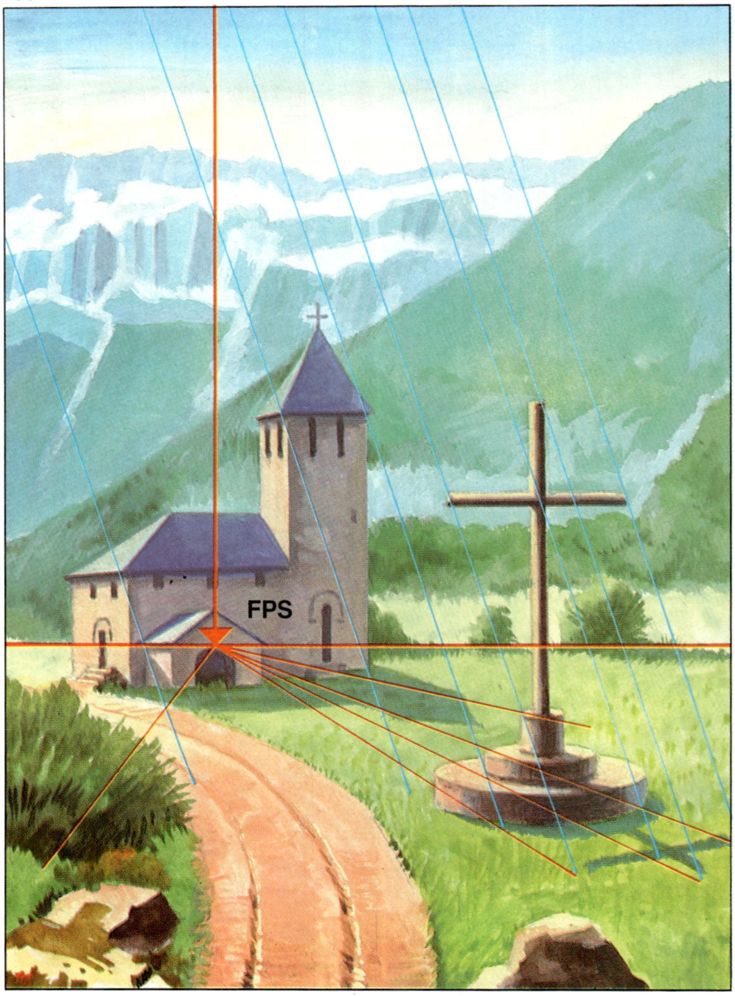


Wiederholen wir: Die Schatten natürlichen Lichts weisen praktisch keine Perspektive auf. Aber. . .
Sobald die Körper einschließlich ihrer Schatten die Erde berühren, befinden sie sich in einem bestimmten Verhältnis zur Horizontallinie und unterliegen daher der Perspektive, nämlich der Parallelperspektive mit einem einzigen Fluchtpunkt, da die Sonnenstrahlen parallel fallen. Dies wird verständlich, wenn man sich daran erinnert, daß die Sonne die Hälfte der Erdkugel beleuchtet (Abb. 221, S. 100), eine gewaltige Fläche, deren perspektivisches Zentrum am Horizont liegen muß.
Deshalb besitzen wir zwei Fluchtpunkte:

**den Fluchtpunkt der Schatten (FPS)**

**und den Fluchtpunkt des Beleuchtungswinkels oder des Lichts (FPL).**

Man spricht vom Beleuchtungswinkel wegen der unmittelbaren Beziehung zu den Sonnenstrahlen und – wie wir beim Studium des Kunstlichts noch sehen werden – zum Lichtpunkt, der bei Kunstlicht aus der Glühbirne und bei Tageslicht aus der Sonne besteht. Wir haben also zwei Beleuchtungsarten:

# . . . der Fluchtpunkt des Lichts (FPL)

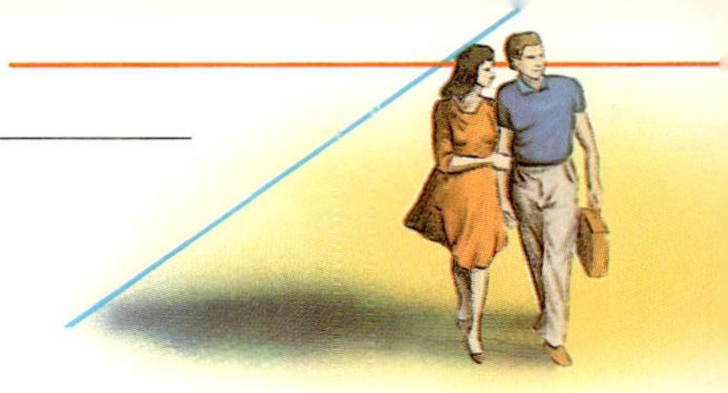

231

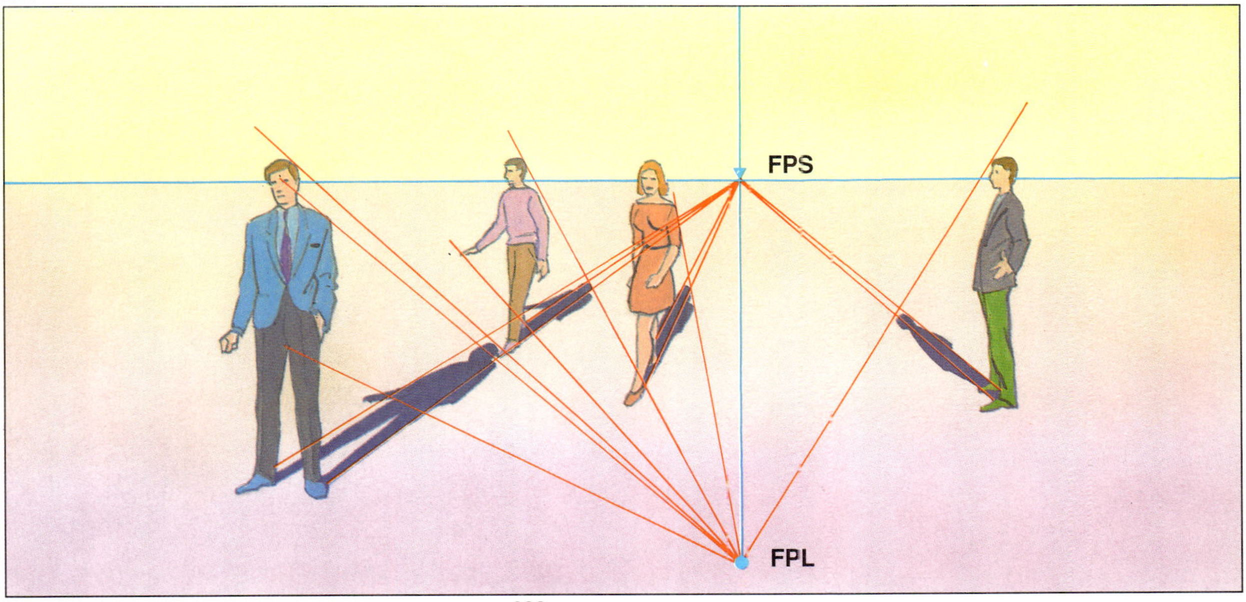


232

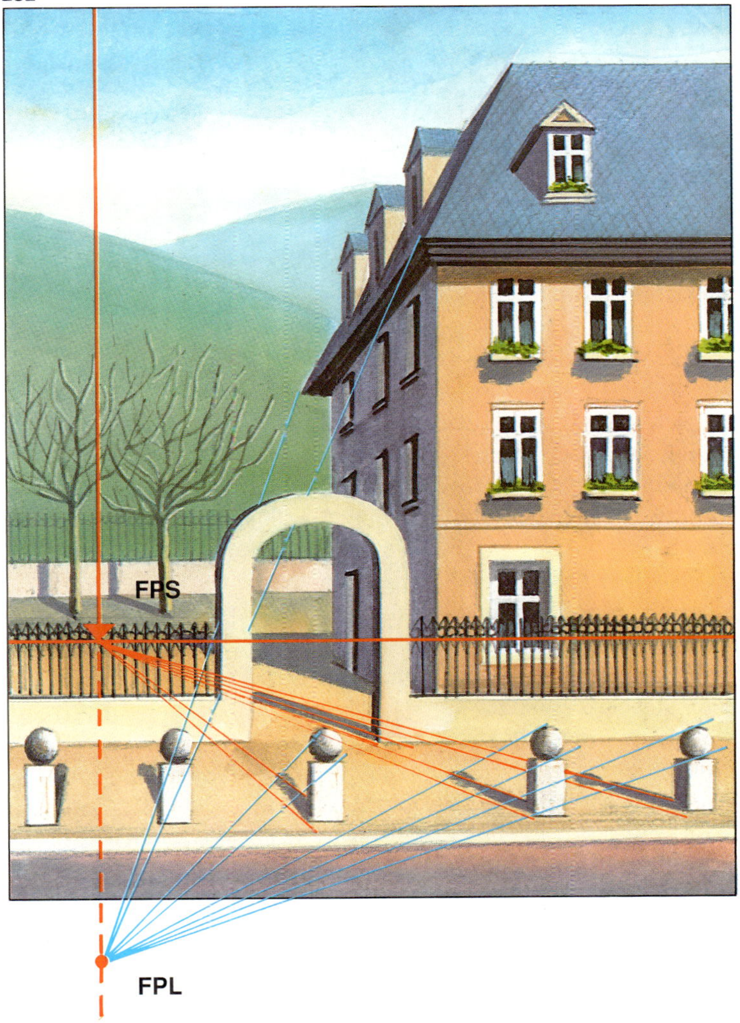


**1. Gegenlicht, wenn die Sonne hinter dem Modell steht (Abb. 229 und 230).**
**2. Frontales Licht, wenn die Sonne vor dem Modell steht (Abb. 231 und 232).**
Beachten Sie die Unterschiede: Bei Gegenlicht erreichen die Sonnenstrahlen das Modell praktisch parallel, wobei der Fluchtpunkt der Schatten (FPS) die Form und die Breite der Schatten bestimmt (Abb. 229 und 230).
Bei frontalem Licht liegt der FPS ebenfalls auf der Horizontallinie unmittelbar vor unseren Augen und fällt mit dem Blickpunkt zusammen, während der FPL auf der Erdebene unmittelbar unterhalb des FPS liegt, der hier ebenfalls die Breite und die Form der Schatten bestimmt (Abb. 231 und 232).

Abb. 229 und 230: Steht die Sonne vor uns und sehen wir die Körper im Gegenlicht, liegt der Fluchtpunkt der Schatten (FPS) in der Sonne und befindet sich vor unseren Augen auf der Horizontallinie.

Abb. 231 und 232: Bei einer Beleuchtung von vorn oder seitlich von vorn, wenn die Sonne hinter uns steht, befindet sich der Schattenfluchtpunkt (FPS) ebenfalls auf der Horizontallinie, während der Fluchtpunkt des Lichts (FPL) unter der Horizontallinie liegt, wie diese Abbildungen zeigen.

# Die Perspektive der Schatten bei Kunstlicht

233

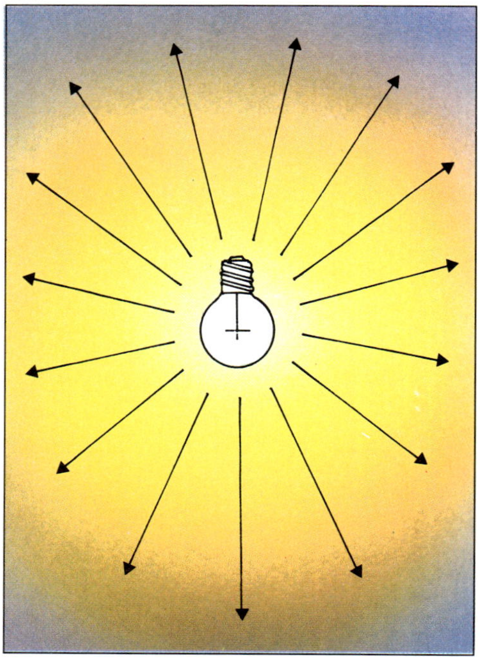

234

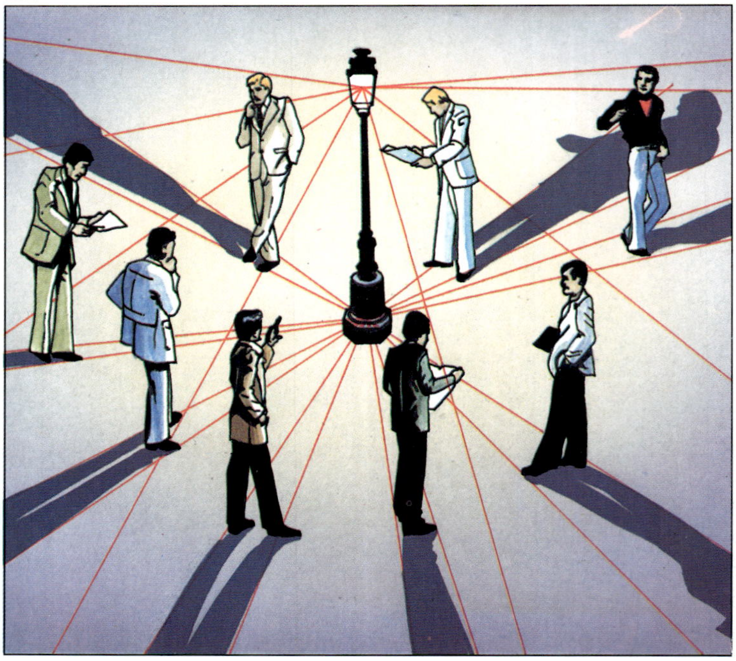

235

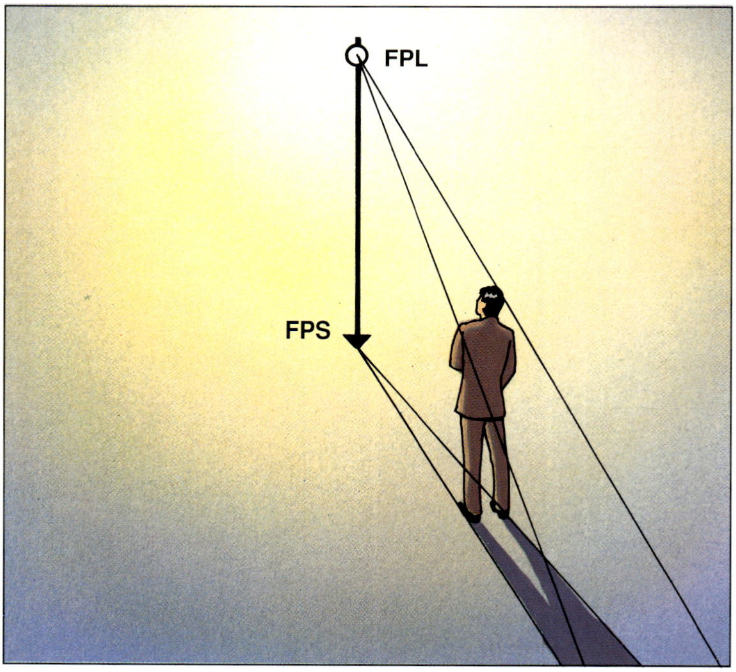


Auch hier spielen der Fluchtpunkt des Lichts (FPL) und der Fluchtpunkt der Schatten (FPS) eine Rolle, jedoch mit folgender Besonderheit:

**Kunstlicht verbreitet sich gradlinig und strahlenförmig.**

Hinsichtlich der Lage des FPL und des FPS gibt es ebenfalls einen Unterschied. Verfolgen Sie die Erklärungen bitte anhand der Abbildungen. Abbildung 233 zeigt grafisch, wie sich das Kunstlicht strahlenförmig verbreitet, was bedeutet, daß die Schatten auch strahlenförmig fallen (Abb. 234). Auf Abbildung 235 stellen Sie fest, daß der Fluchtpunkt des Lichts (FPL) von der Lichtquelle gebildet wird und der Fluchtpunkt der Schatten (FPS) nicht wie bei natürlichem Licht auf der Horizontallinie liegt, sondern unmittelbar unterhalb der Lichtquelle auf der Erdebene. Verstanden? Dann werden wir dieses neue Wissen jetzt anwenden. Wir werden einen Würfel mit seinem Wurfschatten zeichnen, der von Kunstlicht in einem Zimmer beleuchtet wird. Wir werden es schrittweise tun und zunächst die Rückseite mit ihrem Schatten, anschließend die linke Seite, ebenfalls mit ihrem Schatten und schließlich den geschlossenen Würfel darstellen. Fangen wir an.

**Abbildung 236**: Wie anhand der Angaben „zum FP1" und „zum FP2" (zum Fluchtpunkt 1 bzw. 2) zu erkennen, habe ich das Zimmer in der Schrägperspektive gezeichnet und den FPL (Fluchtpunkt des Lichts) in die Glühbirne gelegt. Anschließend habe ich die Rückseite des Würfels perspektivisch dargestellt und die Lichtstrahlen A und B

Abb. 233 bis 235: Kunstlicht verbreitet sich strahlenförmig. Der Fluchtpunkt des Lichts (FPL) befindet sich in der Lichtquelle, und der Fluchtpunkt der Schatten (FPS) liegt genau darunter auf dem Boden.

# Anlage eines Würfelschattens in der Schrägperspektive

von der Glühbirne bzw. dem FPL gezogen. Diese laufen durch die Scheitel C und D des Quadrats und geben uns *annähernd* die Form des Wurfschattens auf der Rückseite des Würfels an. Ich sage *annähernd*, weil wir für die genaue Form den FPS (Fluchtpunkt der Schatten) ermitteln müssen.

**Abbildung 237**: Hier ist er, rechts von der anderen Würfelseite auf dem Boden, unmittelbar unterhalb des Fluchtpunkts des Lichts (FPL). Um seine genaue Lage zu ermitteln, braucht man nur eine Senkrechte vom FPL zu fällen und anschließend die Lage des FPL – also der Lichtquelle – perspektivisch auf den Boden zu projizieren. Dieses erreichen wir mühelos, indem wir eine perspektivische Linie (hier zum FP2) von der Lichtquelle zum Scheitel aus der Decke und der Wand a′ ziehen, dann eine Senkrechte zum Winkel zwischen Wand und Boden (b′) fällen und eine weitere perspektivische Linie vom FP2 durch b′ verlängern. Der FPS liegt im Schnittpunkt mit der Senkrechten. Ergänzen wir nun die beiden Linien C und D an den Winkeln des Quadrats E und F, und verlängern wir sie, bis sie die Lichtstrahlen A und B schneiden, erhalten wir die Länge und die Breite, also die genaue Form des Wurfschattens.

**Abbildung 238**: Ich habe die Zeichnung des Würfels sowie dessen Wurfschatten vervollständigt. Damit ist alles gesagt und erklärt. Beachten Sie, daß ich den Würfel so dargestellt habe, als wäre er transparent, um Punkt D zu erhalten. Dieser ist wichtig, weil er zusammen mit Punkt B die Form des Schattens hinter dem Würfel bestimmt. Natürlich befindet sich der Würfel in der Perspektive, und seine Kanten sowie die hintere Begrenzung des Schattens G flüchten zu den FP1 und FP2.

236

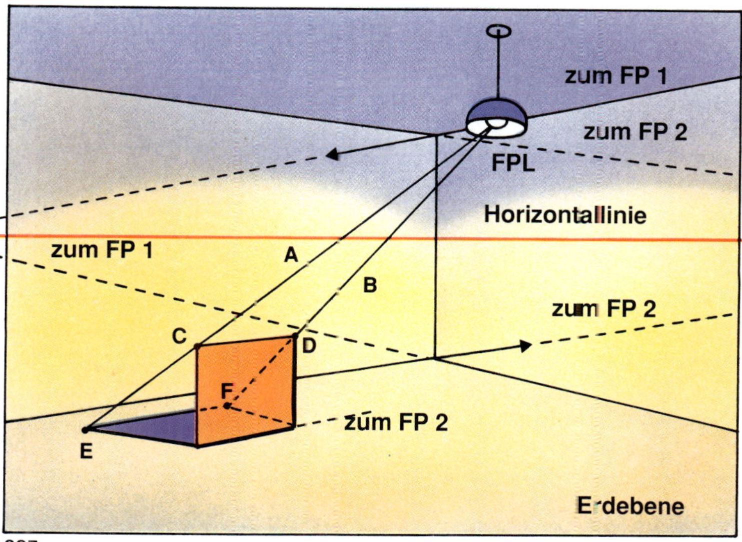


237

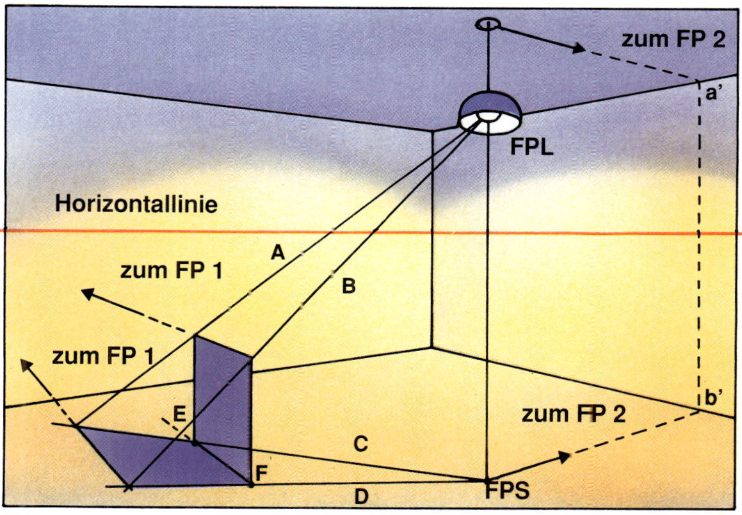


238

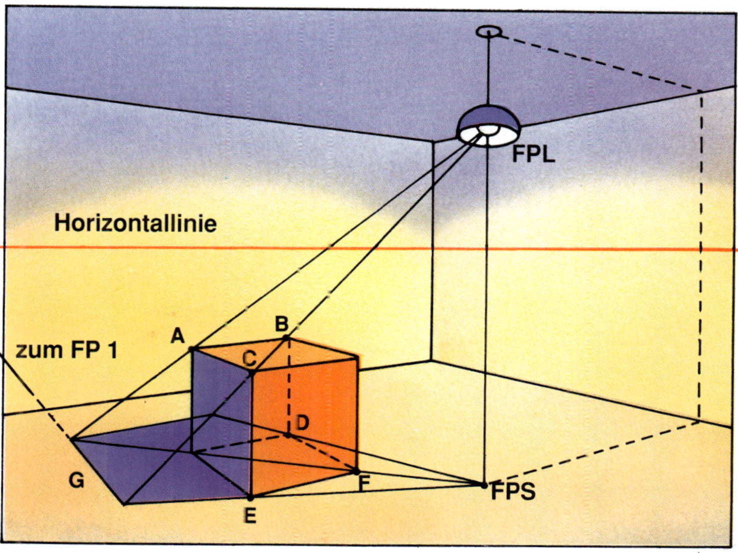

# Beispiele für die Perspektive der Schatten bei Kunstlicht

239

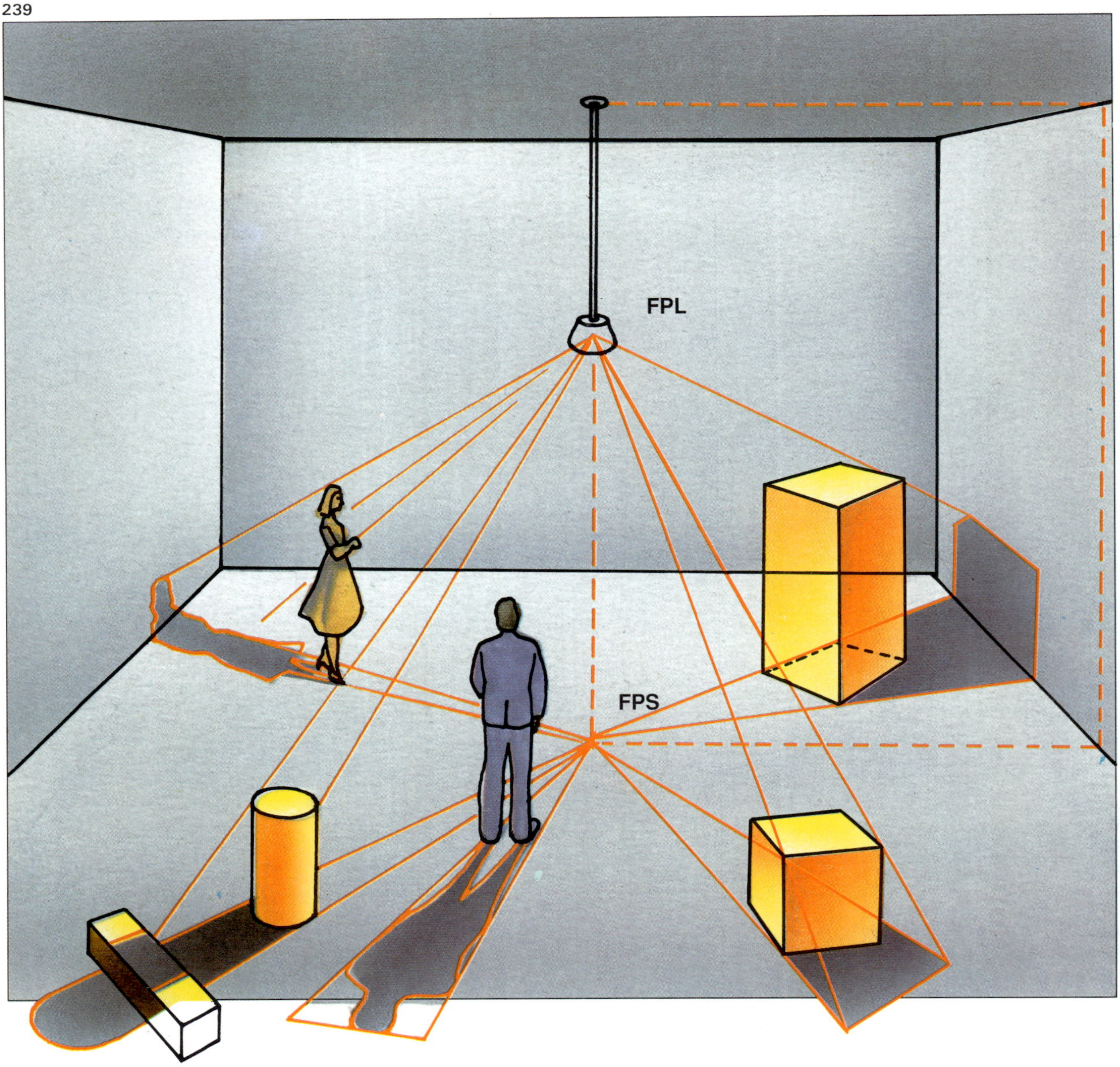


Wenden wir das zuvor Gelernte nun auf die Perspektive der Schatten bei Kunstlicht an. Dazu finden Sie auf dieser Doppelseite einige Beispiele mit Gestalten und geometrischen Grundformen. Abbildung 239 zeigt einen allgemeinen Überblick über die Perspektive der Schatten bei Kunstlicht. Die Schatten der weiblichen Gestalt und des rechten Parallelepipeds fallen auf den Boden und setzen sich an den entsprechenden Wänden fort. Sie stellen ein typisches Problem der Projektion auf zwei Ebenen dar. Der Schatten des Zylinders im Vordergrund rechts wird dagegen von einem rechtwinkligen Prisma unterbrochen. Auf den Abbildungen gegenüber erkennen Sie, wie man mit Hilfe des Fluchtpunkts des Lichts und des Fluchtpunkts der Schatten (FPL und FPS) die korrekte Anlage der Perspektive der Schatten löst. So wäre zum Beispiel die besondere Form des Würfelschattens (Abb. 240) ohne die beiden Fluchtpunkte und die zuvor erklärten Regeln äußerst schwer zu ermitteln. Beachten Sie ebenfalls die spezielle Form des oberen Teils des Wurfschattens bei dem

Abb. 239: Diese Abbildung zeigt ein Beispiel für die Perspektive der Schatten bei Kunstlicht.

240

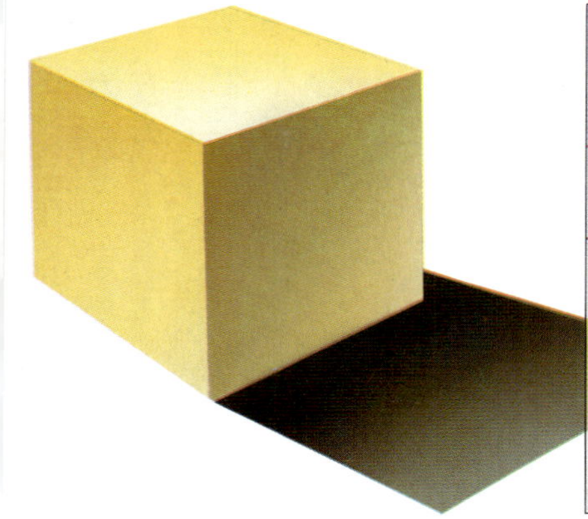

241

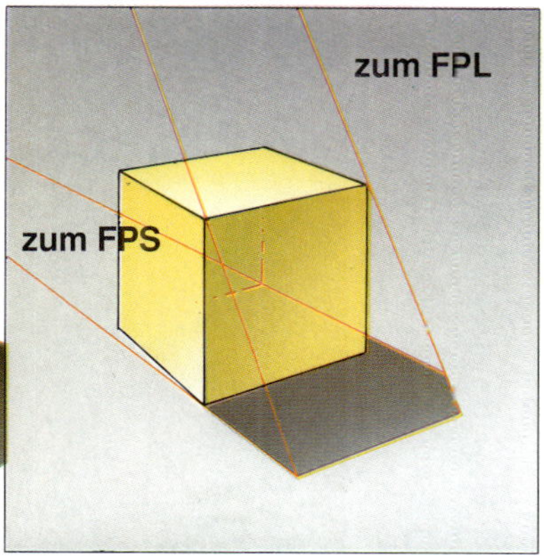


242

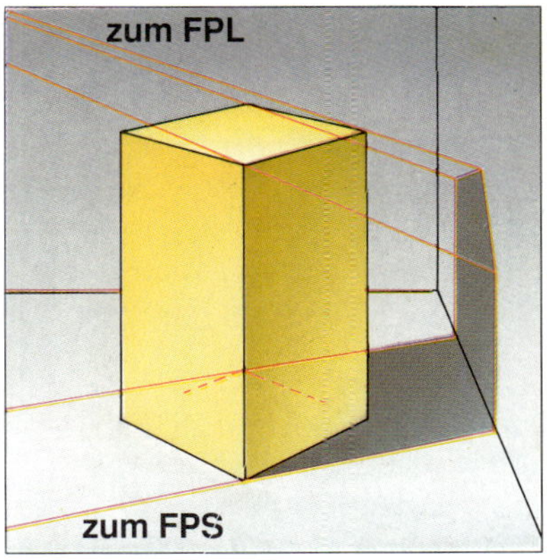


Parallelepiped, der ohne die Geraden vom Fluchtpunkt des Lichts (FPL) schwer anzulegen wäre. Untersuchen Sie ferner die grundsätzliche Methode, mit der man den kreisförmigen Schatten einer Kugel oder eines Zylinders darstellt. (Abb. 243 und 244). Das Problem beschränkt sich darauf, den Kreis in ein Quadrat zu legen, dieses Quadrat auf den Boden zu projizieren und den Wurfschatten des Modells in der entsprechenden Perspektive hineinzuzeichnen. Beachten Sie, daß sich dieses Verfahren auch für die Perspektive der Schatten von Köpfen bzw. allen Modellen mit einer gekrümmten oder unregelmäßigen Form anwenden läßt.

Möchten Sie jetzt nicht selber einen Würfel, ein rechtwinkliges Prisma und einen Zylinder mit den entsprechenden Schatten in einer weiteren Lage zeichnen? Es wäre eine gute Übung, mit der Sie alles, was Sie bisher über die Perspektive im allgemeinen und die Perspektive der Schatten im besonderen gelernt haben, festigen können.

Abb. 240 bis 244: Um die Wurfschatten bei Kunstlicht zu zeichnen, braucht man sich nur an das Modell zu halten. Will man sein Bild jedoch aus dem Gedächtnis anfertigen, benötigt man das auf den vorigen Seiten erklärte Verfahren. Um es sich einzuprägen, sollten Sie einige Grundformen in unterschiedlichen Lagen zeichnen, sich eine entsprechende Lichtquelle vorstellen und den perspektivischen Wurfschatten dazu anlegen.

243

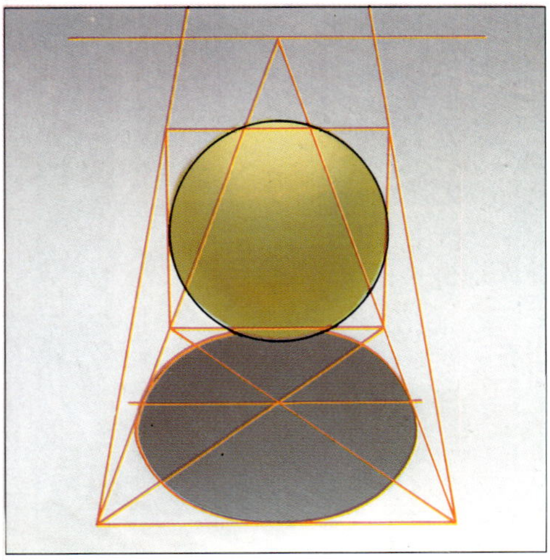

244

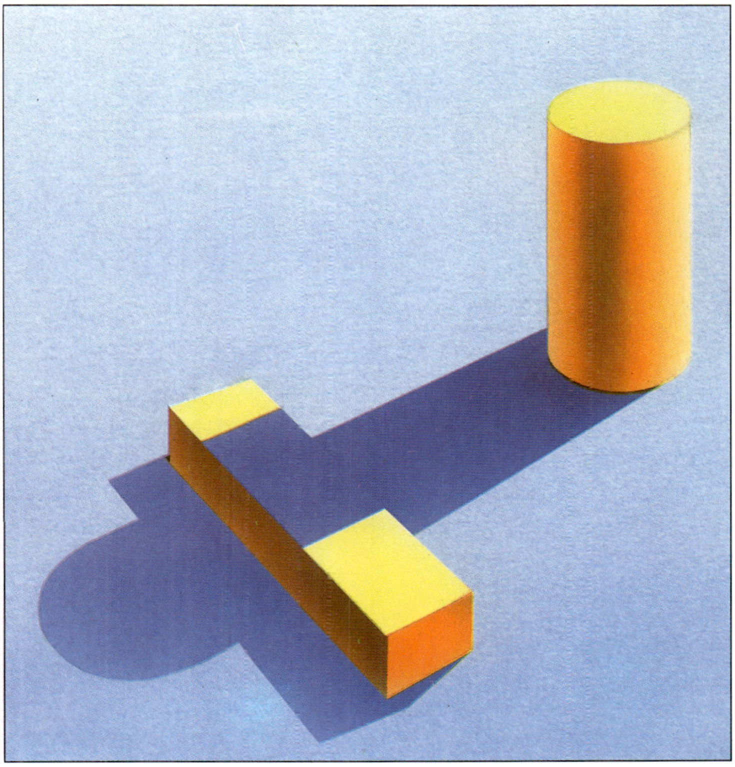

# Die Perspektive und die zwischengeschobene Atmosphäre

Die Perspektive aufgrund der zwischengeschobenen Atmosphäre finden Sie überall: auf der Straße, in einer Landschaft oder am Meer bei Gegenlicht. Sie ergibt sich aus jenem Dunst, mit dem die Sonne oder die Entfernung für Volumen sorgen. Leonardo da Vinci erkannte als erster die perspektivische Wirkung der Luft. Er schrieb:

*„Du mußt den Vordergrund sauber und präzise darstellen. Die nächste Ebene muß ebenfalls ausgearbeitet werden, aber duftiger, verschwommener. Besser ausgedrückt: nicht ganz so präzise. Mit zunehmender Entfernung werden die Umrisse weicher, und die Einzelheiten, die Formen und die Farben verschwinden."*

Das ist bei den Modellen auf dieser Doppelseite geschehen. Man muß sie kopieren, aber verstärkten Wert auf die dritte Dimension, die Perspektive legen.

245

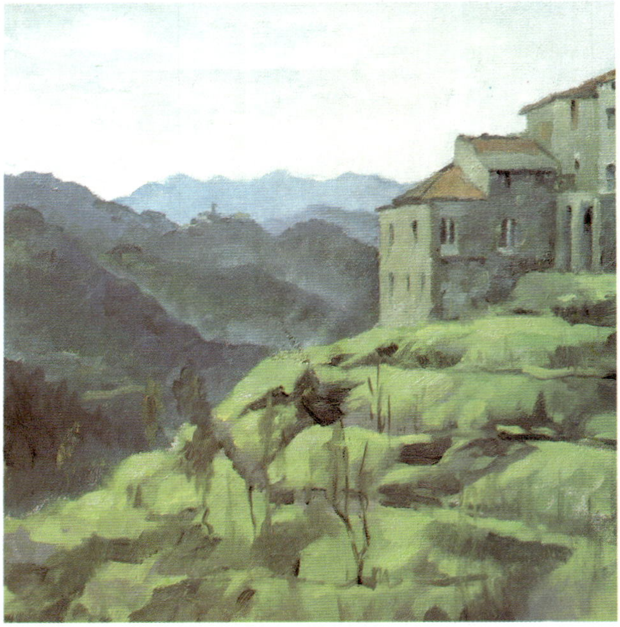

246

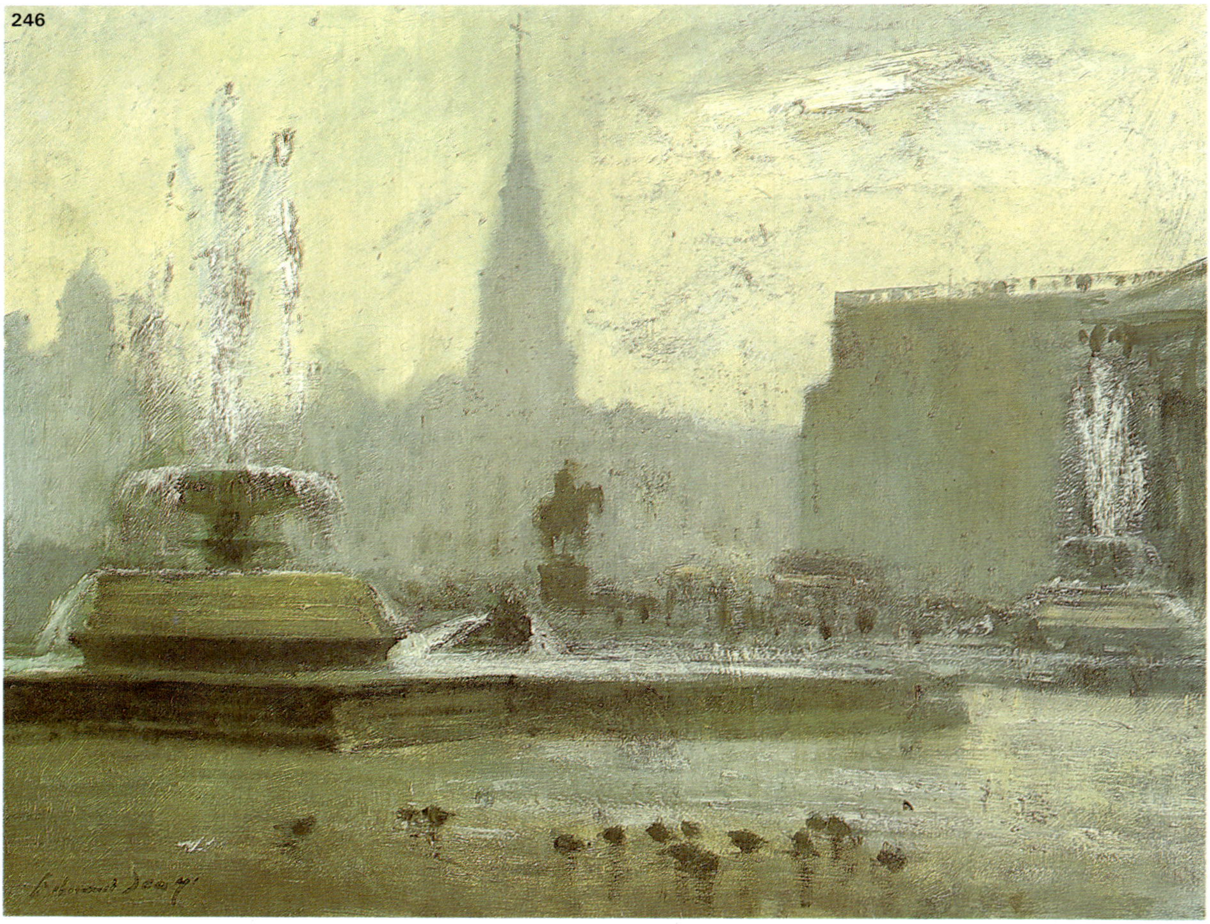

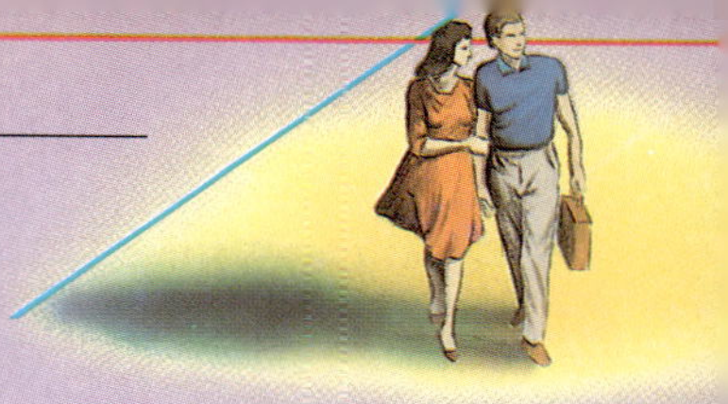

247

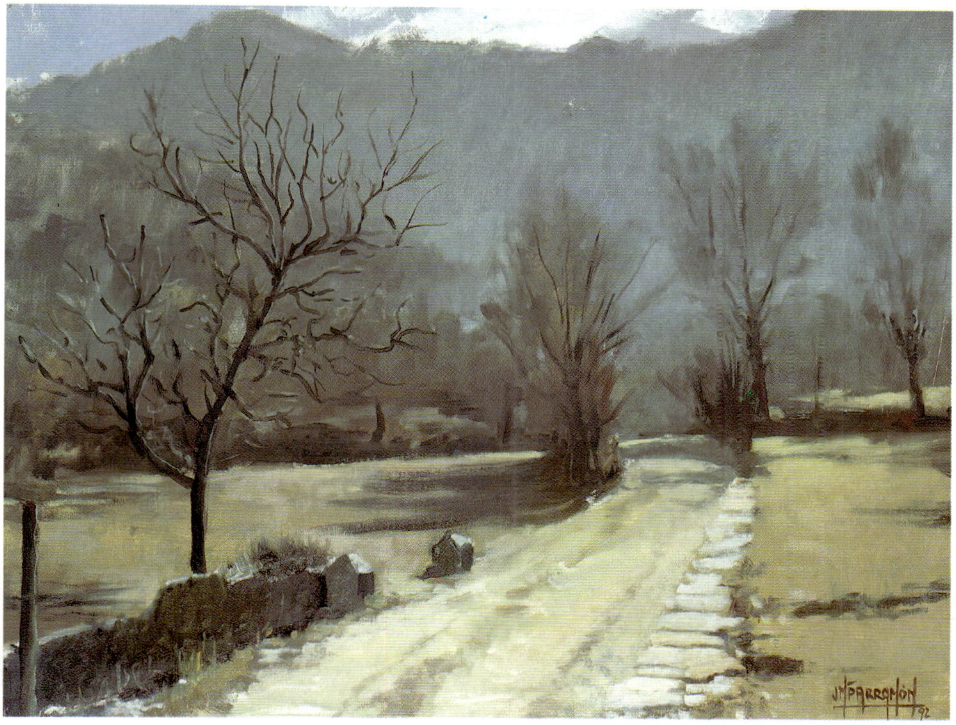


Abb. 245 bis 248: Hier einige Beispiele für jenes Phänomen, das Leonardo da Vinci als *Luftperspektive* bezeichnete. Es verstärkt die Tiefenwirkung. Oben: José M. Parramón, *Ripalda (Italien)* und *Belver (Spanien)*. Unten: Edward Seago, *Trafalger Square* und George Bellows, *Blauer Morgen*, National Gallery, Washington.

248

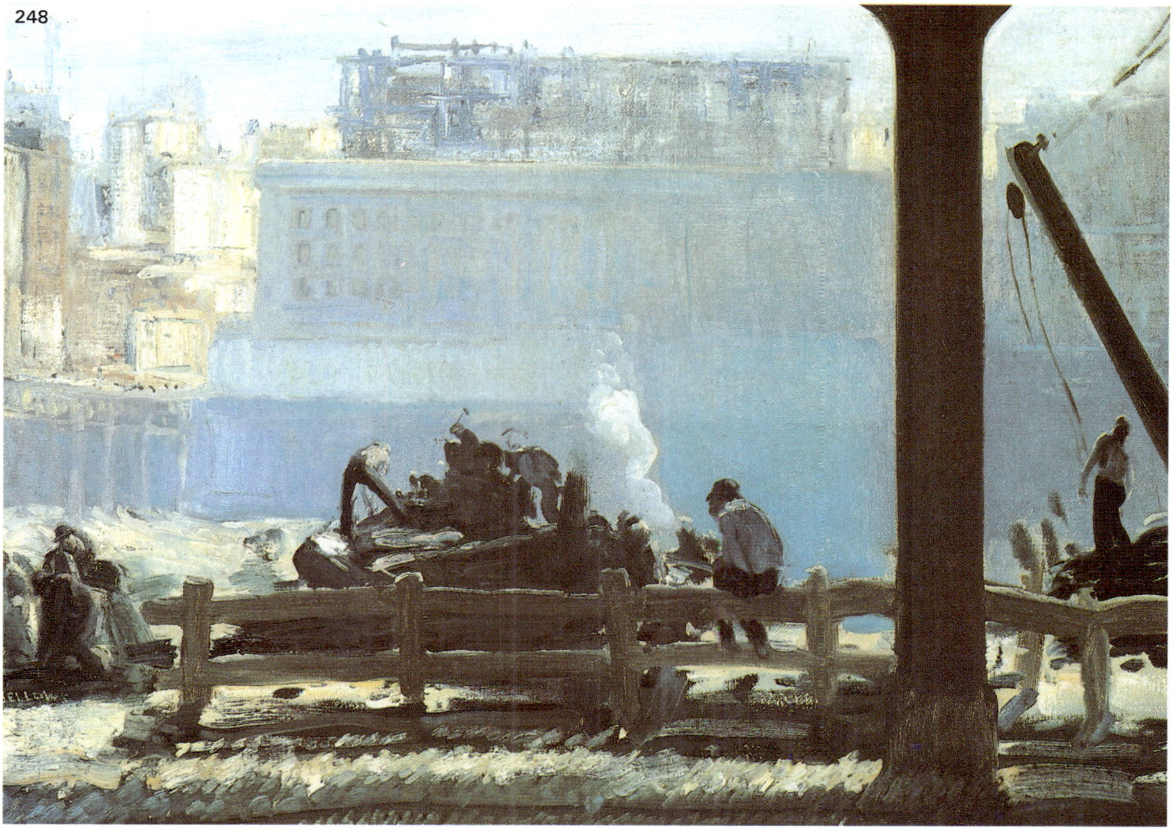

# Kleine Galerie mit Beispielen

Je ein repräsentatives Beispiel für vier Themen von vier Künstlern, die die Perspektive ihrer Bilder absolut sicher nach Augenmaß und Gefühl gelöst haben, ohne auf ein Lineal, ein Winkeldreieck oder Hilfslinien zurückgreifen zu müssen. Sie haben einfach gezeichnet und gemalt, was ihnen das Modell „sagte", besaßen jedoch umfangreiche theoretische und praktische Kenntnisse über alle perspektivischen Regeln.
Vier Beispiele, vier Bilder:

1. Ein Interieur in Öl des Spaniers Rafael Durancamps, *Das geöffnete Fenster*, bei dem die Schrägperspektive mit zwei Fluchtpunkten unübersehbar und gut gelöst ist.

2. Eine Landschaft als Aquarell des Engländers John Yardley, *Das Wohltätigkeitsmatch*. Der Künstler hat mit seiner Technik und Sicherheit der Zeichnung die Stimmung bei einem Kricketspiel eingefangen. Die perspektivische Wirkung ergibt sich aus der Konvergenz der vorderen, mittleren und fernen Ebenen zum Hintergrund.

3. Ein Stilleben: *Glas, Kupfer und Keramik*, das ich für eines meiner Bücher gemalt habe, um die Farbe von Glas und Kupfer zu illustrieren.

4. Schließlich ein Porträt in Acryl des bekannten englischen Malers David Hockney, *Christopher Ischerwood and Don Bachardy*, mit einer wirklich originellen, ausgearbeiteten Komposition, für die die Farbe und die Perspektive die Grundlage bilden.

249

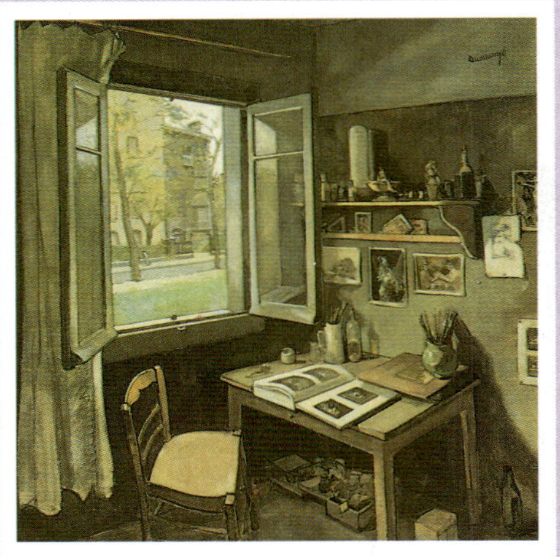

Abb. 249 und 250: Rafael Durancamps, *Das geöffnete Fenster*, Privatsammlung. Interieur in Öl, vermutlich das Atelier des spanischen Künstlers, in der Schrägperspektive; John Yardley, *Das Wohltätigkeitsmatch*, eine Landschaft als Aquarell und herrliches Beispiel des englischen Malers für die Parallelperspektive.

250

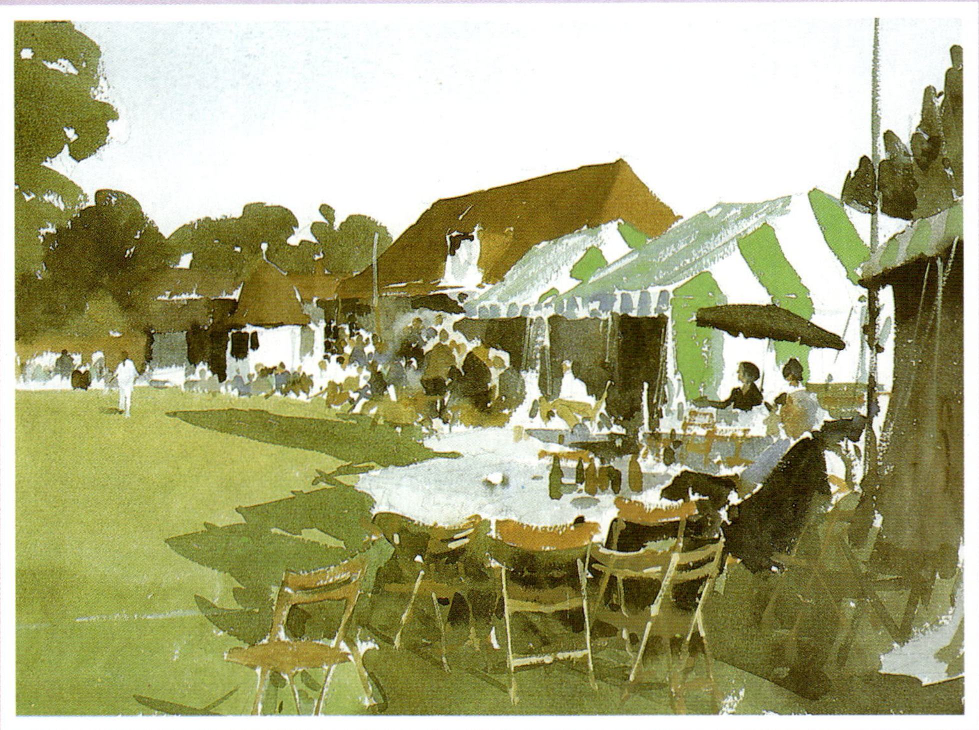

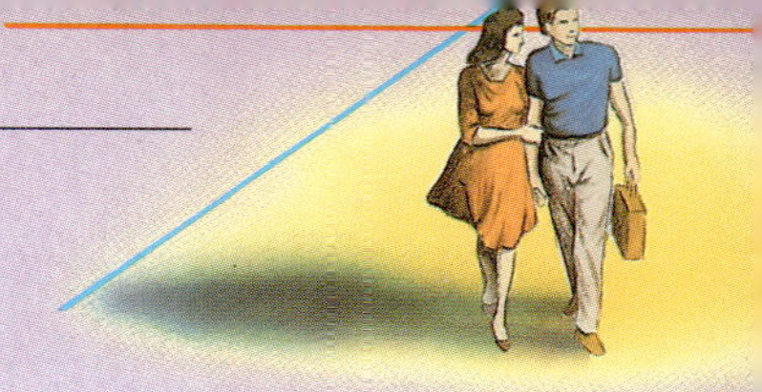

251

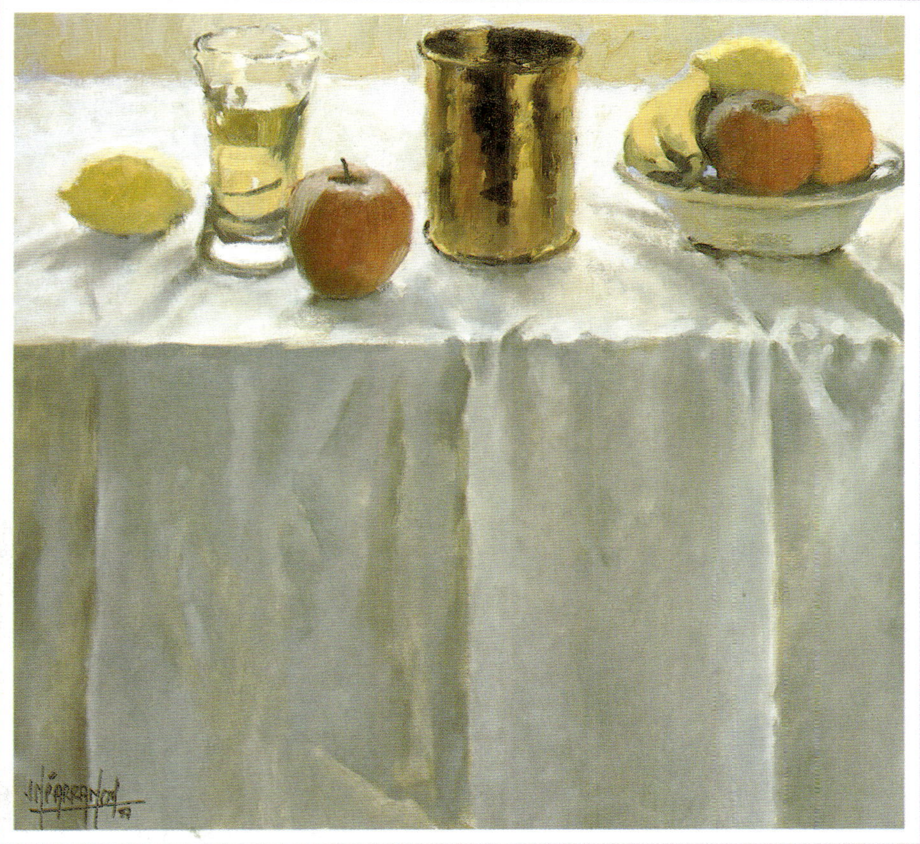

Abb. 251 und 252: Oben: Stilleben in Öl des Autors; unten: David Hockney, *Christopher Ischerwood and Don Bachardy*, Privatsammlung. Ein außergewöhnliches Werk und hervorragendes Beispiel für die Parallelperspektive des bekannten englischen Künstlers.

252

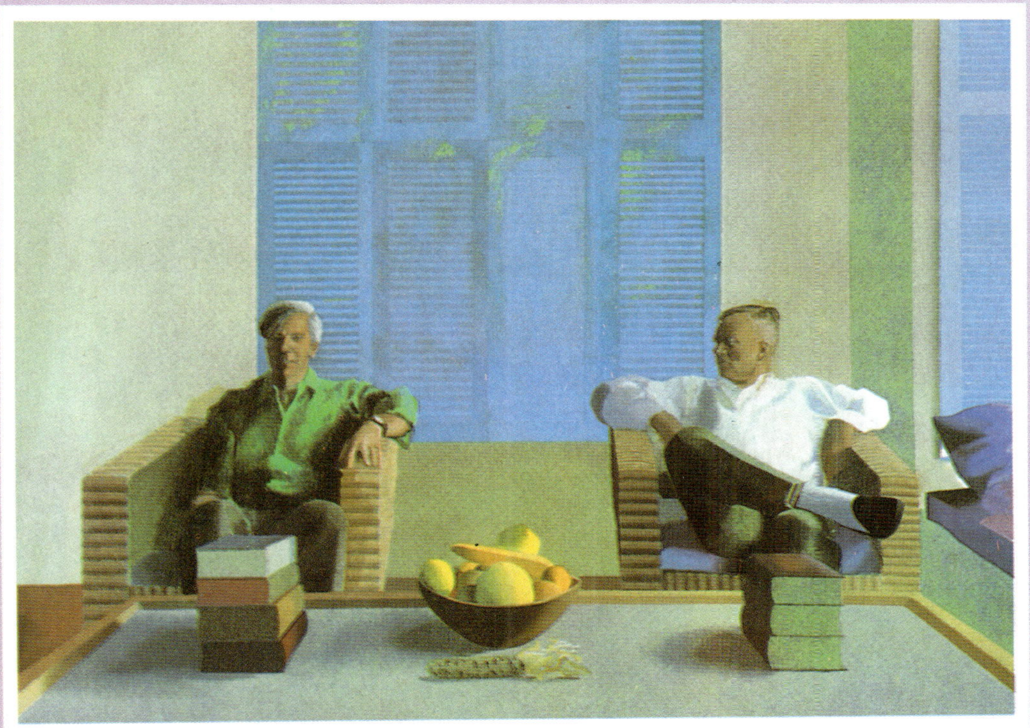

Titel der Originalausgabe: „Perspectiva para Artistas“
Aus dem Spanischen übertragen von Christa L. Cordes

4. Auflage 1999
(Vollständig überarbeitete Ausgabe des Titels von 1985)
Alle Rechte der deutschsprachigen Ausgabe bei
Edition Michael Fischer GmbH, München



Herstellung und Satz:
Verlagsservice Henninger GmbH, Würzburg

Printed in Spain

ISBN 3-924433-06-2